세상을 변화시키는 52주 구역공과

화목하는 구역

편찬위원회

아가페문화사

화목하는 구역

구역부흥은 교회부흥

구역

이름

주소

교회 전화

화목하는 구역
성장하는 교회

교육 이념

1. 하나님의 영광을 높이는 구역

2. 하나님의 교회를 섬기는 구역

3. 하나님의 사랑을 실천하는 구역

4. 행복한 가정을 이룩하는 구역

5. 변화하는 시대를 선도하는 구역

구역공과 일러두기

바울 사도는 “우리를 자기와 화목하게 하시고, 또 우리에게 화목하게 하는 직책을 주셨으니”(고후5:17)라고 고백했습니다. 현대의 급속한 변화의 바람은 우리의 신앙생활에도 진정한 변화를 요구하고 있습니다. 빗나간 우정, 부서진 인격, 가정과 직장에서 입은 상처를 싸매 주어야 할 때입니다. 진정 따뜻한 말 한마디, 위로와 상담, 치유가 필요합니다. 세상에 확실한 치유의 방법은 없습니다. 종교개혁자들이 외쳤던 ‘오직 하나님의 말씀’ 으로만 가능합니다. 따라서 본 교재는 특별한 사명을 갖고 집필했으며, 진리의 말씀을 제대로 전달하여 가정도 화목하고, 구역도 살리는 ‘말씀 주제 구역공과’ 입니다. 일선 목회자가 현장에서 상처받은 심령들을 치료해 준 말씀의 주제만을 골라 교육과정이 구성되어져 교회마다 아무 때나 쉽게 적용할 수 있습니다.

교회의 부흥은 ‘일꾼을 잘 키우고, 건강한 일꾼으로 가꿔가도록’ 하면 됩니다. 필진은 그간 절찬리에 다루셨던 교재 ‘말씀의 생활화’ 를 구현하기 위한 시도로 7년 커리큘럼으로 성경을 통독하도록 주간 경건의 시간(Q. T)의 본문을 설정하고, 읽은 말씀을 중심으로 7차년의 구역 공과를 편찬해왔습니다. 바로『부흥하는 구역』·『생동하는 구역』·『전진하는 구역』·『결실하는 구역』·『파송하는 구역』·『일꾼을 키우는 구역』·『건강한 구역』입니다. 이 교재는 각 교회마다 명실공히 ‘부흥 성장하는 교회’ 로 만들었습니다. 금번『화목하는 구역』을 통하여 교회 화목과 부흥은 농부가 농사를 짓듯 사랑과 온정으로 보살펴야 목적을 이룰 수 있음을 가르쳐 줍니다.

농사를 잘 지으려면 첫째, 좋은 종자를 고르고, 둘째, 좋은 땅에 심고, 셋째, 관심과 꼼꼼한 손질이 필요합니다. 교회부흥은 원하는 만큼 정성을 다하여 실천하면 틀림없이 영적 풍년농사를 기약해 줄 것입니다. 좋은 교재를 골라서 말씀의 씨앗을 잘 준비하고, 구역장이나 구역 인도자들을 잘 훈련시켜서, 열심히 기도하고 구역원들을 잘 훈련시켜간다면, 교회마다 영적인 농사는 틀림없이 풍성한 결실이 나타날 것입니다. 이 공과는 목회현장에서의 건강하고 화목한 신앙생활을 위한 목회계획과 말씀자료로 연중 활용할 수 있도록 했습니다. 성장을 지향(志向)할 때 뿌리와 줄기가 튼튼히만 자란다면 열매도 견실하게 맺을 수 있습니다. ‘내가 곧 교회부흥의 주역이다’ 라는 책임감을 가지고,

첫째, 하나님의 말씀을 날마다 겸손히 듣고(행 10:38),
둘째, 말씀을 매일 부지런히 읽으며(신 17:19),
셋째, 말씀을 체계적으로 공부하십시오(행 17:11; 딤후 2:15).
넷째, 말씀을 암송하십시오(시 119:11).
다섯째, 말씀을 묵상하고 적용하십시오(수 1:8).

본 교재는 평신도 지도자가 목회자 입장에서 목회해가는 심정으로 일년 열두 달, 매월 교회 성장목표를 정하여, 매일 "한 주간의 묵상 자료"(가정 예배 자료)와 함께 매일 '가정예배' 와 연계한 구역성경공부교재입니다. 쉽고 간편하게 인도자와 구역원 온 교우가 함께 쓰는 교재로 집필했습니다. 전교우 가정에 한 권 씩 준비해 놓으시고, 가정예배 시 '주간성경교재' 로, 구역예배 시 성도들이 교재를 통해 은혜 받도록 했습니다. 이 교재를 통하여 '말씀의 생활화' 토 '성경을 배워, 예수님의 좋은 일꾼' 으로 성장하시기를 기도드립니다. 여러분들의 가정과 구역이 진정 화목하고 하나님의 은혜가 넘치며, 성령의 은총으로 섬기는 교회마다 변화와 부흥이 넘치시기를 기원합니다.

2006년 11월
구역 공과 편찬위원회

구역공과 교재 사용법

– 찬송 · 묵도 · 신앙고백(사도신경) · 찬송 · 기도 –

1. 먼저 '성경' 본문을 찾아 함께 읽으십시오.
2. '요절' 을 3회 큰 소리로 함께 읽고 암기합시다.
3. 공과 '교재의 목표' 를 읽고 마음에 새기십시오.
4. '시작하는 말' 은 구역 인도자가 읽음으로 함께 이해하십시오.
5. '오늘의 말씀' 은 한 대지씩 구역원이 돌아가면서 읽으십시오.
6. '함께 읽어요'는 모든 구역원이 한 목소리로 읽으십시오.
7. '정리하는 말' 은 구역장이 읽으십시오.
8. 구역원 모두에게 성령께서 함께 하사 기도로서 말씀을 우리의 생활에 적용할 수 있도록 하십시오.

–합심기도, 헌금, 가정을 위한 기도, 새 구역원 소개, 찬송, 주기도문
–※ **상기 사용법 4, 5, 6, 7번은 각 교회의 구역지침에 따라 진행하십시오.**

구역부흥은 교회부흥

성공적인 구역 운영 요령

1. 효과적인 개인전도 7가지 방법

- 영혼을 사랑하는 마음을 가져라.
- 전도 대상자를 확실히 정 하라
- 상대를 위하여 충분한 기도로 준비하라.
- 인격적인 교제를 가져라.
- 상대에게 무엇이 필요한가를 파악하라.
- 문제점에 대하여 간증으로 권유하라.
- 결신 후 최소한 3개월간을 영적으로 보살펴라.

2. 구역배가를 위한 5가지 기도제목

- 믿지 않는 가족을 위한 기도
- 병든 자를 위한 기도
- 개인이나 가정의 문제 해결을 위한 기도
- 각자의 소원 응답을 위한 기도
- 성령 충만을 위한 기도

3. 효과적인 구역원 상담의 5가지 방법

- 상대에게 되도록 많이 말할 기회를 주라
- 관심을 주변 환경에서 신앙생활로 전환시켜라
- 말씀에 입각하여 근원적인 해답을 제시하라
- 함께 기도하고 상담을 마무리 하라
- 확신을 갖고 말로 시인케 하라

4. 구역 운영 3가지 주의사항

- 이단 사설에 현혹됨을 예방하라
- 성도간의 금전 문제에 주의 하라
- 신앙적인 이야기 외에 무익하고 부덕한 말을 피하라

구역공과 교육과정(제 1, 2 학기)

학기	월	목표	과	제 목	본 문	요 절	묵상의 말씀
1 학기	1	새결심의 달	1	새해를 주님과 함께	수 1:1-9	수 1:3	수 1: - 7:
			2	주님과 교제하며 살자	계 3:14-22	계 3:20	계 1: - 7:
			3	모든 영광 주께 돌리자	고전 10:23-33	고전 10:31	고전 3: - 9:
			4	사랑의 언약을 실천하자	요 13:31-35	요 13:34	요 10: - 16:
	2	기도열심의 달	5	믿음으로 기도하자	마 21:18-22	마 21:22	마 15: - 21:
			6	간절히 기도하자	눅 22:39-46	눅 22:44	눅 16: - 22:
			7	확신하고 기도하자	시 9: 1-13	시 9:10	시 8: - 14:
			8	성령 안에서 기도하자	엡 6:13-20	엡 6:18	엡 1: - 6:
	3	전도실천의 달	9	양적으로 성장하자	행 6: 1- 7	행 6: 7	행 1: - 7:
			10	질적으로 성장하자	엡 4:13-16	엡 4:15	빌 1: - 4:
			11	영적으로 성장하자	고전 12:1-11	고전 12:7	고전 10:-16:
			12	은혜롭게 성장하자	행 8 : 1- 8	행 8 : 17	행 8 : -14:
2 학기	4	교회화목의 달	13	하나님께 봉사하자	시 116:12-17	시 116: 12	시 110: -116:
			14	이웃에게 봉사하자	마 22: 39-40	마 22 : 39	마 22 : -27:
			15	교회에 충성봉사하자	골 2: 16-19	골 2: 19	골 1 : - 4:
			16	사랑으로 봉사하자	벧전 4: 8-10	벧전 4: 8	벧전 1 :- 5:
			17	청지기로 봉사하자	벧전 4: 9-10	벧전 4:10	벧후1:-요일4:
	5	가정화목의 달	18	자녀의 도리를 다하자	엡 6:1-3	엡 6 : 2-3	잠언 1: - 7:
			19	남편의 도리를 다하자	엡 5 : 25	골 3 : 19	잠언 8: - 14:
			20	아내의 도리를 다하자	엡 5 : 22-24	골 3 : 18	잠언 8: - 14:
			21	가정의 도리를 다하자	수 24:15-16	엡 5 : 3	잠언 25: -31:
	6	충성봉사의 달	22	하나님께 충성하자	신 6 : 4- 9	신 6 : 5	신 1: - 7:
			23	자신에게 충실하자	고후 8:1-5	고후 13: 5	고후 8: - 13:
			24	지역사회에 봉사하자	약 2 : 8-9	요일 3:18	약 1: - 5:
			25	나라에 충성을 다하자	롬 13 : 1-7	잠 28 : 20	롬 10 :- 16:
절기	53. 고난주간			십자가로 고난을 극복하자	요 19: 5-13	히 12 : 2	요 17:-21:,1:-2:
	54. 부 활 절			부활로 승리하신 그리스도	고전 15:54-58	고전 15:57	눅 21:- 24:

*절기교육 내용은 분문내용의 마지막 부분에 있습니다.

구역공과 교육과정(제 3, 4 학기)

학기	월	목표	과	제 목	본 문	요 절	묵상의 말씀
3학기	7	교육 내실의 달	26	하나님의 말씀을 가르치자	마 4 :1-4	혀 4 : 12	히 ˙ : – 7:
			27	사랑을 사랑으로 가르치자	요일 4:7-11	엡 5 : 2	아 ˙ : – 7:
			28	경건을 가르치자	딛 2 : 7-14	딤전 4:8	딤전 1:–딤후 3:
			29	기독교교리를 가르치자	딤후 3:10-17	딤후 3:14	딤후 4: – 몬 1:
			30	기독교윤리를 가르치자	빌 2:14-18	마 5 : 17	엡 4 : 빌 4:
	8	건강 화목의 달	31	육체적으로 건강하자	수 14:6-12	신 34:7	수 8 : – 14:
			32	영적으로 건강하자	신 34:1-9	오삼 1:2	신 28 : –34:
			33	건강하고 화목하게 살자	왕하 5:8-14	전 3:12	왕하 1: – 7:
			34	건강한 삶의 요소	마 10:24-35	입 6:10	마 8 : – 14:
	9	영성 훈련의 달	35	묵상을 훈련하자	시 119:142-152	시 119:148	시 117:–119:
			36	기도를 훈련하자	눅 11:1-4	닥 1:35	막 1: – 7:
			37	순종을 훈련하자	신 28:1-6	삼상 15:22	신 21 :– 27:
			38	섬김을 훈련하자	마 22:34-40	다 22:39	마 22:–28:
			39	금식을 훈련하자	단 10:1-9	단 10:3	단 1: – 7:
4학기	10	말씀결실의 달	40	회개의 열매를 맺자	마 3:1-9	다 3 : 8	마 1 : – 7 :
			41	구원의 열매를 맺자	요 4:31-38	갈 5:22-23	요 1 : – 7 :
			42	찬미의 열매를 맺자	히 13:12-17	히 13:15	히 7 : – 13:
			43	전도의 열매를 맺자	행 1:1-8	행 1 : 8	전 1: – 7:
	11	감사 실천의 달	44	하나님께 감사하자	시편 107:1-3	시 107:1	시 1: – 7:
			45	예수님께 감사하자	히 1:1-6	요 1:14	시 15: –21:
			46	성령님께 감사하자	요 14:15-20	요 14:16	시 22: –28:
			47	찬송으로 감사하자	엡 1:1-6	뎁 1:12	시 29: –35:
	12	복음 자랑의 달	48	복음의 의미를 알자	사 40:1-9	눅 2:10	사 40:–46:
			49	복음의 내용을 알자	고전 15:1-8	고전 15:3	사 33:–39:
			50	복음을 믿고 자랑하자	요 11:17-27	오 11:25	요일 1:–요삼1:
			51	복음을 자랑하며 전하자	롬 10:13-17	딤후 4:2	행 15 : – 21 :
			52	복음을 지키며 자랑하자	계 1:1-3	계 1 : 3	계 3 : – 14 :
절기	55. 감 사 절			감사로 영광을 돌리자	레 23:39-41	출 12:14	롬 3 : – 9 :
	56. 성 탄 절			감격적인 그리스도의 탄생	눅 1:26-33	눅 2:14	눅 1 : – 7 :

*절기예배 공과내용은 분문 내용의 마지막 부분에 있습니다.

화목하는 구역
성장하는 교회

세상을 변화시키는 52주 구역공과

화목하는 구역

화목하는구역

구역부흥은 교회부흥

제1과

새해를 주님과 함께

찬송 / 382, 297, 296/ 새 347, 551, 552

성경 / 여호수아 1:1-9

요절 / 여호수아 1:3

"내가 모세에게 말한 바와 같이 무릇 너희 발바닥으로 밟는 곳을 내가 다 너희에게 주었노니"

목표/ 새해 새출발에는 꼭 주님과함께 시작하는 태도를 기른다.

시작하는 말

유대인들은 새해를 속죄의식으로 시작합니다. 과거의 죄를 속죄하고 새로운 해를 정결하게 시작하겠다는 다짐입니다. 죄 사함을 받은 성도는 과거에 연연해서는 안 됩니다. 과감하게 옛사람을 벗어버리고, 새사람을 입어 주님을 모시고 새로운 한 해를 시작해야 하는 것입니다. 성도들은 불신자들과는 새해를 맞는 자세가 달라야 합니다. 동해에 가서 새해 처음 솟아오르는 태양을 바라보면서 기원하는 것도 필요하겠지만, 성도라면 '믿음의 주요, 온전케 하시는 이인 예수 그리스도'와 함께 이웃과 더불어 화목한 한 해의 새 출발을 기약해야 할 것입니다. 여러분! '주님과 함께 새 결심으로 한 해'를 시작하시기 바랍니다.

오늘의 말씀

1. 새로운 각오로 옛 사람을 벗어버려야 합니다(엡 4:22-24)

여행을 떠나는 사람이 먼저 효율적인 여정을 위해 짐을 간편하게 정리하고 챙기듯이, 새해 새 출발을 하는 성도들은 아직도 벗어버리지 못한 옛 생각, 옛 습관, 옛 모습을 벗어버려야 합니다. 성도들이 새사람이 되려면 먼저 그리스도의 보혈로 씻어 정결케 되고, 새사람으로 거듭나는 중생함이 먼저 있어야 합니다. 시편 기자는 시편 51편 10절에서 "하나님이여 내 속에 정한 마음을 창조하시고 내 안에 정직한 영을 새롭게 하소서."라고 기도합니다. 실수와 허물과 죄로 얼룩졌던 지난날들의 잘못과 옛사람을 벗어버리시기를 바랍니다.

· 함께 읽어요 : 에베소서 4장 22-24절

"22 너희는 유혹의 욕심을 따라 썩어져 가는 구습을 좇는 옛 사람을 벗어 버리고 23 오직 심령으로 새롭게 되어 24 하나님을 따라 의와 진리의 거룩함으로 지으심을 받은 새 사람을 입으라."

2. 우리의 삶에서 주님의 주권을 인정해야 합니다(잠언 16:1-3)

인생의 여정을 걸어가면서 우리가 쉽게 간과해 버리는 것은 여행의 주도권을 내가 쥐고 내 맘대로 행사하는 것입니다. 대부분의 성도들은 주님의 뒤를 좇아간다고 말하면서도 하나님께 묻기도 전에 자신이 먼저 방향을 정하고 그리로 향해 달려갑니다. 그 결과를 보고 성공할 때는 내가 이렇게, 저렇게 해서 성공했다고 떠벌이지만 실패하고 나면 의례히 그 책임은 하나님께 돌려버립니다. 솔로몬은 잠언 16장 1절에서 "마음의 경영은 사람에게 있어도 말의 응답은 여호와께로서 나느니라."고 고백했습니다. 성공에 성급한 자들이여! 오늘만은 주님의 뜻을 좀 물어보시고 좇아가시기를 바랍니다. 계획하는 모든 일에서 성령의 인도하심과 지도하심을 따라 진행해 보시기를 바랍니다.

· 함께 읽어요 : 잠언 16장 3절

"너의 행사를 여호와께 맡기라 그리하면 너의 경영하는 것이 이루리라."

3. 주님의 마음을 닮아가야 합니다(마 16:24)

그러면 주님께 주권을 인정하고 인생 여정의 주도권을 내어맡긴 후에 우리는 마냥 뒷짐만 쥐고 되어가는 것을 지켜보고만 있어도 된단 말입니까? 그럴 수는 없습니다. 주님을 닮기 위해 앞서 가신 주님의 발자취를 성실히 좇아가야만 합니다.

오늘날 대부분의 교회들이 문제가 불거지는 것은 너무 똑똑한 분들이 많기 때문입니다. 교회에 등록한 후 처음에는 고분고분 하지만 얼굴이 친숙해지고 개개인들의 모습을 파악하고 나면 그때부터는 '나의 영역, 내 권리를 찾고 지키기'에 분주합니다. 말하자면 주도권 분쟁이 일어납니다. 사랑하는 성도 여러분! 지금도 세속적인 방법이 버젓하게 교회 안에서, 내가 활동하는 기관이나 속회에서 자행되고 있습니까? 그렇다면 당신은 아직도 옛사람 그대로 임을 아십시오. 근묵자흑(近墨者黑)이란 말이 있습니다. 사람은 무엇이든 가까이 하면 그것에 영향을 받고 동화될 수 있다는 말입니다. 사랑하는 사람끼리는 얼굴도 닮는다고 하지요. 금년 한해는 주님을 닮아 주님의 발자취를 좇아갑시다. 주님을 가까이 하시고, 주님을 기쁘시게 하시기 바랍니다.

· 함께 읽어요 : 마태복음 16장 24절

"이에 예수께서 제자들에게 이르시되 아무든지 나를 따라 오려거든 자기를 부인하고 자기 십자가를 지고 나를 좇을 것이니라."

우리 크리스천 중에 가장 골치 아픈 존재들은 신앙의 나이테는 점점 굵어 가는데, 실제 생활의 삶은 변화되지 않는 분들입니다. 이런 사람들은 입으로는 신앙을 고백하지만 자신들의 삶, 현실 생활의 현

장 속에서 하나님께 대한 신앙의 태도를 발견하기 어렵습니다. 사랑하는 성도 여러분! 새해에는 여러분들의 삶의 현장에서 주님을 닮아 서로 사랑하고, 화목한 믿음생활 하시기 바랍니다. 그리하여 온 성도가 멋지고, 큰 비전을 가지고 성장과 축복이 임하시기를 바랍니다.

평가와 결심

1. 주님과 함께 살아가려면 무엇을 벗어버려야 합니까?
   (엡 4:22, 옛사람, 옛 습관)
2. 주님과 함께 살아가려면 먼저 무엇을 인정해야 합니까?
   (잠언 16:1-3, 하나님의 주권)
3. 주님과 함께 살아가려면 누구의 무엇을 닮아야 합니까?
   (빌 2:5, 주 예수 그리스도의 마음)

주간 경건의 시간 <1> · 날마다 말씀과 함께

요일 / 내용	월(Mon)	화(Tue)	수(Wed)	목(Thu)	금(Fri)	토(Sat)
찬송	46 / 31	48 / 32	44 / 19	40 / 79	35 / 298	36 / 36
성경	수 2:	수 3:	수 4:	수 5:	수 6:	수 7:
적용	붉은 줄을 매고	아침 일찍이	언약궤 앞에서	굴러가게 하였다	여리고 성을 돌자	아골 골짜기

* 그리스도 없이는 모든 역사를 이해할 수 없다. <르낭>

*매일 찬송 숫자 표시에서, 앞 숫자는 기존찬송가/ 뒤는 새 찬송가 장수입니다.

1단원 새 결심의 달

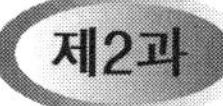

주님과 교제하며 살자

찬송 / 359, 338, 337/ 새 325, 280, 279
성경 / 요한계시록 3:14-22
요절 / 요한계시록 3:20
"볼지어다 내가 문밖에 서서 두드리노니 누구든지 내 음성을 듣고 문을 열면 내가 그에게로 들어가 그로 더불어 먹고 그는 나로 더불어 먹으리라."
목표/ 날마다 주님과 교제하며 살아가는 습관과 태도 기른다.

시작하는 말

천성을 향해 가는 성도들의 삶은 이 세상에서 나그네와 같습니다. 길 가는 나그네의 삶에서 동행하는 사람이 있다면 얼마나 다행이겠습니까? 그보다도 광야와 같은 세상에 살면서 우리의 친구 되신 주님과 함께 동행하면서 사랑의 교제를 나누면서 살아간다면 얼마나 행복한 삶이겠습니까? 하나님과의 교제는 범죄한 인간에게 열어놓으신 제사를 통해 이뤄집니다. 구약의 제사제도는 신약의 예배로 바뀌졌습니다. 하나님께서는 신령과 진정으로 '예배하는 자'(요 4:23)들을 찾으십니다. 예배를 통해 하나님과 이웃과의 화목을 이루시기를 바랍니다.

오늘의 말씀

1. 말씀과 함께 교제를 가지십시오(히 4:12)

히브리서 기자는 4장 12절에서 "하나님의 말씀은 살았고, 운동력이 있어 좌우에 날선 어떤 검보다도 예리하여 혼과 영과 및 관절과 골수를 찔러 쪼개기까지 하며 또 마음의 생각과 뜻을 감찰하나니"라고 하였습니다. 우리 성도들의 진실한 교제는 하나님의 말씀으로만이 가능합니다. 성도가 세상에서 사탄의 유혹과 죄악의 침륜을 받는다 할지라도 하나님의 말씀과 함께 교제를 나누는 자들에게는 안전하게 거할 수 있습니다. 금년 한해 주님의 말씀을 통해 만나는 사람마다 진실한 사랑의 밀어(密語)들로 함께 교제를 나누시기를 바랍니다.

· 함께 읽어요 : 요한계시록 3장 20절
"볼지어다. 내가 문밖에 서서 두드리노니 누구든지 내 음성을 듣고 문을 열면 내가 그에게로 들어가 그로 더불어 먹고 그는 나로 더불어 먹으리라."

2. 합심 기도로 교제를 나눠야 합니다(행 1:12-14)

제자들은 예수께서 이스라엘을 회복시키시면 한 자리씩 해보겠다고 벼르던 자들입니다. 그러나 제자들은 예수 그리스도께서 로마 군졸들에게 잡혀 허망하게 십자가에 달리시고, 무덤에 묻히시자 마지막 희망의 등불마저 꺼져버렸습니다. 그들은 맥없이 마가의 다락방에 돌아와 두려워하면서 주변의 경계를 살폈습니다. 베드로를 위시한 제자들과 특히 여자들, 예수의 모친 마리아, 예수의 아우들이 모여 함께 비상적인 합심기도를 드렸습니다. 그들의 합심기도로 흩어져 상실했던 성도의 교제가 다시 불붙여졌습니다. 그렇습니다. 성도들이여! 합심해 기도하십시오. 가정에서, 구역에서, 교회에 모여 합심해 기도드리면 분명히 하나님께서 여러분들에게 주시기를 원하는 신령한 은혜와 은사를 주실 것입니다. 성도들이 주님 안에서 서로의 기득권을 포기하고 합심기도하면 분명히 하나님이 함께 하십니다. 빌립보 감옥에 바울과 실라의 간절한 합심기도로 옥문이 열려졌습니다. 성도들의 합심기도는 서로간의 얽혀지고 설

켜진 마음의 문도 열려집니다. 우리 교회가 합심기도로 구역, 속회가 하나 되고 화목한 교제가 이뤄지기를 바랍니다.

· 함께 읽어요 : 사도행전 16장 25-26절

"25 밤중쯤 되어 바울과 실라가 기도하고 하나님을 찬미하매 죄수들이 듣더라 26 이에 홀연히 큰 지진이 나서 옥터가 움직이고 문이 곧 다 열리며 모든 사람의 매인 것이 다 벗어진지라."

3. 찬송으로 교제의 꽃을 피웁시다(히 13:15)

히브리서 13장 15절에는 성도가 드려야 할 제사 중에 '찬미의 제사'를 말하고 있습니다. 한 때 유명한 작곡가로서 신앙이 깊었던 자가 찬불가를 작곡했다는 이유로 숱한 참회의 눈물을 흘렸습니다. 그럼에도 불구하고 그의 작품이 외면당하는 모습을 볼 때 참으로 안타까운 마음이 듭니다. 우리는 예수의 이름을 증거하는 귀한 입술의 열매를 가져야 합니다. 성도가 합심하여 기도하고, 아름다운 하모니로 찬송을 드림으로 사탄의 적진은 무너지고 하나님의 진지가 구축되어집니다. 군대가 군가를 합심하여 부를 때 그 사기가 천지를 찌르듯 충천함 같이 성도들의 찬송은 큰 힘과 능력으로 마귀를 물리칩니다. 구역 예배 때에나 공예배 시에 성도들이 합심하여 찬송을 소리 높여 부를 때 성도의 교제는 저절로 이루어집니다. 2002년 월드컵에서 보여준 한국인들의 거리응원의 모습은 새로운 문화를 만들어냈습니다. 국민의 마음과 감정을 한 데 모아 화목을 이루는 큰 역할을 해냈습니다. 성경은 "할렐루야 우리 하나님께 찬양함이 선함이여 찬송함이 아름답고 마땅하도다"(시 147:1)라고 말씀합니다. 힘차고 아름다운 찬송소리로 믿음과 사랑의 교제와 화목의 꽃을 피우시기를 바랍니다.

· 함께 읽어요 : 시편 135장 1-3절

"할렐루야 여호와의 이름을 찬송하라 여호와의 종들아 찬송하라 2 여호와의 집 우리 하나님의 전정에 섰는 너희여 3 여2호와를 찬송하라 여호와는 선하시며 그 이름이 아름다우니 그 이름을 찬양하라."

정리하는 말

우리 크리스천의 삶은 분명히 성도들 간의 교제의 삶입니다. 이사야 43장 21절에 "이 백성은 내가 나를 위하여 지었나니 나의 찬송을 부르게 하려 함이니라"고 하였듯이 하나님께 찬송을 드림으로 성도는 화목하게 되며 사랑의 공동체를 이루어 진실한 교제를 하게 됩니다.

사랑하는 성도여! 말씀과 기도, 그리고 찬송으로 드려지는 예배의 생활화로 진실한 교제를 이루어가시기를 바랍니다.

평가와 결심

1. 성도들의 교제의 첫 번째 방법은 무엇입니까?
   (히 4:12, 말씀과 함께 교제)
2. 성도들의 교제의 두 번째 방법은 무엇입니까?
   (행 1:12-13, 합심하여 기도함으로)
3. 성도들의 교제의 세 번째 방법은 무엇입니까?
   (히 13:15, 찬송을 드림으로)

주간 경건의 시간 <2> · 날마다 말씀과 함께

요일 / 내용	월(Mon)	화(Tue)	수(Wed)	목(Thu)	금(Fri)	토(Sat)
찬송	453 / 570	212 / 420	138 / 151	208 / 289	180 / 188	97 / 92
성경	계 2:	계 3:	계 4:	계 5:	계 6:	계 7:
적용	생명의 면류관	흰옷을 입고	성령에 감동	다윗의 뿌리	보좌에 앉으신 이	어린양의 피

* 가정이 기독교의 최고의 안내자이다. <헨리 드럼몬드, 1860~1935)

1단원 새 결심의 달

제3과

모든 영광 주께 돌리자

찬송 / 346, 53, 248/ 새 211, 9, 550

성경 / 고린도전서 10:23-33

요절 / 고린도전서 10:31

"그런즉 너희가 먹든지 마시든지 무엇을 하든지 다 하나님의 영광을 위하여 하라."

목표/ 삶의 현장에서 모든 영광을 하나님께 돌리는 습관을 기른다.

시작하는 말

신앙생활에서 어떻게 믿는 것이 올바른 것이며, 좋은 믿음 생활인가요? 라고 묻는다면 여러분은 무엇이라고 대답하겠습니까? 본문은 신앙생활의 기본 원칙을 가르쳐줍니다. 성도들은 무슨 일을 하든지 하나님의 영광을 위하여 해야 합니다. 연초가 되면 누구나 한번쯤은 금년에는 내가 신앙생활 한번 제대로 해 보겠다고 다짐을 합니다. 사랑하는 성도 여러분! 세월은 유수같이 빠릅니다. 빠른 세월 탓하지 말고, 하나님과 이웃과 화목하고, 모든 영광을 하나님께 돌리면서 멋진 신앙생활 하시기를 바랍니다. 영광을 돌리려면 어떻게 해야 하겠습니까?

오늘의 말씀

1. 매일 주님을 만나십시오(히 10:25)

우리는 가까이 지내는 사람들과 오히려 속 깊은 대화를 나누지 못하는 경우가 종종 있습니다. 교제는 부단한 노력으로 자주 만나고, 자신의 절제를 통해 이루어집니다. 주님과 함께 이 한 해를 여행하는 동안 지속적으로 친밀함을 유지하려면 날마다 주님과 교제를 게을리 해서는 안 됩니다. 예수님의 어린 시절 가족들은 예수님이 동행중에 있는 줄 알고 이야기에 푹 빠져 있었습니다. 그리하여 예수님을 성전에 남겨둔 채로 하룻길을 간적이 있었습니다. 이 사실을 발견하고 가족들은 황당하여 찾기 시작했습니다. 드디어 사흘이나 지난 후에 성전에서 그가 선생들 중에 앉으사 듣기도 하시고 묻기도 하시는 예수님을 찾아 만났습니다. 우리는 종종 나 자신의 직장이나 일에 바쁘다보면 주님을 잊기도 하고, 잃어버리기도 합니다. 매일 기도 중에 찬송 중에, 말씀 가운데서 함께 모여서 주님과 사랑의 교제를 나누시기 바랍니다.

· 함께 읽어요 : 히브리서 10장 25절

"모이기를 폐하는 어떤 사람들의 습관과 같이 하지 말고 오직 권하여 그날이 가까움을 볼수록 더욱 그리하자."

2. 주님께 모든 것을 아뢰십시오(빌 4:6-7)

운전자들이 가장 짜증내는 것은 교통체증입니다. 마찬가지로 가정에서나 직장에서 상하 좌우로 서로 말이 통하지 않는 것은 인생길에서의 교통체증이나 마찬가지입니다. 구약에서는 제사장이 제물을 가져온 제주(祭主)의 죄를 속하기 위하여 사람 대신 짐승을 속죄의 제사로 드렸습니다. 대제사장이 1년 1차 지성소에 들어가 백성 전체의 속죄를 위해 대 속죄일에 하나님께 나아갔습니다. 신약시대에는 예수님께서 십자가에서 화해의 제사를 드리셨기 때문에 구약시대처럼 우양과 같은 제물을 가지고 제물을 드릴 필요가 없습니다. 다만 예수 그리스도께서 열어 놓으신 십자가의 길을 통해 하나님을 만나 우리의 사정을 아뢰는 것입니다. 바로 이것이 멋진 하나님과의 교제요(代神),

예배요, 만남이요 화목인 것입니다. 세례 요한은 이러한 사실을 염두에 두고 '세상 죄를 지고 가는 하나님의 어린양을 보라'고 외쳤던 것입니다. 매사에 답답하십니까? 주님께 여러분들의 마음과 소원, 사랑의 고백도 아뢰시어 먼저 주님과 화목하시기를 바랍니다.

· 함께 읽어요 : 빌립보서 4 6-7절

" 6 아무 것도 염려하지 말고 오직 모든 일에 기도와 간구로, 너희 구할 것을 감사함으로 하나님께 아뢰라 7 그리하면 모든 지각에 뛰어난 하나님의 평강이 그리스도 예수 안에서 너희 마음과 생각을 지키시리라."

3. 주님께 감사와 찬송을 드리십시오(살전 5:16-18)

사도행전 16장에 보면 사도 바울은 빌립보 전도 때에 점하는 귀신들린 여종을 고침으로 고발을 당하여 옷을 찢어 벗김을 당하고 매를 많이 맞고 옥에 갇혔습니다. 이런 처절한 상태에서 바울과 실라는 오히려 함께 기도하고 하나님을 찬미했습니다. 그때, 큰 지진이 나고 옥터가 움직이고, 옥문이 열렸습니다. 우리가 불신세계와 접하여 살면서 신앙생활을 할 때에 이렇게 좋은 일을 하고도 매를 맞고 옥에 갇힐 수도 있습니다. 그런데 이런 비상적인 상황에서 불평하고, 근심하고 낙심할 것이 아닙니다. 사도 바울은 오히려 감사하고 기도하며, 찬미하였습니다. 그 때에 지진이 나 옥문이 열려지고, 간수의 가정이 전도되는 놀라운 사건이 일어났습니다. "선생들아 내가 어떻게 하여야 구원을 얻으리이까?"하고 물을 때 바울은 "주 예수를 믿으라. 그리하면 너와 네 집이 구원을 얻으리라"(행 16:31)고 대답했습니다. 바울은 에베소서 5장 19-20절에서 "시와 찬미와 신령한 노래들로 서로 화답하며 너희의 마음으로 주께 노래하며 찬송하며, 범사에 우리 주 예수 그리스도의 이름으로 항상 아버지 하나님께 감사하며"라고 하였습니다. 속수무책일 때 감사해 보세요. 그러면 문제의 매듭이 풀려집니다.

· 함께 읽어요 : 데살로니가전서 5장 16-18절

“ 16 항상 기뻐하라 17 쉬지 말고 기도하라 18 범사에 감사하라 이는 그리스도 예수 안에서 너희를 향하신 하나님의 뜻이니라.”

정리하는 말

율법시대에는 짐승을 죽여서 나 대신 죽어 피 흘림의 속죄의 제사를 드렸습니다. 그러나 신약시대에는 우리 그리스도인들은 자신을 불사르게 내어주지 않고도 자기 몸을 하나님께 드리는 제물로 삼을 수가 있습니다. 곧 진실한 마음으로 주님의 십자가를 의지하여 예배를 드리는 것입니다. 여러분! 예배란 주님을 만나 모든 것을 아뢰고, 감사와 찬양을 드리는 것입니다. 신령과 진리로(요 4:24) 삼위 하나님께 모든 영광을 돌려드리시기를 바랍니다.

평가와 결심

1. 하나님께 영광을 돌리려면 첫째 어떻게 해야 합니까?
   (히 10:25, 날마다 주님을 만나야 함)
2. 하나님께 영광을 돌리려면 둘째 어떻게 해야 합니까?
   (빌 4:6-7, 모든 것을 주께 아뢰어야 함)
3. 하나님께 영광을 돌리려면 셋째 어떻게 해야 합니까?
   (엡 5:19-20, 범사에 감사하며, 찬송을 드려야 함)

주간 경건의 시간 <3> · 날마다 말씀과 함께

요일 / 내용	월(Mon)	화(Tue)	수(Wed)	목(Thu)	금(Fri)	토(Sat)
찬송	361/ 327	185/ 311	186/ 254	187/ 255	188/ 494	189/ 257
성경	고전 4:	고전 5:	고전 6:	고전 7:	고전 8:	고전 9:
적용	비밀 맡은 자	유월절 양	성령의 전	남편의 의무	사랑은 덕을 세움	이기기를 다투는 자

* 인간은 반항하는 존재이다. <앨버트 카뮈, 1913~1960, 프랑스 소설가>

1단원 새 결심의 달

제4과

사랑의 언약을 실천하자

찬송 / 219, 411, 218/ 새 540, 563, 286

성경 / 요한복음 13:31-35

요절 / 요한복음 13:34

" 새 계명을 너희에게 주노니 서로 사랑하라 내가 너희를 사랑한 것 같이 너희도 서로 사랑하라."

목표/ 신자로서 사랑의 약속만을 믿고 실천하는 태도를 가지게한다.

시작하는 말

개인이나 국가를 막론하고 관계를 맺으려면 계약이나, 협약, 조약을 맺습니다. 회사에서 사원을 채용할 때도 회사가 제시하는 근로조건이나 임금 정도에 대해 '근로계약'을 맺습니다. 창조주 하나님께서도 피조물인 인간들에게 말씀을 통해 수많은 언약들을 주셨습니다. 이렇게 하나님께서 우리 인간들과 맺으신 언약에도 분명한 목적이 있습니다. 하나님의 선택함을 받아 하나님의 자녀가 된 우리 성도들은 그 언약만을 믿어야 합니다. 그 약속은 우리 인생들에게 복을 주시기 위한 약속이기 때문입니다. 우리에게 주신 사랑의 언약을 실천해 화목을 이루어 가시기를 바랍니다.

오늘의 말씀

1. 거룩하신 하나님의 옛 언약이 있습니다(창 3:15)

성경은 한 마디로 언약의 책입니다. 구약(舊約)은 창조주 하나님께서 그의 백성들과 세우신 옛 언약입니다. 창세기에는 인류의 시작이 나오고, 인간과 맺어진 하나님의 언약이 나옵니다. 아담과 하와가 하나님과의 언약을 어기고 선악을 알게 하는 나무의 열매를 따먹음으로 하나님과의 언약을 깨뜨렸습니다. 선악과는 말하자면 '법의 요약'입니다. 법은 지키면 안전하고 모든 사람이 유익하지만 어기면 사고를 불러옵니다. 구약성경은 바로 하나님과의 '옛 언약'입니다. 이 언약을 잘 지켜 대대손손 축복을 받아 누리시기를 바랍니다.

· 함께 읽어요 : 창세기 3장 15절(참고 갈라디아서 4:4-5절)

"내가 너로 여자와 원수가 되게 하고 너의 후손도 여자의 후손과 원수가 되게 하리니 여자의 후손은 네 머리를 상하게 할 것이요 너는 그의 발꿈치를 상하게 할 것이니라 하시고"

2. 그리스도께서 주신 사랑의 새 계명이 있습니다(요 13:34-35)

주님은 제자들에게 "새 계명을 너희에게 주노니 서로 사랑하라 내가 너희를 사랑한 것 같이 너희도 서로 사랑하라"고 하셨습니다. 구약의 옛 언약은 계명과 율법이라면 신약의 언약은 '사랑의 계명'이요, '속죄의 언약'입니다. 십자가에서 이 언약을 이루기 위해서 예수 그리스도께서 구속의 피를 흘려주셨습니다. 그래서 예수님은 성만찬을 나누면서 "가라사대 이것은 많은 사람을 위하여 흘리는바 나의 피 곧 언약의 피니라"(막 14:13)고 하셨습니다. 그리스도의 피로 우리의 허물과 죄를 용서함을 받았다면 우리 성도들은 그리스도의 제자로서 그 사랑의 언약을 실천하고 지켜야 하지 않겠습니까? 그리스도의 제자요, 작은 예수가 된 여러분! '사랑의 공동체' 일원으로서 십자가의 사랑을 실천하시기를 바랍니다.

· 함께 읽어요 : 요한1서 4장 10-11절

"10 사랑은 여기 있으니 우리가 하나님을 사랑한 것이 아니요 오직 하나님이 우리를 사랑하사 우리 죄를 위하여 화목제로 그 아들을 보내셨음이니라 11 사랑하는 자들아 하나님이 이같이 우리를 사랑하셨은즉 우리도 서로 사랑하는 것이 마땅하도다."

3. 언약은 지킬 때에 복이 됩니다(신명기 28:1-6)

신구약 성경은 언약의 책입니다. 사랑의 하나님께서는 우리에게 옛 언약과 새 언약을 주셨습니다. 그 언약의 요약은 '사랑'입니다. 구약성경의 요약이 십계명이라면 십계명은 1계명에서 4계명까지는 하나님을 사랑하라는 계명이요, 5계명에서 10계명까지는 이웃을 사랑하라는 계명입니다.

그래서 주님께서는 신 · 구약의 모든 계명을 요약하면서 "네 마음을 다하고 뜻을 다하여, 주 너의 하나님을 사랑하라 하셨으니, 이것이 크고 첫째 되는 계명이요, 둘째는 그와 같으니, 네 이웃을 네 몸과 같이 사랑하라 하셨으니, 이 두 계명이 온 율법과 선지자의 강령이니라"고 하셨습니다(마 22:37-40).

성도들에게는 이 땅에서 이웃을 사랑할 수 있는 특권과 저 하늘나라에서는 수많은 천사, 그리고 거룩하게 된 성도들과 더불어 영원한 천국 공동체의 일원으로서 하나님을 사랑하고 경배하라는 특권이 주어졌습니다. 이것은 성도가 세상을 바르게 살아가는 방법이며, 천국 가는 길이기도 합니다. 그러므로 성도가 이 땅에서 사랑을 실천하는 것은 바로 자신에게 주어진 생의 의미를 다하는 길이기도 합니다.

· 함께 읽어요 : 신명기 28장 1-2절

" 1 네가 네 하나님 여호와의 말씀을 삼가 듣고 내가 오늘날 네게 명하는 그 모든 명령을 지켜 행하면 네 하나님 여호와께서 너를 세계 모든 민족 위에 뛰어나게 하실 것이라 2 네가 네 하나님 여호와의 말씀을 순종하면 이 모든 복이 네게 임하며 네게 미치리니"

정리하는 말

오늘날 우리 성도들의 모습은 성도가 가야할 길, 지켜야 할 언약과 약속을 어기면서 순리를 거스르면서 살아갑니다. 그렇기에 살아가는 것이 힘이 들고, 재미가 없습니다. 길이요 진리요 생명이신 그리스도를 등지고 걸어가기에 빛이 보이지 않습니다. 옛 언약이나 새 언약 모두 사랑에 초점이 맞춰있습니다. 사랑하는 성도 여러분! 위로 하나님을 사랑하고 아래로 이웃을 사랑하며 화목하고 복된 삶을 살아가시기를 바랍니다. 오늘도 사랑의 주님과 함께 즐겁고 활기차고 멋진 인생을 살아가시기를 바랍니다.

평가와 결심

1. 옛 언약(구약 성경)은 누구를 통해 성취되었습니까?
   (갈 4:4, 여자의 후손인 그리스도)
2. 옛 언약과 새 언약의 정신은 무엇입니까?(마 22:37-40, 사랑)
3. 언약은 어떻게 해야 복을 받습니까?
   (지키고 순종해야 복을 받음)

주간 경건의 시간 <4> · 날마다 말씀과 함께

요일 / 내용	월(Mon)	화(Tue)	수(Wed)	목(Thu)	금(Fri)	토(Sat)
찬송	164 / 177	357 / 322	265 / 516	93 / 93	202 / 268	22 / 12
성경	요 10:	요 11:	요 12:	요 13:	요 14:	요 15:
적용	선한 목자	믿게 하려함이라	나사로 까닭에	이미 목욕한 자	처소를 예비하려	내 계명을 지키면

* 사람은 기다리고만 있으면 때가 되면 모든 것은 오게 되어있다.

<탄크레드, 1078~1112, 노르만 십자군>

2단원 기도열심의 달

믿음으로 기도하자

찬송 / 482, 487, 484/ 새 364, 369, 365
성경 / 마태복음 21:18-22
요절 / 마태복음 21:22
" 너희가 기도할 때에 무엇이든지 믿고 구하는 것은 다 받으리라 하시니라."
목표/ 위기를 만났을 때 믿음으로 기도하는 태도를 기른다.

시작하는 말

역사상 위대한 일들을 남긴 사람들을 보면, 환란과 역경을 만나지 않은 사람들은 없습니다. 그러나 한결같이 그들은 환란과 역경을 잘 극복한 사람들입니다. 그중에는 비 신앙인들도 있겠지만 대부분 신앙을 가지고 어려움을 기도로 잘 이겨낸 공통점이 있습니다. 본 단원에서는 인생의 계곡마다 불어 닥쳐오는 문제들의 해결방법은 간절한 기도생활의 열심으로서만이 가능하다는 것을 배우게 됩니다. 예수께서 저주한 무화과나무가 말라지는 것을 이상히 여기는 제자들에게 주신 말씀을 통해서, '믿음으로 기도하는 위대함'과 기도생활의 열심을 배우도록 하겠습니다.

오늘의 말씀

1. 하나님의 뜻을 이루는 기도를 드려야합니다(빌 4:6-7)

간혹 성도들 중에 욕심으로 기도를 드리는 분들이 있습니다. 그 기도가 이루어졌다고 해도 하나님께 영광을 돌릴 수 있느냐 하는 문제는 여전히 문제로 남습니다. 기도를 잘 훈련받아 금식기도, 철야기도, 목적기도, 중보기도 등 기도를 많이 드리기는 하는데, 그 기도가 정말 하나님께 기쁨이 되고 영광을 돌리고 있습니까? 아니면 자신을 위해서 재물과 복을 쌓아만 두고 있습니까? 믿음으로 드리는 기도의 제일 요건을 기도의 목적이 궁극적으로 하나님을 위한 것이 되어야 한다는 데 있습니다. 믿는다는 것은 단순하게 하나님의 존재를 인정하는 것으로 그치는 것이 아닙니다. 많은 사람들이 믿음을 그런 차원에서 생각하고 있습니다. 그래서 야고보 사도는 "네가 하나님은 한 분이신 줄을 믿느냐… 귀신들도 믿고 떠느니라"(약 2:19)고 했습니다.

그러므로 믿음이란 하나님의 존재에 대한 인정을 넘어서 '하나님을 하나님으로 경배하는 것'이 되어야합니다. 그분을 나와 온 세계의 주인과 왕으로 받들며, 절대자로 섬기는 것이 믿음입니다.

· 함께 읽어요 : 빌립보서 4장 6-7절
"6 아무 것도 염려하지 말고 오직 모든 일에 기도와 간구로, 너희 구할 것을 감사함으로 하나님께 아뢰라 7 그리하면 모든 지각에 뛰어난 하나님의 평강이 그리스도 예수 안에서 너희 마음과 생각을 지키시리라."

2. 진실한 신앙 인격이 수반된 기도를 드려야 합니다(롬 1:17)

믿음이란 '삶의 한 방법'이 아닙니다. 믿음은 믿는 자의 전 인격적인 삶입니다. 즉 믿음은 하나님의 형상을 그리스도 안에서 회복한 성도가 인격자이신 하나님과의 전인적인 교제를 하는 것을 말합니다. 여기서 '인격적인 교제'의 요소가 결여된 신앙생활은 곧 '우상숭배'와 다름이 없습니다. 우상숭배의 종교에는 진실하고 참된 인격적인 교제와 화목이 결여되어 있습니다. 말하자면 신과 그 신을 섬기는 자와의 사랑과 정의와 화목한 대화가 결여되어 있습니다. 그래서 주님은 "너희가 내 안에 거하고 내 안에 너희가 거하면 무엇이든지 원하는 대로 구하라 그리하면 이루리라"(요 15:17)고 하셨습니다. 사랑하는 성도 여러분! 하나님을 인격적으로 섬기는 사람만이 그가 드린 기도의 응답을 받을 수 있음을 아시기 바랍니다. 다음 성경구절을 음미해 보세요.

· 함께 읽어요 : 요한복음 14장 21절

"나의 계명을 가지고 지키는 자라야 나를 사랑하는 자니 나를 사랑하는 자는 내 아버지께 사랑을 받을 것이요 나도 그를 사랑하여 그에게 나를 나타내리라."

3. 응답의 언약을 기반삼아 드리는 기도입니다(약 5:16)

믿음으로 드리는 기도는 그 기반이 '인간'에게 있지 아니하고, '하나님의 언약'에 기반을 둔 기도라 할 수 있습니다. 믿음으로 산다는 것이 무슨 말입니까? 한마디로 믿고 산다는 것은 '하나님께서 그리스도와 성경을 통해서 언약해 주신 모든 언약을 신뢰하며 사는 것'을 말합니다. 그러므로 기도 역시 쉽게 변하는 인간 자신의 의지에 그 기반을 두어서는 안 되는 것입니다. 우리가 정 믿을 수 없는 일도 하나님의 언약을 기반 삼아 드리는 기도가 믿음의 기도이며, 이와 같은 기도가 하나님을 기쁘시게 하는 기도요(히 11:6), '역사하는 힘'이 큰 기도인 것입니다. 엘리야의 기도 역시 3년이나 닫혀졌던 하늘 문을 열고, 비를 내리도록 했습니다(왕상 18:42-45). 예수께서는 바다 위를 걸으시고(막6:47-56), 풍랑을 잠잠케 하셨고(마 8:23-27), 5병2어로 5천명을 먹이셨던 것입니다(눅 9:10-17).

· 함께 읽어요 : 야고보서 5장 16절

"이러므로 너희 죄를 서로 고하며 병 낫기를 위하여 서로 기도하라 의인의 간구는 역사하는 힘이 많으니라."

정리하는 말

사랑하는 성도 여러분! 금년 한해 세상에 살면서 위기에 직면했을 때 여러분들은 어떻게 하시겠습니까? 진실한 믿음으로 드리는 기도의 삶이여야 합니다. 믿음으로 기도하고, 믿음으로 진행하며, 믿음으로 살아가는 삶을 배워 기도의 삶을 습관화하시기 바랍니다. 믿음의 기도는 바로 여러분들의 인생의 활력소요, 꿈을 이루기 위한 가장 기본적이고 근본적인 해결의 열쇠입니다.

평가와 결심

1. 믿음으로 드리는 기도는 첫째 무엇이라고 생각하십니까?
   (빌 4:6-7, 하나님의 뜻을 위한 목적으로 드리는 기도)
2. 믿음으로 드리는 기도는 둘째 무엇이라고 생각하십니까?
   (기도자의 신앙인격이 수반된 기도)
3. 믿음으로 드리는 기도는 셋째 무엇이라고 생각하십니까?
   (응답하시겠다는 언약을 기반으로 드리는 기도)

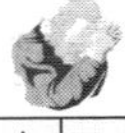

주간 경건의 시간 <5> · 날마다 말씀과 함께

요일 / 내용	월(Mon)	화(Tue)	수(Wed)	목(Thu)	금(Fri)	토(Sat)
찬송	405/ 547	260/ 496	481/ 362	382/ 347	300/ 565	484/ 365
성경	마 16:	마 17:	마 18:	마 19:	마 20:	마 21:
적용	천국 열쇠를	믿음이 적은 연고	나도 그들 중에	여러 배를 받고	내 잔을 마시려니와	믿고 구하는 것은

* 신앙은 인생의 힘이다.<레오 N. 톨스토이(1828-1910)>

제6과

간절히 기도하자

찬송 / 484, 498, 486/ 새 365, 441, 368

성경 / 누가복음 22:39-46

요절 / 누가복음 22:44

" 예수께서 힘쓰고 애써 더욱 간절히 기도하시니 땀이 땅에 떨어지는 피 방울 같이 되더라."

목표/ 어렵고 힘든 일을 만났을 때 간절히 기도하는 태도를 배운다.

시작하는 말

이 세상을 살아가노라면 인간의 능력으로 도저히 해결할 수 없는 문제들을 만나게 됩니다. 본문에서 만 왕의 왕이신 그리스도께서 십자가를 앞에 두고 피 방울 같은 땀을 흘리시며 간절히 기도하시는 모습에서 큰 도전과 감동을 받습니다. 하나님과 동등한 위격과 권세를 지니신 예수께서 힘쓰고 애써 간절히 기도하셨습니다. 예수께서 인간의 육신을 입고 이 땅에 오셔서, 우리 육신을 입은 자들에게 본이 되셨습니다. 기도는 인간의 한계 상황 앞에서 취해야 될 태도이며, 절망 앞에는 간절한 기도밖에 없음을 깨달아야 합니다.

오늘의 말씀

1. 기도는 마음과 뜻과 정성을 다해야 합니다(눅 22:44)

간절함은 우선 마음과 뜻과 정성을 모으는 것입니다. 열심히 기도하는 성도 중에는 이것저것을 정신없이 주워섬기는 것이 간절한 기도인 것처럼 착각을 하는 분들도 있습니다. 간절한 기도란 사수가 목표물에 정조준하는 것처럼 기도하는 자가 온 정성을 다하여 기도의 제목이나 목표에 명중시키듯 열심을 다한 기도입니다. 그러므로 성도는 온 맘과 정성을 기울여 다른 데 생각을 빼앗기지 않고 전심해서 기도드려야 합니다. 모든 소원을 하나님께 가지고 오셔서 마음과 뜻과 정성을 다하여 기도하시기를 바랍니다.

· 함께 읽어요 : 누가복음 22장 44절
"예수께서 힘쓰고 애써 더욱 간절히 기도하시니 땀이 땅에 떨어지는 피 방울 같이 되더라."

2. 응답 없이는 돌아설 수 없다는 각오로 기도해야 합니다(시 42:1)

시편 기자는 "하나님이여! 사슴이 시냇물을 찾기에 갈급함 같이 내 영혼이 주를 찾기에 갈급하니이다"(시 41:1)라고 고백했습니다. 어떤 목사님이 기도원에서 40일 금식기도를 드리고 있을 때, 제자 되는 목사님이 40일 금식기도를 마치고 하산해야 하는데, 하산하지 않고 계속 기도하시는 겁니다. "하나님! 저 이대로는 내려갈 수 없습니다. 무엇이든 증거를 주세요"라고 울부짖습니다. 그때 방언이 터졌습니다. 결국, 방언기도가 터지는 체험을 하고서야 하산을 하는 것을 보았습니다. 성도가 기도 응답을 바라면서 하나님께 간절히 부르짖으며 갈구하는 것도 한편으로는 필요한 것입니다.

성도가 기도를 드리고서 '내가 언제 그런 기도를 드렸지?' 하면서 '하나님께서 다 들어주실 거야!' 하고 잊어버리는 것도 믿음이겠지만 기도한 내용을 응답 받기까지 고대하고 기대하는 것도 믿음입니다.

· 함께 읽어요 : 사무엘상 1장 11절

"서원하여 가로되 만군의 여호와여 만일 주의 여종의 고통을 돌아보시고 나를 생각하시고 주의 여종을 잊지 아니하사 아들을 주시면 내가 그의 평생에 그를 여호와께 드리고 삭도를 그 머리에 대지 아니하겠나이다."

3. 하나님만이 문제의 해결자라는 자세로 기도해야 합니다

구약성경에 간절히 기도드렸던 한나는 하나님만이 이 문제의 해결자라는 생각으로 '오래 여호와 앞에서 기도'했습니다. 우리가 하나님께 기도할 때에 '줄 테면 주세요. 안 주면 말고요.' 이런 자세로 기도한다면 응답받아도 감사 감격이 없습니다. 하나님은 그런 미적지근한 신앙을 토해 버리신다 하셨습니다. 하나님께서 인정하는 신앙은 화끈하고 뜨거워야 합니다. 하나님께서는 그가 진짜로 하나님만을 문제의 해결자로 간주하느냐를 보십니다. 요즘 연속극을 보면, "아이고 하나님! 부처님! 신령님!" 하고 부르면서 안타까움을 호소하는 경우를 보는데 참으로 경망스러운 일입니다. 하나님께서는 우리가 모든 좌절을 딛고 하나님만을 의지하는 믿음과, 어떠한 경우에도 하나님만을 버리지 않는 사랑을 진정 지녔는가 하는 점이 확인되기 전에는 절대 기도에 응답 하시지 않으실 것입니다. 실제로 환경의 변화에 관계없이 하나님만을 신뢰하고 사랑하는 성도들은 기도가 응답되지 않는다고 해서 한번 시작한 기도를 멈추지 마시고, 하나님만이 문제의 열쇠를 가지고 계신다는 것을 믿고 의지하고 기도하시기 바랍니다. 한나는 오랫동안 그렇게 기도했습니다. 그토록 애절하고 끈기 있게 기도하던 한나는 하나님의 종 엘리가 '평안히 가라 이스라엘의 하나님이 너의 기도하여 구한 것을 허락하시기를 원하노라'(17절) 할 때 '아멘'하고, "당신의 여종이 당신께 은혜 입기를 원하나이다하고 가서 먹고 다시는 수색이 없으니라"(18절)고 했습니다. 그렇습니다. 하나님만이 문제의 해결하실 분이심을 믿고 기도하시기 바랍니다.

· 함께 읽어요 : 야고보서 1장 6-7절

"6 오직 믿음으로 구하고 조금도 의심하지 말라 의심하는 자는 마치 바람에 밀려 요동하는 바다 물결 같으니 7 이런 사람은 무엇이든지 주께 얻기를 생각하지 말라 8 두 마음을 품어 모든 일에 정함이 없는 자로다."

정리하는 말

사랑하는 성도 여러분! 여러분들은 하나님의 도움이 없으면 살 수 없다는 절박감이 있습니까? 아니면 하나님 아니어도 그런대로 견딜 수 있는 형편입니까? 그런 상황이라면 간절한 기도가 나오지 않습니다. "주시면 좋고, 안 주셔도 괜찮습니다." 오늘날 사람들이 살기가 좋아지니까 간절히 기도하는 사람이 자꾸 줄어갑니다. 진정 이 문제 해결 자는 하나님뿐이시다. 그런 자세로 마음과 뜻과 정성을 다해 간절히 부르짖어 기도하는 여러분 되시기를 바랍니다.

평가와 결심

1. 주님의 간절한 기도는 어떻게 드렸습니까?
   (눅 22:44, 마음과 뜻과 정성을 다하여 땀이 피 방울이 되도록)
2. 간절한 기도는 어떤 각오로 드려야 합니까?
   (시편 42:1, 목마른 사슴 시냇물 찾듯 응답 없이는 안 된다는 각오로)
3. 간절한 기도는 어떤 자세로 드려야 합니까?
   (하나님만이 문제해결 자라는 자세로)

주간 경건의 시간 <6> · 날마다 말씀과 함께

요일 내용	월(Mon)	화(Tue)	수(Wed)	목(Thu)	금(Fri)	토(Sat)
찬송	183/ 283	184/ 252	185/ 311	186/ 254	187/ 255	188/ 494
성경	눅 17:	눅 18:	눅 19:	눅 20:	눅 21:	눅 22:
적용	겨자씨 한 알 믿음	항상 기도하고	구원이 이 집에	산 자의 하나님	일어나 머리 들라	피로 세운 새 언약

* "자연을 통하여 자연의 하나님을 우러러본다."

찰스 킹슬리(1819-1875) 영국 성직자, 소설가

2단원 기도열심의 달

제7과

확신하고 기도하자

찬송 / 483, 421, 417/ 새 539, 375, 295

성경 / 시편 9:1-13

요절 / 시편 9:10

"여호와여 주의 이름을 아는 자는 주를 의지하오리니 이는 주를 찾는 자들을 버리지 아니하심이니이다."

목표/ 성도로서 확신하고 기도하는 태도를 배운다.

시작하는 말

오늘날은 불신의 시대요, 불확실성의 시대입니다. 서로가 믿지 못하고, 교회 내의 일을 가지고도 서로 믿지 못해 세상 법정에서 진실을 가려 달라하고 다투는 시대가 되어버렸습니다. 기도의 가장 진실한 태도는 하나님께 대한 우리 신앙의 고백이기 때문에 아무렇게나 드려서는 안 되고, 응답하실 줄 믿고, 확신으로 기도드려야 하는 것입니다. 우리의 신앙고백은 하나님께서 기도에 반드시 응답해 주실 것을 확신하는 것이어야 합니다. 그런 믿음의 기도가 있으시기를 바랍니다.

오늘의 말씀

1. 하나님을 향한 확고한 신앙을 가져야 합니다(요 14:1)

주님께서는 제자들에게 "너희는 마음에 근심하지 말라 하나님을 믿으니 또 나를 믿으라"(요 14:1)고 하셨습니다. 우리가 기도할 때의 올바른 자세는 먼저 하나님께 대한 신앙을 갖는 것입니다. 우리가 하나님을 믿을 진대 또한 주님을 믿어야 하는 것입니다. 히브리서 기자는 "믿음의 주요 또 온전케 하시는 이인 예수를 바라보자"(히 12:2)라고 했습니다. 야고보 사도는 "오직 믿음으로 구하고 조금도 의심하지 말라 의심하는 자는 마치 바람에 밀려 요동하는 바다 물결 같으니"(약 1:6)라고 했습니다. 주님을 의지하면 결코 버리지 아니하십니다.

· 함께 읽어요 : 이사야 58장 9절
"네가 부를 때에 내가 응답하겠고, 네가 부르짖을 때에는 말하기를 내가 여기 있다 하리라."

2. 기도의 응답에는 확신이 필요합니다(약 1:5, 마 7:7, 11)

기도는 드리는 것도 중요하지만 응답에 대한 확신을 가지는 것 또한 중요합니다. 야고보 사도는 기도를 통해 누구보다 많은 응답을 받으신 분이십니다. 그는 "너희 중에 누구든지 지혜가 부족하거든 모든 사람에게 후히 주시고 꾸짖지 아니하시는 하나님께 구하라. 그리하면 주시리라"(약 1:5)고 말씀했습니다. 이것은 응답에 대한 확신의 근거는 하나님이시라는 것입니다. 그리고 "구하라 그러면 너희에게 주실 것이요, 찾으라 그러면 찾을 것이요, 문을 두드리라 그러면 너희에게 열릴 것이니"(마 7:7)라는 확실한 기도응답의 3단계를 말씀했습니다. "너희가 악한 자라도 좋은 것으로 자식에게 줄줄 알거든 하물며 하늘에 계신 너희 아버지께서 구하는 자에게 좋은 것으로 주시지 않겠느냐?"(마 7:11)고 말씀합니다. 따라서 성도들은 후히 주시고 꾸짖지 아니하시는 하나님께 기도했으면 반드시 응답해 주실 것을 확신하고 응답을 기대하며 기다려야 합니다. 여러분은 하나님의 자녀로서 올바르게 기도하고 그 응답을 확신하고 인내하면서 기다리시기 바랍니다.

· 함께 읽어요 : 빌립보서 4:6-7절

"6 아무 것도 염려하지 말고 오직 모든 일에 기도와 간구로, 너희 구할 것을 감사함으로 하나님께 아뢰라 7 그리하면 모든 지각에 뛰어난 하나님의 평강이 그리스도 예수 안에서 너희 마음과 생각을 지키시리라."

3. 기도를 응답해 주시는 하나님이십니다(눅 18:1-8)

여호와께서 솔로몬에게 밤에 나타나사 '하나님의 백성인 우리 성도들이 그 악한 길에서 떠나 스스로 겸비하여 기도하면 하나님께서는 그 기도를 들어 주신다'고 말씀하셨습니다(대하 7:14). 주님께서는 억울한 일을 당한 과부가 불의한 재판관에게 가서 끈질기게 원한을 풀어달라고 하자, 재판관이 불의한 사람이지만 과부의 원한을 들어주었다고 했습니다. 하물며 하나님이 택하신 백성인 성도들의 기도를 들어주지 않겠느냐는 말씀입니다. 사실 대부분의 사람들은 생사의 고비를 넘나드는 상황에서 주님을 찾기보다는, 세상의 권력자나 유력인사를 찾아다니는 옹졸한 방법을 찾는 것이 솔직한 우리들의 모습입니다. 진정 하나님께서 우리들의 기도를 응답해 주신다고 믿는다면, 문제의 해결을 주님께 전적으로 의탁해야 합니다. 사랑하는 성도 여러분! 주님의 약속을 믿고, '구하고, 찾고, 문을 두드리면', 주님은 '주시고, 찾고, 열어주실 것'을 믿으시기 바랍니다.

성도가 기도하고 응답에 확신을 가지고, 믿으라는 것입니다. 그리고 간구하라는 것입니다. 또한 말씀 안에 거하라는 것입니다. 여러분도 이를 위해 주님께 맡기시고 기도응답에 확신을 가지시기 바랍니다.

· 함께 읽어요 : 마가복음 5장 36절

"예수께서 가라사대 딸아 네 믿음이 너를 구원하였으니 평안히 가라 네 병에서 놓여 건강 할지어다."

정리하는 말

요한복음 14장 13절에는 “너희가 내 이름으로 무엇을 구하든지 내가 시행하리니 이는 아버지로 하여금 아들을 인하여 영광을 얻으시게 하려 함이라”고 했습니다. 기도 응답의 비결은 믿고, 간구하고, 말씀 안에 거하는 것입니다. 이러한 기도의 태도를 배우시기를 바랍니다. 기도는 바로 여러분들의 인생의 최고의 보람을 생산할 수 있는 재산이요, 보배요, 성공적인 삶의 촉매제인 것입니다.

 **평가와 결심**

1. 기도하고 의심하는 자는 무엇과 같다고 했습니까?
   (약 1:6, 바람에 밀려 요동하는 바다 물결 같다고)
2. 기도응답의 3 단계는 무엇 무엇입니까?
   (마 7:7, ①구하라 ②찾으라 ③문을 두드리라)
3. 기도응답의 확신을 가지려면 지켜야 할 3가지는 무엇입니까?
   (①믿으라 ②기도하라 ③말씀 안에 거하라)

 **주간 경건의 시간 <7> · 날마다 말씀과 함께**

요일 / 내용	월(Mon)	화(Tue)	수(Wed)	목(Thu)	금(Fri)	토(Sat)
찬송	318/ 528	338/ 280	342/ 543	259/ 502	197/ 263	180/ 188
성경	시 9:	시 10:	시 11:	시 12:	시 13:	시 14:
적용	전심으로 여호와께	여호와여 일어나소서	성전에 계시니	자랑하는 혀	눈을 밝히소서	가난한 자의 경영

* 인간은 믿도록 태어났다. 나무가 과일을 맺듯이 인간은 믿음을 맺는다.
<랄프 왈도 에머슨 1803-1882, 미국 시인, 수필가>

제8과

성령 안에서 기도하자

찬송 / 246, 174, 483/ 새 208, 196, 539

성경 / 에베소서 6:13-20

요절 / 에베소서 6:18

"모든 기도와 간구로 하되 무시로 성령 안에서 기도하고 이를 위하여 깨어 기도하기를 항상 힘쓰며 여러 성도를 위하여 구하고,"

목표/ 성령 안에서 기도하는 태도를 습관화 한다.

시작하는 말

사도 바울은 에베소 교회에 편지하면서 편지의 끝말에 와서 가장 중요하면서도 잊기 쉬운 한 가지 진리를 지적하여 강조합니다. 그것은 눈에는 안보이지만 분명히 현존하는 영계의 문제요. 원수 사탄이 끊임없이 우리에게 도전해 온다는 사실을 언급합니다. 그리고 우리에게 하나님의 전신갑주로 무장하고, 무시(無時)로 성령 안에서 기도할 것을 당부하고 있습니다. 그러면 성령 안에서 기도하려면 어떻게 해야 하겠습니까?

오늘의 말씀

1. 성령 안에서 기도하기 위해 준비해야 합니다(요 15:7; 고전 2:10).

성령 안에서 기도하기 위한 기본적인 준비는 먼저 중생해야 합니다. 기도하여 응답 받을 수 있는 사람이 되기 위해서는 그리스도 안에 있어야 한다는 말씀입니다. 그리스도 안에 있다는 것은 그리스도를 대속주로 믿는 믿음 안에 있다는 뜻이고, 그 믿음은 성령으로 인하여 주어지는 하나님의 은혜입니다. 다시 말하면 그리스도 안에 있는 사람이란 곧 성령으로 거듭난 자를 가리키는 것입니다.

성령 안에서 기도하기 위하여 제일 먼저 관심을 두어야 할 것은 기도는 '하나님의 뜻대로' 해야 합니다. 그러기 위해서는 첫째, 성경을 읽고 하나님의 약속이 무엇인가 연구해야 합니다. 둘째, 성령의 인도함을 받아야 합니다. 자신의 의지와 자기 삶의 목적을 하나님께 두고 전적으로 순종하는 삶을 살아야 합니다. 이것이 성령 안에서 기도하기 위한 필수적인 준비인 것입니다.

· 함께 읽어요 : 고린도전서 2장 10절

"오직 하나님이 성령으로 이것을 우리에게 보이셨으니 성령은 모든 것 곧 하나님의 깊은 것이라도 통달하느니라."

2. 성령 안에서 기도하는 첫째 방법입니다(롬 8:26)

첫째, 먼저 간절한 기도여야 합니다. 하나님은 보이는 외형적인 것보다 내면적인 마음의 중심을 보십니다. 성령께서 말 할 수 없는 탄식으로 성도를 위하여 기도한다는 것은 성령 안에서 하는 기도가 간절한 기도이어야 한다는 것을 가리키고 있습니다. 기도는 강청입니다(눅 11:8). 야곱은 얍복 강가에서 기도할 때 하나님으로부터 응답(축복)을 받기까지 천사를 붙들고 놓아 주지 않았습니다(창 32:26-29).

둘째, 자신의 기도가 하나님의 뜻대로 하는 기도라면 꾸준히 열정적으로 계속해서 지속적으로 기도해야 합니다. 본문 말씀처럼 '무시로 성령 안에서 기도'해야 합니다. 무시(無時)라는 말은 모든 때에, 모든 시간에 라는 말입니다. 사도들은 매일 성전에서 시간을 정해 놓고 기도했습니다(행 3:1). 성도가 사탄 마귀의 도전에 맞서 이기려면 간절히 성령 안에서 지속적으로 기도드려야 합니다.

· 함께 읽어요 : 사도행전 1장 14절
"여자들과 예수의 모친 마리아와 예수의 아우들로 더불어 마음을 같이하여 전혀 기도에 힘쓰니라."

3. 성령 안에서 기도하는 둘째방법입니다(요 15:16)

성령 안에서 하는 기도는 응답을 확신하며 하는 기도입니다. 요한복음 15장 16절에 "내 이름으로 아버지께 무엇을 구하든지 다 받게 하려 함이니라"고 했습니다. 예수님께서는 믿음으로 구한 것은 받은 줄로 믿으라고 했습니다. 응답을 받지 않고 기도하는 것은 기도가 아니라 독백에 불과합니다. 기도는 응답이 있으므로 기도인 것입니다.

또 중요한 사실은 계속 성령의 충만을 받고 기도해야 하는 것입니다. 에베소서 5장 18절에 "오직 성령의 충만을 받으라"고 했습니다. 말하자면 성령 안에서 기도하기 위해서는 항상 계속적으로 성령이 충만한 삶을 살아야 합니다. 그것은 완전한 성령의 지배를 뜻하는 것이며 성령의 뜻에 완전히 자신을 맡기는 것입니다. 그러기 위해서는 자신의 무능함을 인정하고 철저히 자기 자신을 부인해야 하는 것입니다. 그러므로 철저한 자기 부인과 성령 하나님께 대한 철저한 의존이 성령 안에서 기도할 수 있는 둘째 방법입니다.

· 함께 읽어요 : 로마서 8장 26-27절
"26 이와 같이 성령도 우리 연약함을 도우시나니 우리가 마땅히 빌 바를 알지 못하나 오직 성령이 말할 수 없는 탄식으로 우리를 위하여 친히 간구하시느니라. 27 마음을 감찰하시는 이가 성령의 생각을 아시나니 이는 성령이 하나님의 뜻대로 성도를 위하여 간구하심이니라."

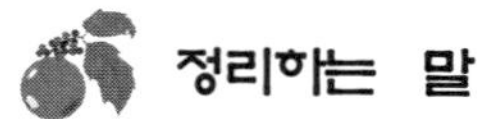

정리하는 말

사랑하는 성도 여러분! 여러분들은 성령 안에서 무시로 기도하십니까? 기도는 믿는 자들의 호흡이라고 하였습니다. 그러므로 호흡인 기도가 끊어지면 그 신앙이 죽습니다. 말세에 악한 마귀 사탄과 대치하여 싸우려면 성령 안에서 항상 쉬지 말고 기도드려야 하는 것입니다. 항상 성령 안에서 기도하는 삶을 살아가시기를 바랍니다.

평가와 결심

1. 성령 안에서 기도하기 위한 준비 두 가지는 무엇입니까?
   (요 15:7, 고전 2:10, ①중생함 ②하나님의 뜻을 알아야 함)
2. 하나님의 뜻을 아는 방법이 무엇입니까?
   (①성경을 읽고 연구 ②성령의 인도 ③전적 헌신, 전적 순종)
3. 성령 안에서 기도하는 방법이 무엇 무엇입니까?
   (①간절히 기도 ②지속적으로 기도 ③응답확신하고 기도 ④성령 충만 받고 기도해야함)

주간 경건의 시간 <8> · 날마다 말씀과 함께

요일 / 내용	월(Mon)	화(Tue)	수(Wed)	목(Thu)	금(Fri)	토(Sat)
찬송	169/ 182	167/ 179	171/ 187	172/ 183	173/ 184	174/ 196
성경	엡 1:	엡 2:	엡 3:	엡 4:	엡 5:	엡 6:
적용	영광의 찬송이	그 은혜를 인하여	영광의 풍성을	목사와 교사로	세월을 아껴라	단 마음으로 섬겨라

* 믿음이 없는 사람이 많이 기도한다.

<존 레이(1627-1705) 영국박물학자, 금언 수집가>

제9과

양적으로 성장하자

찬송 / 259, 260, 263/ 새 502, 496, 511

성경 / 사도행전 6:1-7

요절 / 사도행전 6:7

"하나님의 말씀이 점점 왕성하여 예루살렘에 있는 제자의 수가 더 심히 많아지고 허다한 제사장의 무리도 이 도에 복종 하니라."

목표/ 교회의 양적 성장의 동인을 알고 성장 일꾼이 된다.

시작하는 말

교회의 양적성장과 영적성장은 불가분의 관계에 있습니다. 영적성장이 없이 양적성장이란 있을 수 없고, 양적성장 없이 진정한 영적성장이란 이룰 수 없는 것입니다. 그러므로 교회의 양적성장과 영적성장은 수레의 양쪽 바퀴와 같습니다. 초대교회의 특징은 순교를 각오한 제자들이 '예루살렘과 온 유대와 사마리아와 땅 끝까지 복음을 전파'하기 위해 힘을 썼기 때문에 양적으로 급성장을 했던 것입니다. 이 단원에서는 성도들의 사명인 복음전파를 위해 '전도의 실천'에 대하여 공부하게 됩니다. 전도는 지식의 전달이나 성경 지식의 이해로 끝나는 것이 아니고, 실천하고 실행해야 하는 결단인 것입니다.

오늘의 말씀

1. 성장하는 교회가 정상입니다(행 6:7)

오늘날 교회의 구성원이 많고 적음은 성장을 가늠하는 가장 보편적인 기준입니다. 질적인 면에서는 다소 뒤떨어진다 해도 양적으로 두드러진 증가를 보이는 교회를 가리켜서 '성장하는 교회'라고 평가하는 것이 일반적인 경향입니다. 현대 선교의 아버지 윌리엄 켈리는 "네 장막 터를 넓히며 네 처소의 휘장을 아끼지 말고 널리 펴되 너의 줄을 길게 하며 너의 말뚝을 견고히 할지어다"(사 54:2)라는 말씀을 가지고 성도들에게 전도와 선교에 대한 도전을 주었습니다. 복음전파는 '주님의 명령'이며(막 16:15), 동시에 '사도들의 명령'입니다(딤후 4:2). 그리고 복음전파로 교회가 양적으로 성장을 계속하는 것이 정상입니다. 때를 얻든지 못 얻든지 복음전파와 교회성장에 힘쓰시기를 바랍니다.

· 함께 읽어요 : 사도행전 6장 7절

"하나님의 말씀이 점점 왕성하여 예루살렘에 있는 제자의 수가 더 심히 많아지고 허다한 제사장의 무리도 이 도에 복종 하니라."

2. 교회의 진정한 성장을 알아야 합니다(롬 10:14~15)

오늘날 부흥하는 교회의 유형을 보면 교인들의 수평이동으로 숫자가 불어 부흥하는 교회가 많습니다. 또한 믿는 가정에서 낳은 자녀들이 자연히 커가면서 교회의 인원이 점점 불어 부흥하는 교회도 있습니다. 전자의 경우를 이동성장이라 말하고, 후자를 생물학적 성장이라 부릅니다. 교회성장을 언급할 때에 이동성장은 교인의 수평이동이지 진정한 교회의 성장이라 말할 수 없습니다. 생물학적 성장의 경우에도 출생하는 수가 많고, 사망하는 수가 적을 때 교인의 숫자가 불어나는 것입니다. 그러므로 오늘날과 같이 출생률이 저조하고 의료시설의 혜택 때문에 양적으로 다소 성장한다고 생각되지만 진정한 성장은 아닙니다. 진정한 성장은 성도 한사람 한사람이 전도하여 불신자들을 개종시킬 때 이루어지는 성장인 것입니다. 진정한 성장에 동참하시기 바랍니다.

· 함께 읽어요 : 로마서 10장 14-15절

"14 그런즉 저희가 믿지 아니하는 이를 어찌 부르리요. 듣지도 못한 이를 어찌 믿으리요 전파하는 자가 없이 어찌 들으리요 15 보내심을 받지 아니하였으면 어찌 전파하리요 기록된바 아름답도다 좋은 소식을 전하는 자들의 발이여 함과 같으니라."

3. 교회의 진정한 성장은 개종성장입니다(히 4:12)

초대교회는 말씀이 흥왕하면서 더불어 양적인 성장이 크게 이루어졌습니다. 초대교회가 크게 부흥할 수 있었던 것은 초대교회 성도들이 날마다 성전에 있든지, 집에 있든지 예수를 그리스도라 전도하기를 쉬지 않았기 때문입니다. 하나님의 말씀은 변화시키는 능력이 있습니다. 베드로 사도가 전한 오순절 설교는 철학적인 사변도, 율법에 대한 강론도 아닌 예수의 죽음과 부활에 대한 증거였을 뿐인데, 그날에 회심한 자가 무려 삼천이나 되었습니다. 복음 전파는 교회성장의 기본적이고 가장 중요한 요소입니다. 복음전파가 아무것도 아닌 것 같지만 전도는 식물에 있어서 흘러가는 물과 같은 역할을 합니다. 아무런 영양분은 없지만 물이 식물의 성장에 있어서 가장 필수적인 것과 마찬가지로 전도는 교회 성장에 있어서 가장 기본적인 요소입니다. 사랑하는 성도 여러분! 복음을 부끄러워하지 마세요. 이 복음은 모든 믿는 자에게 구원을 주시는 하나님의 능력입니다(롬 1:16). 때를 얻든지 못 얻든지 항상 힘쓰면 반드시 그 성장이 나타날 것입니다(딤후 4:2). 여러분들이 죽어가는 영혼들에게 복음을 전하여 진정으로 개종하여 예수를 믿게 한다면 그들을 죽음에서 건진 것이며, 이것이 진정한 교회의 성장이 되는 것입니다.

· 함께 읽어요 : 사도행전 5장 42절

"저희가 날마다 성전에 있든지 집에 있든지 예수는 그리스도라 가르치기와 전도하기를 쉬지 아니하니라."

정리하는 말

사랑하는 성도 여러분! 여러분들은 신앙 가정에서 태어났기에 예수를 믿게 되었습니까? 아니면 누구에게 전도를 받아 예수를 믿었습니까? 전해 주지 않았다면 어떻게 믿을 수 있었겠습니까? 바울은 "헬라인이나 야만인이나 지혜 있는 자나 어리석은 자에게 다 내가 빚진 자라"(롬 1:14)고 하였습니다. 바울 사도처럼 복음의 빚진 자로서 믿지 않는 영혼들에게 복음을 전하여 교회 성장의 일꾼 되시기를 바랍니다.

평가와 결심

1. 현대 한국교회의 성장의 특징은 무엇입니까?
   (수평이동 성장이나 생물학적 성장)
2. 진정한 교회성장이란 무엇입니까?
   (불신자나 다른 종교인이 개종하여 돌아와서 성장해야 함)
3. 교회부흥과 성장의 핵심이 무엇입니까? (말씀과 복음전파)

주간 경건의 시간 <9> · 날마다 말씀과 함께

요일 / 내용	월(Mon)	화(Tue)	수(Wed)	목(Thu)	금(Fri)	토(Sat)
찬송2	313/ 524	314/ 509	315/ 525	262/ 523	263/ 511	268/ 505
성경	행 2:	행 3:	행 4:	행 5:	행 6:	행 7:
적용	성령을 선물로	예수 이름으로	다른 이로서는	남녀의 큰 무리	성령과 지혜가	생명의 도를

* 십자가에 못 박힌 그리스도를 전파하려는 자는 자신도 반드시 십자가에 못 박힌 사람이 되어야 한다. <찰스 엘 꾸틸>.

3단원 전도 실천의 달

제10과 질적으로 성장하자

찬송 / 265, 268, 269/ 새 516, 505, 522

성경 / 에베소서 4:13-16

요절 / 에베소서 4:15

"오직 사랑 안에서 참된 것을 하여 범사에 그에게까지 자랄지라. 그는 머리니 곧 그리스도라."

목표/ 교회의 질적 성장의 동인을 알고 성장 일꾼을 키운다.

시작하는 말

사랑하는 성도 여러분! 교회생활에 있어서 가장 보람 있고 즐거운 때가 언제입니까? 그것은 내가 전도하여 새신자로 등록하여 충성된 하나님의 교회의 일꾼으로 성장해 갈 때일 것입니다. 성도가 하나님의 백성으로서 자람의 목표는 무엇일까요? 그것은 세상에서 부자가 되고 재벌이 되는 것이 아니라 그의 인격이 범사에 그리스도에게까지 자라가는 것입니다. 한국에는 세계적으로 큰 교회들이 많이 모여 있습니다. 인구의 1/4정도가 크리스천이라고 자랑합니다. 그렇다면 왜 세상이 변하지 않을까요? 그것은 교회에 들어와 생활하면서 성도, 즉 교인들이 변화되지 않았기 때문입니다. 교회가 양적으로만 성장한 결과이기도합니다. 그러면 진짜 교회의 질적인 성장을 알아봅시다.

오늘의 말씀

1. 교회의 질적인 성장 원인이 무엇입니까?(행 6:3-4)

목회자는 교회의 지도자입니다. 교회의 지도자는 성도들에게 좋은 영향력을 끼쳐야 합니다. 영적 지도자는 하나님의 나라를 더욱 확장하기 위하여 힘써야 하며, 그러기 위하여서는 나태하거나 무사 안일주의자가 되어서는 안 됩니다. 창조적 지도자로 의식이 바뀌져야 합니다. 목회자는 교회성장에 대한 분명한 목적의식을 가지고 창조적으로 자기를 관리하고 계발하여 하나님의 뜻을 성취할 수 있어야 합니다. 영적인 능력을 받아야 합니다. 성도 여러분! 섬기는 교회 목회자가 그런 영적 목회자가 되도록 끊임없이 기도하시기를 바랍니다.

· 함께 읽어요 : 사도행전 6장 3-4절

"3 형제들아 너희 가운데서 성령과 지혜가 충만하여 칭찬 듣는 사람 일곱을 택하라. 우리가 이 일을 저희에게 맡기고 4 우리는 기도한 것과 말씀 듣는 것을 전무하리라 하니."

2. 교회의 질적 성숙의 방법이 무엇입니까?(딤후 2:2)

교회의 구성원이 불어날 때 목회자는 훈련된 평신도를 잘 활용하여 구역조직을 극대화시키는 것입니다. 교회 안에 다양한 소그룹을 활성화 시켜야 교회가 양적으로 부흥하는 것입니다. 또한 새신자를 먼저 교회에 잘 정착시키고, 새신자를 잘 양육해야 합니다.

새신자 육성 프로그램을 개발하여 그들을 잘 훈련시켜야 합니다. 여기에 훈련된 상담자가 조력하도록 하는 것도 필요합니다. 새신자가 각 구역(그룹, 셀)과 기관(주일학교, 성가대, 부속기관-유치원이나 선교원), 속회(전도회나 선교회) 등에 가입하여 함께 활동하도록 봉사할 곳을 마련해 주어야 빨리 성장하고 정착하게 되는 것입니다.

사랑하는 성도 여러분! 여러분들은 하나님 나라의 일꾼들입니다. 영혼 구원을 받았으면 뜨거운 성숙에 대한 열정을 가지시기를 바랍니다.

· 함께 읽어요 : 사도행전 4장 4절, 4장 12절

"4 말씀을 들은 사람 중에 믿는 자가 많으니 남자의 수가 약 오천이나 되었더라." "12 다른 이로서는 구원을 얻을 수 없나니 천하 인간에 구원을 얻을만한 다른 이름을 우리에게 주신 일이 없음이니라 하였더라."

3. 교회의 질적 성숙의 결과는 무엇입니까?(행 11:29-30)

나무가 자랄 때 뿌리가 힘을 얻고 등치가 자라면 자연히 가지가 널리 뻗쳐나가는 것입니다. 대개 나무의 가지들은 뿌리가 번져나간 만큼 자라고 퍼진다고 합니다. 성경공부를 해나가면 자연히 성도들이 점점 질적으로 자라게 되어 있습니다. 성도들의 가슴이 그리스도의 사랑으로 뜨거워집니다. 성장하는 교회의 특징을 보면 기반이 잡히기 전부터 선교에 대한 비전과 계획을 세우고 나누는 교회입니다. 하나님의 명령을 수행하기 때문에 그런 교회가 성장합니다. 지교회를 자꾸 세워나갑니다. 내 교회만 생각하는 이기적인 생각에서 벗어나 재생산하고 줄 수 있는 교회로 성숙해 갑니다. 캐나다의 토론토 회중교회를 담임하셨던 '오스왈드 스미스' 목사님은 2,000명의 교인들을 데리고, 400명이 넘는 선교사들을 파송하였습니다. 우리 교회나 성도들도 영혼구령의 열정을 가져야 합니다(딤후 4:2). 바울은 언제나 복음의 필요성을 역설하였고, 복음을 부끄러워하지 않았기에 수많은 영혼들을 구원 얻도록 하였던 것입니다. 성숙하면 '오직 성령이 너희에게 임하시면 권능을 받고 주님을 위한 증인이 될 수 있는 것'입니다(행 1:8).

· 함께 읽어요 : 사도행전 11장 29-30절

"29 제자들이 각각 그 힘대로 유대에 사는 형제들에게 부조를 보내기로 작정하고 30 이를 실행하여 바나바와 사울의 손으로 장로들에게 보내니라."

정리하는 말

사랑하는 성도 여러분! 우리가 천국에 가서 주님이 가장 기뻐하시는 일은 천국 갈 영혼들을 구원 얻도록 하는 일인 줄 믿습니다. 그래서 바울은 데살로니가전서 2장 19절에서 "우리의 소망이나 기쁨이나 자랑의 면류관이 무엇이냐? 그의 강림하실 때 우리 주 예수 앞에 너희가 아니냐?"라고 하였던 것입니다. 영혼구원의 열심을 가지시고 여러분들이 소속한 기관과 속회가 질적으로 성장하시기를 바랍니다.

평가와 결심

1. 교회가 질적인 성장을 위해서 무엇이 필요합니까?
   (행 11:14, 교회 지도자의 의식전환, 지도력)
2. 교회가 질적인 성장을 위한 방법이 무엇입니까?
   (구역과 속회조직의 활성화, 새신자의 양육)
3. 교회가 질적으로 성숙한 결과가 무엇입니까?
   (밖으로 뻗어나가며, 선교하고 나누어주는 교회가 됨)

주간 경건의 시간 <10> · 날마다 말씀과 함께

요일 / 내용	월(Mon)	화(Tue)	수(Wed)	목(Thu)	금(Fri)	토(Sat)
찬송	263/ 511	269/ 522	265/ 516	266/ 504	267/ 329	268/ 505
성경	빌 1:	빌 2:	빌 2:	빌 3:	빌 3:	빌 4:
적용	살든지 죽든지	마음을 같이하여	복음을 위하여	예수를 아는 지식	우리의 시민권	항상 기뻐하라

* 내가 복음을 전하지 않으면 지옥에 가리라.

<윌리엄 A(빌리) 선데이(1863-1935) 미국 전도사>

제11과

영적으로 성장하자

찬송 / 246, 273, 276/ 새 208, 507, 510

성경 / 고린도전서 12:1-11

요절 / 고린도전서 12:7

"각 사람에게 성령의 나타남을 주심은 유익하게 하려 하심이라."

목표/ 교회의 영적 성장의 동인을 알고 일꾼을 키운다.

시작하는 말

라오디게아교회는 외형적으로는 매우 성장한 교회로 인정받았습니다. 교인 수도 많았고, 재정도 넉넉했으며, 그야말로 아무 부족한 것이 없었습니다. 그러나 주님께 한마디 칭찬도 받지 못했습니다. 주님께서는 오히려 경고의 메시지를 보냈습니다. 주님은 교회성장의 외형보다는 질적, 영적성장을 원하십니다. 교회가 영적으로 든든하게 서려면 예수 그리스도를 머릿돌로 하고, 사도들과 선지자들의 신앙의 터 위에(엡 2:20) 신앙을 고백하는 무리들에 의하여 성령 안에서 하나님의 거하실 처소로 성장해야 하는 것입니다. 진정한 교회는 그리스도 안에서 참된 성장이 이뤄져야 합니다. 영적으로 성장한 교회는 어떠해야합니까?

오늘의 말씀

1. 교회는 하나가 되어 화목해야 합니다(요 17:11)

오늘날 교회는 교리의 차이보다는 개인의 이권이나 권력을 확보하기 위해서 파벌을 조성하고 교단이 갈라지는 경우가 허다합니다. 그래서 한국교회는 양적성장 못지않게 교파의 분열의 아픔을 많이 겪었습니다. 교회는 모름지기 하나가 될 때 바르게 성장하는 것이고, 그래야 교회가 제대로 일을 할 수 있는 것입니다. 교회는 믿음으로 하나가 되어야 합니다. 교회는 그리스도의 대속의 은혜를 믿음으로 수용하고 그리스도의 생명 안에서 하나님과 하나(화해)가 된 신적 유기체(골 1:20)이므로 지식에 있어서 하나 되어야 합니다. 의견이 갈리면 교회의 힘이 약화됩니다. 목표달성이 어렵습니다. 교회성장에 필요한 지식은 그리스도 예수를 아는 것입니다. 하나님의 사랑과 성령 안에서 하나 되어 날마다 화목하고 힘차게 성장해 가는 교회되기를 바랍니다.

· 함께 읽어요 : 요한복음 17장 11절

"나는 세상에 더 있지 아니하오나 저희는 세상에 있사옵고 나는 아버지께로 가옵나니 거룩하신 아버지여 내게 주신 아버지의 이름으로 저희를 보전하사 우리와 같이 저희도 하나가 되게 하옵소서."

2. 흔들림이 없이 든든히 서야 성장합니다(행 9:31)

사울은 예수 그리스도를 만나 뵌 후 전격적으로 변하여 그리스도의 증인이 되어 복음을 전했습니다. 바나바가 사울을 데리고 예루살렘에 올라가서 다메섹에서 예수를 만나 회심한 사건을 얘기하면서 소개했습니다. 사울은 예수의 복음을 힘 있게 변증하므로 교회가 든든히 서가고, 온 유대와 갈릴리와 사마리아 교회가 평안하여 수가 더 많아졌습니다. 교회들이 양적으로 질적으로 영적으로 힘을 얻어 부흥하게 되었습니다. 교회가 흔들림이 없이 든든히 서가려면 인본주의 신앙이나 세상풍조에 밀리지 않아야 합니다. 그래야 그리스도에게 제대로 뿌리를 내려 바로 성장하는 것입니다. 여러분들이 섬기는 교회가 흔들림이 없이 화목하고 든든히 서 가도록 기도하시기 바랍니다.

· 함께 읽어요 : 사도행전 9장 31절
"그리하여 온 유대와 갈릴리와 사마리아 교회가 평안하여 든든히 서 가고 주를 경외함과 성령의 위로로 진행하여 수가 더 많아지니라."

3. 그리스도에게까지 자라가야 합니다(엡 4:13-15)

교회의 기본목표가 무엇입니까? "오직 성령이 너희에게 임하시면 너희가 권능을 받고 예루살렘과 온 유대와 사마리아와 땅 끝까지 이르러 내 증인이 되리라"(행 1:8)는 것입니다. 여기서 교회의 기본목표는 예루살렘, 즉 지역사회의 전도와 유대와 사마리아, 즉 자기 민족과 자기 나라 안에서의 전도활동입니다. 지역 복음화와 나아가서 세계복음화를 이루어야 합니다. 그리고 궁극적인 목표는 택하신 하나님의 백성들이 그리스도에게까지 자라가도록 하는 것입니다. 전 세계가 복음화 된다는 것은 그리스도께서 부활하심으로부터 재림의 사이에 설정된 하나님의 구속사역의 궁극적인 목표요, 나아가서 제대로 된 하나님 나라의 백성들로 양육하여, 천국백성답게 하나님과 영원히 살 수 있는 천국백성을 길러내는 사명을 다하는 것입니다. 그러므로 교회의 사명은 전도, 교육, 봉사가 균형적으로 이루어져야 하는 것입니다.

전도하여 하나님의 백성들을 모으고 확보하며, 그들을 성경달씀 교육을 통해서 하나님의 백성으로 양육하되 지(知), 정(情), 의(意)의 전인격(全人格)을 그리스도에게까지 자라도록 해야 하는 것입니다.

· 함께 읽어요 : 에베소서 4장 13-15절
13 우리가 다 하나님의 아들을 믿는 것과 아는 일에 하나가 되어 온전한 사람을 이
루어 그리스도의 장성한 분량이 충만한 데까지 이르리니 14 이는 우리가 이제부터
어린 아이가 되지 아니하여 사람의 궤술과 간사한 유혹에 빠져 모든 교훈의 풍조에
밀려 요동치 않게 하려 함이라 15 오직 사랑 안에서 참된 것을 하여 범사에 그에게
까지 자랄지라. 그는 머리니 곧 그리스도라.

정리하는 말

사랑하는 성도 여러분! 전쟁에서 승리하려면 군대의 숫자도 필요하지만 훈련된 병사가 필요하듯이 영적전쟁에서 교회가 승리하려면 영적으로 성숙된 그리스도의 군사가 필요한 것입니다. 그러므로 교회의 구성원이 된 성도들이여! 여러분들은 교회에서 계획하고 실시하는 교육훈련 프로그램에 적극 참여하여, 교육훈련 받은 그리스도의 군사, 성숙된 크리스천, 화목하고 성숙한 전인격적 크리스천으로 성장해 가시기를 간절히 바랍니다.

평가와 결심

1. 영적 성장에 필요한 것이 무엇입니까?(요 17:11)
   (① 믿음에 하나 되어야 함, ②지식에 하나 되어야 함)
2. 교회의 든든히 서가려면 어떻게 해야 합니까?(행 9:31)
   (인본주의, 세상 풍조에 흔들림이 없어야 함)
3. 교회의 궁극적인 목표는 무엇입니까?(엡 4:13-15)
   (①지역사회와 민족복음화 ②세계복음화 ③그리스도에게까지 자라감 = 성숙한 그리스도인 육성=전인격적 신앙인 육성)

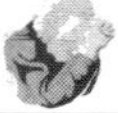

주간 경건의 시간 <11> · 날마다 말씀과 함께

요일 / 내용	월(Mon)	화(Tue)	수(Wed)	목(Thu)	금(Fri)	토(Sat)
찬송	439/ 494	179/ 185	260/ 496	483/ 539	340/ 542	492/ 435
성경	고전 11:	고전 12:	고전 13:	고전 14:	고전 15:	고전 16:
적용	나를 본 받으라	한 성령으로	믿음 소망 사랑	사랑을 따라	성경대로	사랑으로 행하라

* 교육은 인간을 만든다. <J. 코던>

3단원 전도 실천의 달

제12과

은혜롭게 성장하자

찬송 / 277, 267, 263/ 새 499, 329, 511
성경 / 사도행전 8:1-8
요절 / 사도행전 8:17
"이에 두 사도가 저희에게 안수하매 성령을 받는지라."
목표/ 교회 성장의 동인을 알고 성장 일꾼을 키운다.

시작하는 말

오늘날 교회에서 '은혜'라는 말을 자주합니다. 그러나 '은혜'가 무엇인지 잘 이해하는 사람은 많지 않습니다. 은혜란 고마움이요, 친절이요, 하나님의 은총입니다. 교회가 은혜롭게 성장한다는 것은 하나님의 은총으로 성장하는 것을 말합니다. 교회의 성장의 동인(動因)이 여러 가지가 있겠지만 하나님의 은총, 즉 사도행전에 역사하신 성령의 은총으로 성장하는 것이 가장 요긴합니다(행 15:28). 은혜롭게 성장하기 위해서 우리가 무엇을 해야 하겠습니까?

오늘의 말씀

1. 은혜로운 성장을 위해 기도해야 합니다(행 1:14)

통상 교회의 행사에서 '교회부흥은 전도냐? 기도냐?'를 두고 토론했던 것을 기억할 것입니다. 교회의 부흥이 전도에 달렸다고 주장하는 연사는 성경에 전도의 용사들을 들추면서 열을 올려 주장합니다. 교회부흥이 기도라고 주장하는 발제자는 성경에 기도로 성공한 인물들을 들면서 열변을 토합니다. 실로 기도 없이 교회 성장은 있을 수 없습니다. 아무리 씨를 뿌려도 충분한 분량의 밑거름이 필요하듯이 기도가 밑거름이 될 때 교회가 성장하는 것입니다. 교회부흥을 원하는 사람은 주님의 말씀을 바탕으로 기도하고, 응답의 확신과 믿음을 가지고 기도해야 합니다. 그러면 부흥하게 되어 있습니다.

· 함께 읽어요 : 예레미야 33장 3절

"너는 내게 부르짖으라. 내가 네게 응답하겠고 네가 알지 못하는 크고 비밀한 일을 네게 보이리라."

2. 부지런히 열정적으로 잘 가르쳐야 합니다(행 20:31)

들에서 피는 꽃들이나 식물은 그대로 놓아두어도 잘 자라납니다. 그러나 사람은 잘 가르쳐야 제대로 자라는 것입니다. 교회교육 프로그램은 그 대상들의 영적 상태를 정확하게 잘 파악하여 제대로 계획을 세워, 구성하고 실천해야 합니다. 학교에서는 모든 학생이 동일 수준의 실력에 이르도록 가르쳐야 하는데, 거의 불가능한 것이 현실입니다. 학생 개개인의 개인차가 있기 때문입니다. 그런데, 교회에서는 상황이 다릅니다. 주님의 뜻을 바르게 분별하고 교회성장에 기여할 수 있도록 개인의 달란트에 따라 교육하면 되는 것입니다. 교회교육은 열정적으로 깨달아 알도록 가르쳐야 합니다.

교회교육은 지식의 유무, 빈부의 차이, 신분의 높고 낮음을 불문하고, 영혼을 사랑하는 마음을 심어주고, 잘 가르쳐 놓으면 모든 조건에 관계없이 삶이 변화되어 전도에 불이 붙습니다. 여러분! 전도일꾼으로 거듭나시기를 바랍니다.

· 함께 읽어요 : 디모데후서 3장 15절

"또 네가 어려서부터 성경을 알았나니 성경은 능히 너로 하여금 그리스도 예수 안에 있는 믿음으로 말미암아 구원에 이르는 지혜가 있게 하느니라."

3. 성령의 능력을 받아야 합니다(행 8:1~8)

여러분! 우리가 성령을 받으면 물거품을 입으로 쏟으며, 이상한 행동을 하는 것으로 착각하는 분들이 많습니다. 사도행전의 1장 8절을 보세요. "오직 성령 너희에게 임하시면 너희가 권능을 받고 예루살렘과 온 유다와 사마리아와 땅 끝까지 이르러 내 증인이 되리라" 하셨습니다. 무슨 말입니까? 성령 받으면 예수의 증인, 그리스도의 증인이 된다는 말씀입니다. 하나님의 나라에서의 스타(별)들은 순교자들입니다. 이 스타들의 대부분은 주님의 복음을 전하다가 순교의 제물들이 된 사람들입니다. 저들은 하나님의 계명과 예수의 믿음을 지키다가(계 14:12) 죽은 자들입니다. 요즈음 교통이 발달되고, 문명의 이기들이 생활에 편리함을 주고 있습니다. 그러나 문명의 이기들에 의해 소리 없이 희생된 수많은 사람들이 있다는 것을 기억해야 합니다. 이들에게는 평소에 가입했던 보험사들에 의해 다소간의 보상비가 지급되고 있지만, 이들의 죽음은 결코 명예로운 죽음이 될 수 없습니다. 그러나 성령의 능력을 받아 주님의 복음을 위해 주 안에서 죽은 자들은 참으로 두고두고 복된 것입니다.

초대교회의 스데반집사는 평신도로서 예수 복음을 담대히 전하다가 돌에 맞고 돌무더기 속에서 하늘 문이 열리는 것을 바라보면서 장렬하게 순교의 제물이 되었습니다. 똑똑히 아십시오. 성령의 능력을 받은 자들이 교회를 화목하게 하고 은혜롭게 성장시키는 줄 믿으시기 바랍니다.

· 함께 읽어요 : 요한계시록 14장 13절
"또 내가 들으니 하늘에서 음성이 나서 가로되 기록하라 자금 이후로 주 안에서 죽는 자들은 복이 있도다 하시매 성령이 가라사대 그러하다 저희 수고를 그치고 쉬리니 이는 저희의 행한 일이 따름이라 하시더라."

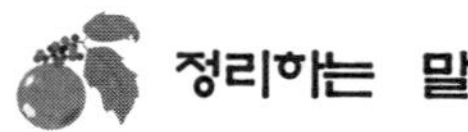

정리하는 말

사랑하는 성도 여러분! 주님께서 온 천하보다 귀하게 여기시는 한 영혼의 구원을 위해 오늘도 기도하고, 가르치고, 성령의 능력을 받읍시다. 여러분! 주님의 잃어버린 영혼들을 위해 관심을 가지시기를 바랍니다. 여러분들도 좋은 전도자로서 '성령의 능력 받아, 성령님을 의지하여' 전도하고 기도하고 가르치면서 은혜롭게 화목한 교회로 부흥 성장시키는 역군들이 되시기를 바랍니다.

평가와 결심

1. 은혜롭게 교회가 성장하려면 첫째 무엇이 필요합니까?
   (렘 33:3, 부르짖어 기도해야 합니다)
2. 은혜롭게 교회가 성장하려면 둘째 무엇이 필요합니까?
   (딤후 3:15, 성경을 ① 부지런히 ② 제대로 ③ 잘 가르쳐야 함)
3. 교회를 은혜롭게 성장케 하는 주체는 누구입니까?
   (행 1:8, 성령님)

주간 경건의 시간 <12> · 날마다 말씀과 함께

요일 / 내용	월(Mon)	화(Tue)	수(Wed)	목(Thu)	금(Fri)	토(Sat)
찬송	268/ 505	482/ 364	455/ 370	340/ 542	339/ 282	313/ 524
성경	행 9:	행 10:	행 11:	행 12:	행 13:	행 14:
적용	택한 나의 그릇	성령과 능력을	주의 손이 함께	모여 기도 하더라	마음에 합한 사람	금식 기도하며

* 오래 살려는 자는 천천히 살 필요가 있다.

<마르크스 툴리우스 키케로(B.C. 106-43) 로마 웅변가>

하나님께 봉사하자

찬송 / 418, 346, 347/ 새 299, 211, 212

성경 / 시편 116:12-17

요절 / 시편 116:12

"여호와께서 내게 주신 모든 은혜를 무엇으로 보답할꼬?"

목표/ 성도로서 하나님께 대한 봉사와 섬김의 태도를 배운다.

시작하는 말

봄에 쏟아지는 햇살은 하나님의 포근한 사랑 같아 만물이 소생하도록 하는 것입니다. 만물이 소생하는 계절 봄, 4월에는 하나님과의 화목, 이웃과의 화목인 '교회 화목'에 대하여 공부하겠습니다. '화목'이란 '뜻이 맞고 정다움'을 말합니다. 성도가 하나님의 자녀로서 하나님을 기쁘시게 하고 영광 돌려드리기 위해서는 하나님의 자녀들끼리 화목해야합니다. 성도의 진정한 모습은 그리스도를 닮아 하나님을 섬기며 그분과 화목하고, 또 이웃과 화목하게 살아가는 삶인 것입니다. 이 과에서는 하나님과 화목하면서, 성도의 삶을 통해 봉사하는 구체적인 방법을 공부할 것입니다.

오늘의 말씀

1. 신령과 진리로 예배하는 봉사입니다(시 112:12-17)

원래 구약의 제사는 하나님과의 화목을 내포하고 있습니다. 인간이 인간답게 살게 하기 위해서는 제사를 통해 하나님과 화목해야 합니다. 그래서 인간이 인간답게 사는 첫째 방법은 하나님께 최선을 다해 제사(예배)하는 것이고, 이 예배가 온전한 봉사를 하게 합니다. 그 구체적인 방법으로 예배와 전도, 교육과 봉사 등으로 표현됩니다. 그러므로 인간은 신령과 진리로 예배하고, 감사로 예배 드려야 합니다. 구원받은 은혜는 평생을 두고 감사드리고, 예배드려야 하는 것입니다. 구원받은 인간은 그의 생애 전부를 하나님께 산제물로 드리게 하는 삶, 그 자체가 제사요, 예배인 것입니다. 성도 여러분! 여러분 모두가 하나님 기뻐하시는 산제물이 되어 드려지시기를 바랍니다.

· 함께 읽어요 : 로마서 12장 1-2절

1 그러므로 형제들아 내가 하나님의 모든 자비하심으로 너희를 권하노니 너희 몸을 하나님이 기뻐하시는 거룩한 산제사로 드리라. 이는 너희의 드릴 영적 예배니라.

2. 전도와 교육으로 봉사해야 합니다(엡 3:7-8, 4:11-13)

구원받은 성도들이 하나님께 봉사하는 또 다른 길은 복음전파요, 하나님께서 지금도 잃어버린 영혼들을 찾으시는 그 사역에 동참하는 일인 것입니다. 전도는 하나님의 구속 사역을 촉진시키고, 구속사의 완성을 앞당기는 신성한 임무입니다. 교회의 또 다른 사역은 중생한 영혼을 하나님의 말씀과 성령의 감화를 통해 어엿한 크리스찬으로 교육하고 육성하는 일입니다. 전도와 말씀교육에 동참하는 일이야말로 구원받은 성도의 최선의 봉사인 것입니다. 주님의 제자는 교회를 위하여 자기를 부인하고 자기 십자가를 지고 주님을 따르며, 전도와 교육을 통해 주님의 제자로 육성시키는 일을 위해 자기의 재산, 직업, 가족, 목숨까지도 기꺼이 내어놓을 수 있어야 진정한 봉사요, 제자의 삶입니다(막 8:34-35). 교회의 진정한 임무는 전도와 교육인 것입니다.

· 함께 읽어요 : 에베소서 4장 11-13절
11 그가 혹은 사도로, 혹은 선지자로, 혹은 복음 전하는 자로, 혹은 목사와 교사
로 주셨으니 12 이는 성도를 온전케 하며 봉사의 일을 하게하며 그리스도의 몸
을 세우려 하심이라 13 우리가 다 하나님의 아들을 믿는 것과 아는 일에 하나
가 되어 온전한 사람을 이루어 그리스도의 장성한 분량이 충만한 데까지 이르리
니 14 이는 우리가 이제부터 어린 아이가 되지 아니하여 사람의 궤술과 간사한
유혹에 빠져 모든 교훈의 풍조에 밀려 요동치 않게 하려 함이라.

3. 항상 종의 자세로 하는 충성스런 봉사입ㄴ다(눅 17:7~10)

누가복음 17장에 보면 농사로 돕는 종이 있어 하루 종일 일하고서 집에 돌아왔지만, 바로 먹고 마시고 쉬는 것이 아니라 여전히 주인의 먹고 마시는 일에 수종들어야 한다고 했습니다. 하나님께 대한 봉사도 종으로서의 봉사이기에, 종은 개인적인 소유나 자유가 없고 오직 그리스도와 그의 영광만을 위하여 헌신해야 하는 자임을 가르쳐 주셨습니다. 종으로서의 봉사는 이 세상에서의 칭찬이나 보상이 주어지지 않습니다(눅 17:9-10). 오직 봉사자로서 소명된 것만으로도 감격해 하는 그런 봉사입니다 종으로서의 봉사야말로 가장 순수한 종교적인 봉사로서 여기에는 천국에서의 보상이 확정되어 있습니다.

청지기는 주인의 재산을 비롯한 가정의 제반사를 관리하는 자로서 종들을 지휘하고, 감독하는 권한을 가지고 있으며 주인으로부터 일정한 보상을 받는 자입니다. 오늘날 교회 안에서 청지기는 공직을 담당하는 봉사자들로서 이들은 많은 일을 합니다. 그렇다고 하늘에서의 상급이 많은 것은 아닙니다. 왜냐하면 그들이 사명을 감당하는 태도 여하에 따라서 천국에서 보상이 결정되기 때문입니다. 감사와 감격한 마음으로 주님의 교회에서 종처럼 봉사하시기를 바랍니다.

· 함께 읽어요 : 요한계시록 2장 10절
네가 장차 받을 고난을 두려워 말라 볼지어다. 마귀가 장차 너희 가운데서 몇

사람을 옥에 던져 시험을 받게 하리니 너희가 십일 동안 환난을 받으리라 네가 죽도록 충성하라 그리하면 내가 생명의 면류관을 네게 주리라."

정리하는 말

오늘날 우리 성도들에게 요구되는 것은 죽도록 충성하는 것이요, 종처럼 봉사하는 것입니다. 나의 자존심, 자랑, 권위 다 버리고, 오직 주님의 종으로서, 겸손히 주님의 교회를 섬겨야 하는 것입니다. 신령과 진리로 예배하고, 모든 일을 하나님을 위해서 해야 합니다. 그렇게 하나님께 봉사하는 성도들이 되시기를 바랍니다.

평가와 결심

1. 하나님께 봉사하는 첫째 방법은 무엇입니까?
   (시 116:12~17, 예배로 드리는 봉사)
2. 하나님께 봉사하는 둘째 방법은 무엇입니까?
   (엡 3:7-8, 4:11-13, 전도와 교육으로 봉사)
3. 하나님께 봉사하는 셋째 방법은 무엇입니까?
   (눅 17:7~10, 종으로서 봉사함)

주간 경건의 시간 <13> · 날마다 말씀과 함께

요일 / 내용	월(Mon)	화(Tue)	수(Wed)	목(Thu)	금(Fri)	토(Sat)
찬송	97/ 92	98/ 90	279/ 219	169/ 182	253/ 521	399/ 564
성경	시 111:	시 112:	시 113:	시 114:	시 115:	시 116:
적용	여호와의 행사	은혜를 베풀며	해 돋는 데서부터	차돌로 샘물이	여호와를 의지하라	은혜를 무엇으로

* 도는 물레방아는 얼지 않는다. <영국 속담>

4단원 교회 화목의 달

제14과

이웃에게 봉사하자

찬송 / 505, 368, 357/ 새 452, 326, 322
성경 / 마태복음 22:39-40
요절 / 마태복음 22:39
"둘째는 그와 같으니 네 이웃을 네 몸과 같이 사랑하라 하셨으니."
목표/ 성도로서 이웃에 대한 봉사와 섬김의 태도를 배운다.

시작하는 말

사람은 혼자서 살 수 없고 이웃과 화목하며 더불어 봉사해 가며 살아갈 때에 비로소 인간다운 삶을 살아가는 것입니다. 하나님께서 인간을 만드실 때 서로 돕고 의지하며 사랑하며 살도록 만드셨습니다(갈 5:4). 성경은 우리에게 이웃과 더불어 화목하며 복되게 살아가라고 말씀하셨는데, 곧 사랑과 봉사인 것입니다(막 12:31-33). 그러므로 성도가 이웃에 대해 올바른 이해를 갖는 것은 신앙적으로 참 중요합니다. 이웃에게 어떻게 봉사해야 합당한 성도의 삶인지 살펴보겠습니다.

오늘의 말씀

1. 이웃에게 복음전도를 통해 봉사해야 합니다(막 16:15~16)

성도가 이웃에 대해 가져야 할 가장 중요한 관심은 그들의 영혼구원입니다. 그 이유는 첫째, 영혼의 구원보다 더 시급하고 우선되는 일이 없기 때문입니다. 사람의 영혼은 돈으로 계산할 수 없이 귀중한 존재입니다. 둘째, 주께서 이 일을 우리에게 명하셨기 때문입니다. 주님은 먼저 구원받은 우리가 이웃에게 찾아가 전도하라고 하셨습니다. 믿음은 복음을 들음으로써 생겨납니다. 그러므로 사랑하는 성도 여러분! 이웃에게 때를 얻든지 못 얻든지 부지런히 복음을 전하시기 바랍니다.

· 함께 읽어요 : 마가복음 16장 15~16절
"또 가라사대 너희는 온 천하에 다니며 만민에게 복음을 전파하라 믿고 세례를 받는 사람은 구원을 얻을 것이요 믿지 않는 사람은 정죄를 받으리라."

2. 사랑의 실천을 통해 봉사해야 합니다(마 18:21~22)

기독교는 사랑의 종교라고 합니다. 기독교의 핵심이 '하나님 사랑'과 '이웃 사랑'이기 때문입니다(마 22:39~40). 성경은 하나님을 사랑한다 하면서 형제를 미워하면 이는 거짓말 하는 자라고 지적했습니다(요일 4:20). 보는 바 그 형제를 사랑치 아니하는 자가 보지 못하는바 하나님을 사랑 할 수 없다고 했습니다. 성경은 이웃 사랑의 방법에 대하여 '이웃을 내 몸 같이 사랑하라'고 말씀합니다. 이는 사람의 의지만으로는 불가능합니다. 그리스도께서 죄악에 빠진 인류를 위해 십자가에서 생명을 버리신 그 사랑을 깨달아야만 가능한 것입니다. 그리스도의 대속의 사랑에 감격하여 그 사랑을 항상 고백하고 나아가 그리스도의 사랑을 자신도 실천하려는 성도만이 이웃을 내 몸같이 사랑할 수 있는 것입니다. 사랑하는 성도 여러분! 내가 주님께 거저 받은 사랑을 나도 이웃에게 베풀겠다는 신앙의 자세로 이웃을 사랑해야 하겠습니다. 주님께서는 형제의 눈 속에 있는 티는 보면서 네 눈 속에 있는 들보를 깨닫지 못하느냐?(마 7:3)라고 했습니다. 이 말씀은 이웃의 허물을 덮어주고, 관용을 베푸는 것이 곧 이웃 사랑의 실천이자 적극적인 봉사라는 것입니다. 사랑하는 성도 여러분! 하나님께서 사랑으로 우리의 허물을 덮어주셨으니, 넓은 아량으로 이웃의 허물을 덮어주고 사랑의 실천을 통해 봉사하시기 바랍니다.

· 함께 읽어요 : 마태복음 18장 21~22절

"21 그 때에 베드로가 나아와 가로되 주여 형제가 내게 죄를 범하면 몇 번이나 용서하여 주리이까 일곱 번까지 하오리이까 22 예수께서 가라사대 네게 이르노니 일곱 번뿐 아니라 일흔 번씩 일곱 번이라도 할지니라."

3. 구제를 통해 봉사해야 합니다(잠 11:24~25)

이 세상에는 언제든지 가난한 사람들이 있게 마련입니다. 가난한 사람들은 우리 성도들이 세상에 살 동안 사랑을 베풀어야 할 대상자들입니다. 우리의 사랑의 실천을 위해 주님께서 남겨주신 자들입니다. 때문에 교회와 성도들은 그들에게 관심과 사랑을 가져야 합니다. 그들에게 쓸 것을 공급해 주어야 합니다. 우리가 부지런히 일하여 돈을 벌되 정당한 방법으로 잘 벌어야 할 뿐 아니라, 더욱 중요한 것은 그것을 올바르게 사용하는 일입니다. 주님의 사랑과 은혜를 입은 성도들은 이해타산을 떠나서 가난한 자들, 소외된 자들을 돕는 선행을 게을리 말아야 합니다.

가난한 사람들에게 당장 필요한 것들을 공급해 주는 것도 중요하지만 이것으로 끝내서는 안 됩니다. 그들이 자립할 수 있도록 일자리를 마련해 주어야 합니다. 도울 힘이 있을 때 도움이 필요한 자들을 도와야 합니다. 하나님의 사랑이 오직 교회 안에 머물지 않고, 교회 밖으로 도움의 손길로 뻗어나가야 합니다.

· 함께 읽어요 : 잠언 11장 25절

"구제를 좋아하는 자는 풍족하여 질 것이요 나을 윤택하게 하는 자는 윤택하여 지리라."

 정리하는 말

우리가 살아가는 사회는 좋은 이웃, 이웃을 위해서 봉사하기 원하는 많은 사람들을 요구하고 있습니다. 성도들의 성숙한 모습은 바로 이웃에 대한 봉사의 책임을 다함으로 모든 사람에게 가장 좋은 이웃이 되는 것입니다. 복음을 힘써 전하고 사랑의 실천을 통해 가난한 이웃을 도움으로 이웃에 대한 봉사를 다하시기 바랍니다.

 평가와 결심

1. 이웃에 대한 봉사의 방법 첫째는 어떤 삶입니까?
(막 16:15~16, 복음 전도의 삶)
2. 이웃에 대한 봉사의 방법 둘째는 어떤 삶입니까?
(마 18:21~22, 사랑의 실천을 통해)
3. 이웃에 대한 봉사의 방법 셋째는 어떤 삶입니까?
(잠언 11:24~25, 구제하는 삶)

 주간 경건의 시간 <14> · 날마다 말씀과 함께

요일 / 내용	월(Mon)	화(Tue)	수(Wed)	목(Thu)	금(Fri)	토(Sat)
찬송	344/ 545	500/ 446	502/ 445	484/ 365	485/ 366	318/ 528
성경	마 22:	마 23:	마 24:	마 25:	마 26:	마 27:
적용	하나님 사랑	교인 하나 얻기 위해	때르 따라 양식	바로 가서 장사하여	일어나라 함께 가자	예수의 십자가

* "하나님의 사랑의 첫째 딸은 인간에 대한 자선이다."
<윌리엄 드렌난(1754-1820)>

4단원 교회 화목의 달

제15과

교회에 충성봉사하자

찬송 / 246, 367, 519/ 새 208, 341, 461

성경 / 골로새서 2:16-19

요절 / 골로새서 2:19

"머리를 붙들지 아니하는지라 온 몸이 머리로 말미암아 마디와 힘줄로 공급함을 얻고 연합하여 하나님이 자라게 하심으로 자라느니라.

목표/ 성도로서 교회에 대한 봉사와 섬김의 태도를 배운다.

시작하는 말

바울 사도는 "남편들아 아내 사랑하기를 그리스도께서 교회를 사랑하시고 위하여 자신을 주심같이 하라"(엡 5:25)고 했습니다. 우리 성도들의 삶은 자신을 내어주시기까지 사랑하신 주님을 기억하면서 교회의 지체된 우리가 또한 교회의 머리되신 주님을 위하여 헌신하고, 봉사해야 할 사명을 깨닫게 됩니다. 그렇다면 살아계신 하나님의 교회요, 진리의 기둥과 터인 그리스도의 몸 된 교회에 대하여 성도가 드려야 할 봉사의 내용은 어떠해야 하는지 이 시간 함께 생각하며 은혜를 나누어 봅시다. 진정한 교회의 봉사는 화목을 전제해야합니다.

오늘의 말씀

1. 교회에 대한 봉사는 신앙고백으로부터 시작됩니다(마 16:15-16)

가인과 아벨은 하나님께 첫 소산을 드렸으며, 아브라함, 이삭, 야곱도 가는 곳마다 단을 쌓고 예배를 드렸습니다. 출애굽한 백성들은 하나님이 지시하신 식양을 따라 성막을 만들고 각종 번제와 소제를 드리며, 하나님을 섬겼습니다. 광야교회는 구름기둥과 불기둥으로 인도함을 받았고, 솔로몬 성전 이후에는 국가 교회제체가 성립되어 시와 찬미로 악기까지 동원되어 예배를 드렸습니다. 신약교회는 그리스도를 구주로 믿는 신앙고백에 기초하여 성립되었습니다. "주는 그리스도시요, 살아계신 하나님의 아들이시니이다"(마 16:16). 이 신앙고백 위에 교회가 세워졌습니다. '주는 그리스도시다'라는 고백으로 모였을 때, 교회는 놀라운 성장과 함께 주님께서 기뻐하시는 성도가 되는 것이며 이것이야말로 위대한 봉사인 것입니다.

· 함께 읽어요 : 마태복음 16장 16절
"시몬 베드로가 대답하여 가로되 주는 그리스도시요, 살아 계신 하나님의 아들이시니이다."

2. 성도는 교회봉사를 위한 지체들입니다(엡 4:11-12)

성도들은 사랑의 공동체요 화목의 공동체의 지체들입니다. 말하자면 머리되신 주님을 모시며 각 지체들이 연합하는 것입니다. 그러므로 교회는 목사나 장로들은 물론 교사, 집사 또는 각양 은사 맡은 봉사자들이 화목으로 하나 되어야 하는 것입니다. 이렇듯 다양한 직분을 수행하는 자들이 머리이신 주님의 뜻에 합당하게 움직일 때 합력하여 선을 이루며 화목한 교회로서 부흥할 수 있는 것입니다. 바울사도는 "너희가 하나님의 성전인 것과 하나님의 성령이 너희 안에 거하시는 것을 알지 못하느뇨?"라고 했습니다. 성도 여러분! 경건하고 거룩한 생활로 하나님의 교회를 든든하게 세워 가시기를 바랍니다.

· 함께 읽어요 : 에베소서 4장 12절
"이는 성도를 온전케 하며 봉사의 일을 하게하며 그리스도의 몸을 세우려 하심이라."

3. 성도는 세상을 변화시켜가야 하는 것입니다(엡 4:22~24)

오늘날 교회가 세상으로부터 지탄을 받는 이유가 무엇입니까? 성도들이 말씀을 듣는 데는 익숙하고 그 말씀대로 행치 못하는 데 있습니다. 세상을 변화 시켜야 할 교회의 구성원인 성도들이 변화되지 못하고, 그 인격들이 성숙되지 못해 제 역할을 감당하지 못 하는데 있습니다. 교회나 교인들이 겉으로는 번지르르 한데 속은 비었거나 성숙하지 못하는 데서 실망감과 배반감을 느끼게 되는 것입니다.

거룩한 교회가 왜 이렇게 불완전한가? 하고 실강하는 성도가 간혹 있습니다. 교회의 모순 된 점을 보고 교회의 존재 의미를 부인하기까지 합니다. 생각해 보세요. 병원에 환자가 많이 있다고 병원을 폐쇄해서는 안 되듯이 불완전한 교회이기에 완전을 행해 나가야 하는 것입니다. 사랑하는 성도 여러분! 예수님께서 죄인을 부르러 오신 것처럼 성도는 불완전한 교회 속에서도 화목할 때 완전한 하나님의 은혜를 체험할 수 있게 되는 것입니다. 성도들은 주님의 행복한 지체르서 세상을 변화시키는 봉사자들이 되어야 하는 것입니다.

· 함께 읽어요 : 로마서 12장 1~2절
"1 그러므로 형제들아 내가 하나님의 모든 자비하심으로 너희를 권하노니 너희 몸을 하나님이 기뻐하시는 거룩한 산 제사로 드리라 이는 너희의 드릴 영적 예배니라 2 너희는 이 세대를 본받지 말고 오직 마음을 새롭게 함으로 변화를 받아 하나님의 선하시고 기뻐하시고 온전하신 뜻이 무엇인지 분별하도록 하라."

정리하는 말

말씀을 정리합니다. 존 칼뱅은 “교회를 어머니로 섬기지 못하는 사람은 하나님을 아버지로 부를 자격이 없다”고 했습니다. 사랑하는 성도 여러분! 성도는 모름지기 예배와 삶을 통해서 하나님께 영광을 돌려야 하고요. 또한 교회봉사를 통해서 바른 신앙고백을 드림으로, 교회봉사를 통해서, 세상 속에 성도의 사명인 화목하게 하는 직책(고후 5:18)을 잘 감당함으로 하나님께 영광을 돌리시기를 바랍니다.

평가와 결심

1. 성도의 화목과 교회 봉사는 무엇으로부터 시작됩니까?
(마 16:16, 진실한 신앙고백으로부터 시작됨)
2. 성도는 사랑과 믿음의 공동체인 교회의 무엇들입니까?
(엡 4:11-12, 지체들)
3. 성도는 봉사를 통해 자신이나 세상을 어떻게 해야 합니까?
(롬 12:2, 변화시켜 가야 함)

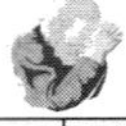

주간 경건의 시간 <15> · 날마다 말씀과 함께

요일 / 내용	월(Mon)	화(Tue)	수(Wed)	목(Thu)	금(Fri)	토(Sat)
찬송	210/ 421	231/ 240	252/ 518	258/ 500	318/ 528	319/ 529
성경	골 1:	골 2:	골 2:	골 3:	골 3:	골 4:
적용	구속 곧 죄 사함	하나님의 비밀	하나님이 자라게	위엣 것 찾으라	사랑을 더하라	사랑받는 형제

* 매를 맞아 보지 못한 사람은 결코 배울 수 없다. <메난드로스>

4단원 교회 화목의 달

제16과

사랑으로 봉사하자

찬송 / 511, 512, 369/ 새 314, 315, 218
성경 / 베드로전서 4:8-10
요절 / 베드로전서 4:8
“무엇보다도 열심으로 서로 사랑할지니 사랑은 허다한 죄를 덮느니라.”
목표/ 성도로서 사랑으로 봉사하는 섬김의 태도를 배운다.

시작하는 말

봉사하는 삶은 성숙한 성도의 꽃입니다. 본문은 우리에게 봉사하는 삶의 대강령을 가르쳐 주고 있습니다. 고린도전서 13장 ‘사랑 장’에는 “내가 내게 있는 모든 것으로 구제하고, 또 내 몸을 불사르게 내어줄지라도 사랑이 없으면 아무 유익이 없느니라”(고전 13:3)고 했습니다. 그렇습니다. 봉사도 얼마든지 공명심에서 할 수 있습니다. 성도들의 삶은 황금 같이 빛이 나지 않는다 할지라도 빛과 소금과 같은 맛을 내는 삶이어야 하는 것입니다. 이제 본과를 통해 구원받은 성도들의 성숙한 결과 중 하나인 ‘사랑으로 봉사하는 삶’에 대해 배워야 하겠습니다. 정말 화목한 가운데 사랑의 봉사는 멋지고 아름답습니다.

오늘의 말씀

1. 복음적 인생관을 가지고 섬겨야 합니다(벧전 4:8-10)

성경에서 가르쳐 준 인생관은 인간관계를 서로 봉사하는 관계로 규정했습니다(창 2:18; 갈 5:13). 주님께서는 모든 사람들을 한 형제, 한 가족으로 보셨습니다(마 12:50). 따라서 이웃은 인종과 국적과 계급을 뛰어넘어 한 가족으로서의 사랑과 봉사의 대상이 되는 것입니다. 이러한 복음적 인생관이 형성될 때 비로소 이웃을 위해 사랑으로 봉사할 수 있는 것입니다. 바로 주님께서 보여주신 "섬기기 위하여 이 세상에 오셨다"는 것이 그리스도의 인생관인 것입니다. 사랑하는 성도 여러분! 구원받은 기쁨과 감사와 감격한 마음으로 하나님의 자녀 된 이웃들을 사랑과 봉사로 화목하게 섬겨보시기 바랍니다.

· 함께 읽어요 : 베드로전서 4장 11절

"만일 누가 말하려면 하나님의 말씀을 하는 것 같이 하고 누가 봉사하려면 하나님의 공급하시는 힘으로 하는 것 같이 하라 이는 범사에 예수 그리스도로 말미암아 하나님이 영광을 받으시게 하려 함이니 그에게 영광과 권능이 세세에 무궁토록 있느니라. 아멘"

2. 사랑이 봉사의 동기와 목적이어야 합니다(벧전 4:11)

그리스도인이 아닌 사람들 중에 열심히 봉사하는 사람들이 있습니다. 그들은 자기 이름을 내기 위한 명예욕이나 큰 사회적 이권을 위해 공리욕(功利慾: 공명과 이익만을 구하는 욕심)이 그 동기가 되는 경우가 많습니다. 그러나 그리스도인의 봉사는 그리스도의 이름으로 행하는 봉사이기 때문에 우리의 봉사는 하나님의 사랑과 은혜의 구체적인 표현으로 전적으로 사랑이 동기가 되지 않으면 무의미한 것입니다. 그리스도인의 봉사는 "네 이웃을 네 몸과 같이 사랑하라."(마 22:39)고 하신 그리스도의 말씀에 근거하고, 하나님을 깊이 사랑하는 신앙에 근거해야 합니다(요일 4:20). 성도는 봉사의 삶을 통해 사랑하는 사람, 화목할 수 있는 사람이 될 때, 이웃이 나로 인하여 하나님의 은혜를 받게 되고, 하나님이 나로 인해 영광을 받으시게 되는 것입니다. 이런 사랑의 봉사는 나를 복되게, 이웃과 화목하게, 그리고 나를 거룩하게 완성시키며, 또한 하나님의 영광을 드러냅니다. 성도 여러분! 서로 화목하며 사랑의 봉사를 다 하시기를 바랍니다.

· 함께 읽어요 : 요한일서 4장 20절
"누구든지 하나님을 사랑하노라 하고 그 형제를 미워하면 이는 거짓말 하는 자니 보는바 그 형제를 사랑치 아니하는 자가 보지 못하는바 하나님을 사랑할 수가 없느니라."

3. 봉사하는 삶의 의미를 알게 됩니다(빌 2:6~8)

하나님께 헌신하며 봉사하는 삶의 의미를 무엇으로 정의 할 수 있겠습니까? 그것은 '나를 비우는 삶'이라 할 수 있습니다. 나의 재물이나 시간으로 봉사하되 내 이름으로 하는 것이 아니기 때문에 나의 봉사는 내 자신이 하는 봉사가 아닌 것입니다. 봉사하는 삶의 또 하나의 의미는, '남이 되어 보는 삶'이라는 것입니다. 영어 단어에 '이해하다'(understand)라는 말은 상대방의 '아래에(입장에) 서 보는 것'이란 뜻의 매우 의미 깊은 말입니다. 예수께서는 인생의 무거운 짐을 대신져 주시기 위해 천상(天上)의 보좌 신의 자리에서 인간의 낮은 자리에 내려오신 것입니다. 이게 곧 '자신을 비우는 삶'이었습니다. 사랑하는 성도 여러분! 사랑의 봉사를 실천하므로 여러 성도들도 자신을 비우고, 남의 입장에 서서 화목을 실천하시기를 바랍니다.

· 함께 읽어요 : 갈라디아서 2장 20절
"6 그는 근본 하나님의 본체시나 하나님과 동등 됨을 취할 것으로 여기지 아니하시고 7 오히려 자기를 비어 종의 형체를 가져 사람들과 같이 되었고 8 사람의 모양으로 나타나셨으매 자기를 낮추시고 죽기까지 복종하셨으니 곧 십자가에 죽으심이라."

정리하는 말

바울은 '사랑장'에서 "내가 내게 있는 모든 것으로 구제하고, 또 내 몸을 불사르게 내어줄지라도 사랑이 없으면 내게 아무 유익이 없느니라"(고전 13:3)고 했습니다. 이 말씀은 봉사하는 자들의 대강령이 되었습니다. 봉사한다는 것은 고귀한 일입니다. 또한 화목과 사랑으로 봉사한다는 것은 거룩한 일입니다. 진심에서 우러나오는 사랑의 봉사를 하셔서 세상에 그리스도의 빛을 전하시기를 바랍니다.

평가와 결심

1. 그리스도인으로서 화목한 봉사를 하려면 전제가 무엇입니까?
   (벧전 4:8~10, 복음적 인생관 정립)
2. 그리스도인의 화목한 봉사의 동기와 목적이 무엇입니까?
   (벧전 4:11, 사랑입니다)
3. 그리스도인의 봉사하는 삶의 의미가 무엇입니까?
   (빌 2:6~10, ①나를 비우는 삶, ②남이 되어보는 삶)

주간 경건의 시간 <16> · 날마다 말씀과 함께

요일 / 내용	월(Mon)	화(Tue)	수(Wed)	목(Thu)	금(Fri)	토(Sat)
찬송	344/ 545	500/ 446	268/ 505	484/ 365	502/ 445	318/ 528
성경	벧전 1:	벧전 2:	벧전 3:	벧전 4:	벧전 5:	벧전 5:
적용	믿음의 결국	신령한 젖을 사모	마음의 단장	근신하여 기도하라	양 무리의 본이 되라	근신하라 깨어라

* "주님, 영국의 왕 헨리 8세의 눈을 뜨게 하소서."
<윌리엄 틴데일(1492-1536) 영국 종교개혁자>

4단원 교회 화목의 달

제17과

청지기로 봉사하자

찬송 / 410, 412, 372/ 310, 290, 595

성경 / 베드로전서 4:9-10

요절 / 베드로전서 4:10

"각각 은사를 받은 대로 하나님의 각양 은혜를 맡은 청지기 같이 봉사하라."

목표/ 성도로서 화목하게 봉사하는 태도를 배운다.

시작하는 말

사랑하는 성도 여러분! 세상에는 무신론자가 있습니다. 이들 중에는 공개적으로 하나님을 믿지 않는다고 말하는가 하면 입으로는 믿는다고 하면서도 행동으로 하나님의 주권을 인정하지 않는 사람이 있습니다. 그런가 하면 유신론자 중에도 매사를 계획할 때 내 맘대로 결정하며 하나님의 주권을 인정하지 않는 사람이 있습니다. 이런 사람은 무신론자와 다름이 없습니다. 하나님께서는 당신의 청지기로서 봉사하며 화목을 이루며 살기를 원하십니다. 사랑하는 성도 여러분! 하나님이 기뻐하시는 화목한 청지기의 삶을 살아가시기를 바랍니다.

오늘의 말씀

1. 청지기는 하나님의 소유권을 인정해야 합니다(골 1:15~17)

하나님은 창조주이시며, 만물 이전에 계셨습니다(先在). 만물은 하나님께로부터 창조되었고 또한 하나님을 통하여 창조되었습니다. 그러므로 모든 것의 조성자요 만물의 주인이십니다. 또한 하나님께서 세상을 구속했습니다. 십자가에서 자신을 내어주심으로 값을 지불하고 우리를 사셨습니다(救贖). 그러므로 인간은 하나님께서 모든 것의 주인임을 인정하고, 그분의 소유권을 인정해야 합니다. 아담과 하와에게 세상을 관리하도록 맡겨졌으나 마귀에게 내어주었습니다. 예수님이 오셔서 십자가에서 보혈로 구속하시고, 화목케 하셨습니다. 사랑하는 성도 여러분! 이제는 하나님의 소유권을 인정하시기 바랍니다.

함께 읽어요 : 골로새서 1장 14절
"그 아들 안에서 우리가 구속 곧 죄 사함을 얻었도다."

2. 모든 것을 하나님께 드리는 삶입니다(행 4:32~35)

사랑하는 성도 여러분! 하나님께서 소유주가 되심을 무엇으로 인정하십니까? 여러분은 여러분이 소유한 재물과 재산이 하나님의 소유임을 인정하십니까? 하나님께서 소유주가 되셨다는 것을 나타내는 신앙생활의 기본은 십일조를 드리는 것입니다. 즉 십일조는 자신이 하나님의 청지기라는 사실을 인정하는 최소한의 표시입니다. 이스라엘의 레위 지파는 땅을 분배받지는 못했지만 하나님께서는 친히 그들에게 십일조를 통해 보수를 주셨습니다(민18:21). 그렇다면 복음사역을 받은 사람들이 그 사명을 잘 수행하게 하기 위해서는 성도들은 하나님의 청지기로서 온전히 하나님의 것인 십일조를 드려야 하겠습니다. 정직한 청지기로서의 삶은 성도의 기본임을 아시기 바랍니다.

신앙생활은 하나님의 것을 하나님의 것으로 구별하여 드릴 때 온전한 헌신의 삶이 시작되는 것입니다. 분명히 하나님과 화목을 회복하시고, 그에 대한 소유권을 인정하시며, 헌신하는 성도들이 되시기를 바랍니다.

· 함께 읽어요 : 민수기 18장 21절

"내가 이스라엘의 십일조를 레위 자손에게 기업으로 다 주어서 그들의 하는 일 곧 회막에서 하는 일을 갚나니"

3. 인간은 하나님의 청지기일 뿐입니다(벧전 4:10~!1)

인간이 하나님의 청지기라는 사실은 인간의 선택이 아닙니다. 우리가 원하든 원하지 안하든 모든 사람은 하나님의 청지기입니다. 하나님께서는 서로 봉사하며 화목하게 섬기는 삶을 기뻐하시며, 우리가 청지기로서 능력 있는 관리자가 되기를 원하십니다. 우리에게 맡겨진 일을 제대로 관리하지 못하면 그 권리를 빼앗깁니다. 그러므로 청지기는 무엇보다도 하나님의 뜻에 따라 그분의 것을 잘 관리해야 합니다. 모든 것이 하나님께로부터 왔다는 것을 인정한다면 우리의 봉사는 내 멋대로가 아니라 하나님께서 공급하시는 힘으로 해야 합니다. 그렇게 할 때에 결과적으로 하나님을 기쁘시게 하며 하나님의 영광이 나타나는 것입니다. 청지기가 자기 좋아서 하는 것이 아니라 성령의 역사하심에 힘입어 화목하게 봉사하는 청지기가 되어야 하겠습니다.

뿐만 아니라 어떤 유혹이나 핍박이 올지라도 정직한 청지기로서 깨끗하고 투명하게 청지기로서 봉사해야 합니다. 구약성경에 요셉은 형들에게 시기와 미움을 받아 애굽으로 팔려갔습니다. 그러나 그는 환경을 탓하지 않고 사람을 미워하지 않았으며, 오직 자기가 닫은 바 청지기일을 잘 감당함으로 청지기로서 모범이 되었습니다(창 39:4).

사랑하는 성도 여러분! 착한 청지기로서 살아가시기를 바랍니다.

· 함께 읽어요 : 베드로전서 4장 10절

"각각 은사(恩賜)를 받은 대로 하나님의 각양 은혜를 맡은 선한 청지기같이 서로 봉사하라."

정리하는 말

말씀을 정리합니다. 청지기란 종의 신분이나 집안의 살림을 맡아 일하는 자를 말합니다. 인간은 누구나 만물의 소유주이신 하나님의 청지기로 태어났습니다. 예수께서는 제자들의 발을 씻기며 섬김의 모범을 보여주셨습니다. 사랑하는 성도 여러분! 생명 있을 동안에 우리에게 주신 모든 것, 즉 하나님의 것을 가지고 그것을 잘 맡아 하나님의 나라를 위하여 화목한 관리자로서 충성하시기를 간절히 바랍니다.

평가와 결심

1. 화목한 청지기로서의 삶은 첫째로 어떻게 사는 삶입니까?
   (골 1:15~17, 하나님의 소유권을 인정하는 삶)
2. 화목한 청지기로서의 삶은 둘째로 어떻게 사는 삶입니까?
   (행 4:3-35, 모든 것을 하나님께 드리는 삶)
3. 여러분들은 지금 화목한 청지기로서의 삶을 살아가십니까?
   (벧전 4:10~11, 예. 그렇게 살아가려고 해요.)

주간 경건의 시간 <17> · 날마다 말씀과 함께

요일 / 내용	월(Mon)	화(Tue)	수(Wed)	목(Thu)	금(Fri)	토(Sat)
찬송	314/ 509	300/ 565	388/ 348	248/ 550	198/ 264	399/ 546
성경	벧후 1:	벧후 2:	벧후 3:	요일 1:	요일 2:	요일 3:
적용	부르심과 택하심	허탄한 자랑	주의 날 도적같이	예수의 피	하나님의 뜻	행함과 진실함으로

* 한 나라 안에서 젊은이들의 교육 수준은 그 국가의 기초를 이룬다.
<디오게네스 (B.C. 412~323> 그리스 철학자>

5단원 가정 화목의 달

자녀의 도리를 다하자

찬송 / 305, 221, 218/ 새 559, 246, 286

성경 / 에베소서 6:1-3

요절 / 잠언 1:8

"내 아들아 네 아비의 훈계를 들으며 네 어미의 법을 떠나지 말라."

목표/ 믿음 가운데 살아가며 자녀의 도리를 다하도록 한다.

시작하는 말

세상에 가장 아름다운 보금자리는 가정입니다. 가정은 하나님께서 세우셨습니다(창 2:22-23). 그러므로 가정의 질서도 세워져야 합니다. 자녀가 그 도리를 다할 때 가정을 통하여 하나님께 영광과 기쁨을 드리며 우리의 의무도 다하는 것입니다. 믿음은 기본이고, 사랑의 끈으로 묶여져 자녀는 자녀로서 어버이를 잘 공경해야 합니다. 가정에서부터 화목하고 질서가 세워져야 사회가 질서가 잡혀 잘 사는 나라가되는 것입니다. 천국백성으로서 다 해야 할 자녀 된 도리는 무엇입니까?

오늘의 말씀

1. 부모와 대화를 나누십시오(잠 8:32~33)

오늘날 가정의 문제는 부모와 자녀 간의 대화의 단절입니다. 중 3이나 고 3이면 입시준비에 부모의 얼굴을 대할 시간이 없이 바쁩니다.

사업가를 부모로 둔 자녀들은 몇 주일씩 부모의 얼굴을 보지 못할 때가 허다합니다. 부모들은 자녀들의 입장을 고려하지도 않고 자녀들에게 너무 자주 책망과 훈계 때문에 자녀들은 부모의 얼굴을 피합니다. 의견충돌이 생깁니다. 그렇지만 자녀들은 세상 경험이 많은 부모님들의 훈계를 잘 듣고 부모님과 대화를 피하지 말고 잘 해야 합니다.

· 함께 읽어요 : 잠언 8장 32~33절
"32 아들들아 이제 내게 들으라 내 도를 지키는 자가 복이 있느니라 33 훈계를 들어서 지혜를 얻으라 그것을 버리지 말라."

2. 자기 일에 성실해야 합니다(잠 11:3)

부모가 원하는 대로 자녀가 성장하는 것은 아닙니다. 실패를 겪기도 하고 때로는 깊은 좌절을 경험할 때도 있습니다. 그러나 실패를 경험하고 쓴 잔을 마시면서 인생의 깊이가 더해 가는 것입니다. 그래서 "젊어서 하는 고생은 사서라도 한다"는 말이 있습니다. 실패를 경험한 사람이 더 겸손하고 성숙하게 성장한다는 사실을 알아야 합니다. 자녀들이 도전해 보지도 않고 포기하는 일이 없도록 맡겨진 일에 최선을 다해 성실하게 노력하도록 도와주어야 합니다. 그래서 잠언 31장 23절에 "너희 모든 성도들아 여호와를 사랑하라 여호와께서 성실한 자를 보호하시고 교만히 행하는 자에게 엄중히 갚으시느니라"고 했습니다. 또한 자녀들이 좋은 친구와 사귀도록 도와주어야 합니다. "지혜로운 자와 동행하면 지혜를 얻고, 미련한 자와 사귀면 해를 받느니라" 했습니다(잠언 13:20). 오늘날 폭력, 마약, 흉악범죄가 얼마나 많습니까? 좋은 친구, 좋은 습관, 성실성을 챙기시기를 바랍니다.

· 함께 읽어요 : 잠언 11장 3절
"정직한 자의 성실은 자기를 인도하거니와 사특한 자의 패역은 자기를 망케 하느니라."

3. 독립심을 키워나가야 합니다(수 1:6)

한국 가정의 자녀들은 독립심이 부족하다고들 합니다. 한국의 부모들은 자녀들을 부모의 품에 안으려고만 합니다. 정신적으로 부모를 의지하려는 자세에서 벗어나 성년으로서의 독립심을 길러주어야 합니다. 자녀의 삶은 부모의 삶이 아니기에 부모가 대신 살아줄 수도 없습니다. 오늘날 자녀들이 부모의 재산으로 무위도식하려는 태도는 잘못되어진 것입니다. 너무 가정이나 학교에 의지하다보면 자신이 가야할 진로를 놓치게 됩니다. 그래서 요즈음에는 '성년의 날 행사'를 가짐으로 자녀들이 일정한 연령에 이르면 어엿한 성년으로서 독립해서 살아갈 각오와 자세를 키워주도록 하고 있는 것입니다.

자녀는 나이가 차면 결혼도 하고, 사회생활에 적응하도록 하여 독립적인 한 개인으로서 한 가정을 형성하여 사회 속의 일원으로서 살아갈 수 있도록 해야 됩니다. 그러므로 자녀가 가정에서 미래의 자신의 삶의 비전을 키우면서 스스로 자기 자신의 앞날을 꾸려갈 수 있도록 기초적인 생활습관과 독립심을 길러주어야 합니다. 가정에서 웃어른을 존경하며, 상호 사랑과 우정을 나누면서 자라가도록 해야 사회에서도 제 몫을 감당해 갈 수 있는 것입니다.

사랑하는 성도 여러분! 가정이 잘못되거나 자녀가 제대로 준비하지 못했는데도 올바른 사회생활을 할 수 있으리라 기대하지 마십시오. 기독교 가정에서는 자녀들이 신앙에 바로 서고 스스로 자기 자신의 신앙생활을 영위해 갈 수 있도록 독립심을 길러주시기를 바랍니다.

· 함께 읽어요 : 여호수아 1장 6절

"마음을 강하게 하고 담대히 하라 너는 이 백성으로 너가 그 조상에게 맹세하여 주리라 한 땅을 얻게 하리라."

정리하는 말

세상에 어느 단체나 사회생활에서 규범이 있고, 도리가 있습니다. 오늘날 대가족제도가 무너지면서 개인의 자유가 존중되고, 가정은 핵가족으로 식구가 단출 합니다. 그래서 이웃과의 화목한 관계가 형성되고, 살맛나는 세상을 만들려면 무엇보다도 개개인이 독립적으로 자기 자신의 일들을 잘 처리해 갈 수 있어야 합니다. 성실하고 독립심을 길러 부모와의 대화로 처리해가면서 도리를 다하시기를 바랍니다.

평가와 결심

1. 자녀의 도리 첫째는 무엇입니까? (잠8:32~33, 부모와 상의하라)
2. 자녀의 도리 둘째는 무엇입니까? (잠 11:3, 자기 일에 성실하라)
3. 자녀의 도리 셋째는 무엇입니까? (수 1:6, 독립심을 키워나가라)

주간 경건의 시간 <18> · 날마다 말씀과 함께

요일 / 내용	월(Mon)	화(Tue)	수(Wed)	목(Thu)	금(Fri)	토(Sat)
찬송	400/ 358	401/ 359	399/ 546	457/ 401	506/ 453	432/ 382
성경	잠 2:	잠 3:	잠 4:	잠 5:	잠 6:	잠 7:
적용	정직한 자는	인자와 진리로	명령을 지키라	샘으로 복되게	지혜를 얻으라	명령은 등불이요

* 촛불을 보고 감사하면 전등불을 주시고, 전등불을 보고 감사하면 달빛을 주시고, 달빛을 감사하면 햇빛을 주시고, 햇빛을 감사하면 천국을 주신다.

<찰스 햇돈 스펄전, 1834~1892, 영국 성직자>

5 단원 가정 화목의 달

제19과

남편의 도리를 다하자

찬송 / 447, 454, 455/ 새 393, 397, 370
성경 / 에베소서 5:25
요절 / 골로새서 3:19
"남편들아 아내를 사랑하며 괴롭게 하지 말라."
목표/ 가정에서 남편의 도리를 다하도록 한다.

시작하는 말

사도 바울은 믿음, 소망, 사랑 중에 제일을 사랑이라고 하였습니다. 십계명의 두 축은 '하나님 사랑'과 '이웃사랑'입니다. 그러므로 하나님께서 그리스도를 통해 사랑의 본을 보여주심 같이 가정에서 남편, 아내, 자녀들이 사랑의 실천을 통하여 화목을 이루도록 해야 합니다. 특히 가부장제도 하에 있었던 한국의 가정에서 남편의 역할은 지대합니다. 남편의 도리를 다함으로 화목하고 행복한 가정이루시기 바랍니다.

오늘의 말씀

1. 남편은 아내를 사랑하고 성실해야 합니다(골 3:19)

하나님께서 남편에게 배필로서 아내를 주신 것은 주종관계가 아닙니다. 서로 돕고 사랑하는 섬김의 관계입니다. 그래서 성경은 남편에게 "아내 사랑하기를 제 몸같이 할지니 자기 아내를 사랑하는 자는 자기를 사랑하는 것이라"(엡 5:28)고 했습니다. 아직도 우리나라에는 무조건 아내는 남편에게 복종해야 한다는 가부장적 권위에 사로잡혀 있는 분들이 있습니다. 이것은 불행한 일입니다. 가정이 행복하고 사랑이 넘치는 가정이 되려면 먼저 위로 하나님을 섬기고, 남편은 자기 아내를 아끼고 사랑할 줄 알아야 합니다. 무엇보다 남편은 성실하고, 어느 곳에서나 신뢰를 받는 믿음직한 남편이어야 합니다. 자기 아내만을 사랑하고 가정을 잘 지켜가야 합니다. 아내에게 아량을 베풀 줄 알아야 합니다. 아내를 끝까지 믿어주고 사랑해야 하는 것입니다.

· 함께 읽어요 : 베드로전서 3장 7절
"남편 된 자들아 이와 같이 지식을 따라 너희 아내와 동거하고 저는 더 연약한 그릇이요 또 생명의 은혜를 유업으로 함께 받을 자로 알아 귀히 여기라 이는 너희 기도가 막히지 아니하게 하려 함이라."

2. 긍정적인 남편이 되어야 합니다(전 9:9)

남편은 어디까지나 모든 일을 불평하기 보다는 적극적인 소망과 희망을 가지고 풀어가는 긍정적인 태도를 가져야 합니다. 남편은 연약한 아내나 자녀들을 꾸짖고 기를 죽이는 말보다는 용기를 주고 격려하고 희망을 주는 말을 해야 합니다. 가정적으로 힘들고 어려울 때, 남편의 긍정적이고 희망적인 격려는 온 가족이 다시 용기를 얻고 소망을 갖게 하는 원동력입니다. 어려울수록 겸손한 자세로 침착성을 잃지 말고, 외부로부터 오는 난관들을 돌파해가는 용기가 필요합니다. 항상 닥쳐오는 문제들만을 보지 말고, 보이지 아니하는 배후에 역사하는 신앙의 힘을 의지해 의연하게 대처해야 합니다. 현실에만 안주하지 말고, 희망찬 미래를 내다보며 가족들에게 비전을 제시하고, 희망의 꿈을 안겨주시기 바랍니다. 하나님이 기뻐하시고 가족들에게 큰 믿음과 힘을 실어주는 긍정적인 가장이 되도록 노력하시기 바랍니다.

· 함께 읽어요 : 전도서 9장 9절

"네 헛된 평생의 모든 날 곧 하나님이 해 아래서 네게 주신 모든 헛된 날에 사랑하는 아내와 함께 즐겁게 살찌어다 이는 네가 일평생에 해 아래서 수고하고 얻은 분복이니라."

3. 자상하고 지혜로운 남편이 되어야 합니다(삼상 1:8)

남편은 권위주의에 빠지지 말고 아내와 자녀들을 이해하고 사랑으로 감싸 주어야 합니다. 그리고 자녀들의 필요한 것이 무엇이고 아내의 어려움이 무엇이며, 진실로 바라는 것이 어떤 것인지를 헤아려야 합니다. 원만하고 웃음이 피어나는 행복한 가정이 되기 위해서는 아내만 노력해서 되는 것이 아닙니다. 남편은 아내의 어려움을 헤아리고 감싸주며 지혜롭게 대처해 나가야 합니다. 예수 그리스도께서 교회의 머리되심 같이 남편이 가정의 어른이 되었다면 그리스도처럼 섬김의 도를 배워야 하는 것입니다. 남편은 사소한 일에서 중요한 일까지 아내와 대화해야 합니다. 모든 것을 털어놓고 허심탄회하게 대화해야 합니다. 자녀들과의 문제도 사랑의 대화로 풀어가도록 해야 합니다. 아내가 학력이 낮다고 무시하거나 자녀가 어리다고 "입 닥쳐" 하는 식으로, 한 마디로 큰 소리 치면 대화가 단절되고 문제가 풀릴 수 없는 것입니다.

한나의 남편 엘가나는 불임의 고통에 시달리는 한나를 말로 위로하며 그에게 마음을 써주는 자상한 남편이었습니다. 이처럼 남편은 최대한 아내의 의견을 존중하고, 자녀의 인격을 높여주며, 자상한 남편! 지혜로운 남편으로 화목한 가정이 되도록 힘쓰시기를 바랍니다.

· 함께 읽어요 : 시무엘상 1장 8절

"그 남편 엘가나가 그에게 이르되 한나여, 어찌하여 울며 어찌하여 먹지 아니하며 어찌하여 그대의 마음이 슬프뇨 내가 그대에게 열 아들보다 낫지 아니하뇨"

정리하는 말

사랑하는 성도 여러분! 가정은 서로 함께 살아가는 사랑과 봉사의 공동체여야 합니다. 무슨 일이든 일방통행은 바람직하지 못합니다. 오늘날 가정의 문제는 서로가 불신하고, 서로 대화가 단절되어 심각한 문제가 발생합니다. 권위주의에서 벗어나 성실한 남편! 매사에 사랑과 용기를 주는 긍정적인 남편! 작은 일에도 정성을 쏟아주는 자상한 남편이 되어 화목하고 행복한 믿음과 사랑의 가정을 이루시기 바랍니다.

평가와 결심

1. 남편의 도리 첫째가 무엇입니까?
   (골 3:19, 사랑하고 성실해야 함)
2. 남편의 도리 두 번째는 무엇을 해야 합니까?
   (전 9:9, 긍정적이어야 함)
3. 남편의 도리 세 번째는 무엇을 해야 합니까?
   (삼상 1:8, 자상하고 지혜로워야 함)

주간 경건의 시간 <19> · 날마다 말씀과 함께

요일 / 내용	월(Mon)	화(Tue)	수(Wed)	목(Thu)	금(Fri)	토(Sat)
찬송	351/ 321	135/ 150	180/ 188	350/ 320	399/ 546	446/ 391
성경	잠 9	잠 10:	잠 11:	잠 12:	잠 13:	잠 14:
적용	지혜의 근본	근심을 주지 않음	악인은 대신	손의 행함대로	입의 열매로	궁핍한 자 불쌍히

* 만물 중에 단순성은 모방하기가 제일 어렵다.

<르챠드 스틸 경(1672-1729) 영국의 수필가>

5단원 가정 화목의 달

아내의 도리를 다하자

찬송 / 305, 304, 324/ 새 559, 579, 534

성경 / 에베소서 5:22-24

요절 / 골로새서 3:18

"아내들아 남편에게 복종하라 이는 주 안에서 마땅하니라."

목표/ 가정에서 아내의 도리를 다하는 태도 기른다.

시작하는 말

가정에서 밝음과 온화함을 주는 이는 어머니이며, 아내입니다. 그래서 아내라는 말은 '안 해'라는 말에서 왔다고 보여 집니다. 안방에서 방실방실 비추고, 부엌에서 방끗방끗 웃음꽃을 피우는 아내야말로 가정의 해님이십니다. 하루 종일 해가 비추지 않으면 정말 답답합니다. 그래서 해가 비추는 시간이 적은 곳에 사는 사람들은 성격이 어둡다고 합니다. 가정에서의 '안 해'의 역할은 정말 중요한 것입니다. 아내가 자기의 역할을 다할 때 정말 행복한 가정이 될 수 있는 것입니다. 그러면 가정에서 아내로서의 본분이 무엇입니까?

오늘의 말씀

1. 사랑스러운 아내가 되어야 합니다(엡 5:33)

아내는 아무리 바빠도 자녀들과 남편이 돌아올 시간이면 곱게 가벼운 화장을 하고 사랑의 미소로 맞을 준비가 되어 있어야 합니다. 아내는 나이에 맞도록 자신을 가꿔야 합니다. 가정에는 항상 제철에 피는 꽃을 볼 수 있도록 가꾸는 것도 중요하지만 아내로서 어머니로서 사랑이 시들지 않는 항상 피어있는 꽃이 되어야 합니다. 사치보다는 내적인 아름다움으로 자신을 가꿔야 합니다. 부드러운 미소, 온화한 성품, 웃음꽃이 피는 얼굴, 다정하고 품위 있는 언어 등 얼마든지 자신을 값지고 아름다움으로 가족들에게 정감을 줄 수 있는 자신의 품격을 갖추는데 노력을 기울여야 합니다. 무엇보다 남편을 이해할 줄 아는 아내가 되어야 합니다. 상이한 환경에서 자라고 격리된 곳에서 교육을 받았다 하더라도 서로가 가까워지려고 노력하면 말씨도 닮고, 좋아하는 음식, 취미, 습관까지도 닮는다고 합니다. 서로의 갈등을 최소한 줄이고 아름다운 사랑의 미로를 열어 가시기 바랍니다.

· 함께 읽어요 : 에베소서 5장 22~24절

"아내들이여 자기 남편에게 복종하기를 주께 하듯 하라 23 이는 남편이 아내의 머리됨이 그리스도께서 교회의 머리됨과 같음이니 그가 친히 몸의 구주시니라 24 그러나 교회가 그리스도에게 하듯 아내들도 범사에 그 남편에게 복종할지니라."

2. 지혜로운 조력자가 되어야 합니다(딛 2:5)

남편도 하나의 인간입니다. 완벽할 수 없습니다. 그러나 아내와 자녀들은 아빠는 완벽하다고 생각하기가 쉽습니다. 그와 반대로 남편이 뭐 대단한 존재냐? 아빠가 뭐 대단한 위인이냐? 하면서 가족들이 아빠를 무시하기 시작하면 또 문제가 됩니다. 화목한 가정을 이루기 위해서는 무엇보다 아내의 지혜로운 조력이 필요합니다. 무력할 때 힘을 주고 용기를 주어야 합니다. 질서 있는 가정이 되려면 참으로 아내가 지혜롭고 그 역할이 분명해야 합니다. 남편이 사업의 실패로 자포자기할 때, 실직하여 무능함이 드러날 때 아내가 비난하고 무능력하다고 자존심을 구겨놓으면 문제만 어렵게 됩니다. 이때 아내가 온유하고 관용한 마음으로 남편을 위로하고 격려한다면 남편은 용기와 힘을 회복할 것입니다. 이런 아내가 현숙한 아내요. 진정 지혜로운 조력자, 화목한 가정의 창조자가 되는 것입니다.

· 함께 읽어요 : 디도서 2장 5절
"근신하며 순전하며 집안일을 하며 선하며 자기 남편에게 복종하게 하라 이는 하나님의 말씀이 훼방을 받지 않게 하려 함이니라."

3. 남편의 뜻을 존중해야 합니다(엡 5:22)

남편과 아내가 항상 같은 뜻을 가질 수는 없습니다. 서로가 의견이 다를 때 아내는 자신의 고집의 날개를 접을 줄 알아야 합니다. 그리고 최종의 권위, 남편의 의견을 존중해 줄 줄 알아야 질서가 서는 화목한 가정이 되는 것입니다. 화목한 가정이 되기 의해서는 대화와 질서가 있고, 또 웃음이 있어야 하고 남편의 뜻을 속속들이 알아 존중해 줄줄 알아야 하는 것입니다. 또한 남편을 끝까지 신뢰해 줄 때 남편은 든든해지는 것입니다. 그래야 건실하고 견고한 가정이 될 수 있습니다. "똑같은 어른인데 왜 내가 져?"하고 서로가 세력 겨루기를 하면 그 가정은 무너지기 십상입니다. 아내들이여! 남편의 권위를 인정하시고, 끝까지 신뢰하고 의지하십시오. 그러면 당신 가정이 화목하고 행복하며 편해질 것입니다.

· 함께 읽어요 : 에베소서 5장 22절
"아내들이여 자기 남편에게 복종하기를 주께 하듯 하라."

정리하는 말

사랑하는 성도 여러분! 하나님께서 기뻐하시는 가정은 어떤 가정이겠습니까? 그리스도 안에서 서로 섬기며 복종하는 '화목한 가정'입니다. 오늘날 여성의 역할이 강조되는 때에 가정의 질서를 세워가며, 성도로서 아내는 무엇보다 가정을 소중히 여기고 또한 사회 활동도 지혜롭게 잘 감당하며, 지혜 있고 가정을 화목하게 하는 아내 되시기 바랍니다.

평가와 결심

1. 화목한 가정이 되기 위한 아내의 도리 첫째가 무엇입니까?
(엡 5:33, 사랑스런 아내가 되십시오.)
2. 화목한 가정이 되기 위한 아내의 도리 둘째는 무엇입니까?
(딛 2:5, 지혜로운 조력자가 되어야 함)
3. 화목한 가정이 되기 위한 아내의 도리 셋째는 무엇입니까?
(엡 5:22, 남편의 뜻을 존중해야 함)

주간 경건의 시간 <20> · 날마다 말씀과 함께

요일 / 내용	월(Mon)	화(Tue)	수(Wed)	목(Thu)	금(Fri)	토(Sat)
찬송	465/ 407	193/ 259	485/ 366	235/ 200	433/ 383	368/ 326
성경	잠 26:	잠 27:	잠 28:	잠 29:	잠 30:	잠 31:
적용	온유한 입술	외인으로 칭찬하게	가증한 기도	자식을 징계하라	필요한 양식	현숙한 여인

* 거짓말을 할 수 없는 자는 어린이와 바보뿐이다.

<존 헤이우도, 1497?~1580?, 영국 작가>

가정 천국을 이뤄가자

찬송 / 455, 456, 458/ 새 370, 430, 405

성경 / 여호수아 24:15-18

요절 / 로마서 14:17

"하나님의 나라는 먹는 것과 마시는 것이 아니요 오직 성령 안에서 의와 평강과 희락이라."

목표/ 가정에서 천국을 이뤄가는 태도를 기른다.

시작하는 말

예수님은 복음을 전파하면서 "하나님의 나라가 가까이 왔다"(막 1:15)고 선언했습니다. 더 나아가 "하나님의 나라는 너희 안에 있느니라"(눅 17:21)고 말씀했습니다. 이 말씀은 그리스도 안에 있는 성도들은 '거룩한 백성'(출 19:6)이요, 아브라함의 자손이요, 약속대로 유업을 이을 자(갈 3:29)로서 당연히 하나님의 나라를 이루기 위해 힘을 써야 하는 존재임을 밝혀주고 있는 것입니다. 화목을 통해서 '가정 천국'을 이뤄가는 성도 여러분 되시기를 바랍니다. 화목한 가정천국을 이루려면 어떻게 해야 할까요?

오늘의 말씀

1. 하나님을 가정의 중심에 모셔야 합니다(수 24:15)

대부분의 가정들은 가정에 문제가 생기면 자신들의 지혜와 노력으로 해결하려고 합니다. 하나님을 모르기 때문에 자신들의 지혜와 생각이 최선의 방법이라고 생각합니다. 그러나 하나님 아들로서 세상에 오신 그리스도께서는 십자가의 큰 문제를 놓고 겟세마네 동산에서 피땀을 흘리시면서 하나님께 기도했습니다. 결국 아버지의 뜻을 따라 십자가를 지셨습니다. 크리스천의 삶은 전폭적으로 하나님을 중심에 모시고, 그분을 기쁘시게 하며, 그분의 뜻을 순종하는 것이 우리의 도리를 다하는 것입니다. 그러기에 주님께서는 "누구든지 하나님의 뜻대로 하는 자는 내 형제요, 자매요 모친이니라"(막 3:35)고 했습니다.

· 함께 읽어요 : 히브리서 11장 8절

"만일 여호와를 섬기는 것이 너희에게 좋지 않게 보이거든 너희 열조가 강 저편에서 섬기던 신이든지 혹 너희의 거하는 땅 아모리 사람의 신이든지 너희 섬길 자를 오늘날 택하라 오직 나와 내 집은 여호와를 섬기겠노라."

2. 경건에 이르기를 연습하는 가정이어야 합니다(딤전 4:7)

성도의 가정은 서로가 인간의 한계성을 인정하고, 하나님의 말씀을 기초로 하여 완전을 위하여 노력하는 공동체입니다. 그러므로 성도는 항상 그리스도의 성품을 본받아 자신을 새롭게 창조해가야 하는 것입니다. 이는 매일 매일 하나님의 말씀을 통해 하나님의 선하시고 기뻐하시는 뜻이 무엇인지를 깨달아 자신의 생활을 변화시켜 나갈 때 이루어지는 것입니다. 그래서 바울 사도는 "위엣 것을 생각하고 땅엣 것을 생각지 말라"(골 3:2)고 했습니다. 성경에 위대한 인물들도 실수와 부족함이 있었지만 이를 극복하고 새로운 인격들로 거듭나기를 연습했던 것입니다. 야고보 사도는 "하나님 아버지 앞에서 정결하고 더러움이 없는 경건은 곧 고아와 과부를 그 환난 중에 돌아보고 또 자기를 지켜 세속에 물들지 아니하는 이것이니라"(약 1:27)고 했습니다. 택하심을 받은 천국 백성들은 하나님 나라 백성으로서 합당한 인격으로 거듭나 화목한 가정을 만들어 가시기를 바랍니다.

· 함께 읽어요 : 디모데전서 4장 7절
"망령되고 허탄한 신화를 버리고 오직 경건에 이르기를 연습하라."

3. 하나님의 사랑을 실천하는 가정이어야 합니다(레 19:18)

우리는 세상을 살아가면서 내 유익만을 구할 때가 많습니다. 세상 사람들처럼 많은 사람들이 자신의 유익만을 극대화하는 수단으로 단체들을 이용한다면 어려움을 겪을 것입니다. 서로의 유익은 양보와 헌신 속에서 이루어집니다. 그렇지 못할 때 세상은 고통과 불화로부터 피할 수 없을 것입니다. 가정은 서로의 양보와 희생, 화목하려는 노력 속에서 하나님의 사랑이 넘쳐나는 공동체로 꾸며갈 수 있어야 합니다. 주님은 "새 계명을 너희에게 주노니 서로 사랑하라. 내가 너희를 사랑한 것 같이 서로 사랑하라"(요 13:34)고 하셨습니다.

사랑하는 성도 여러분! 바울 사도는 "아무 일에든지 다툼이나 허영으로 하지 말고 오직 겸손한 마음으로 각각 자기보다 남을 낫게 여기라"(빌 2:3)고 하였습니다. 성도의 가정이 하나님께서 기뻐하시는 가정이 되려면 우리 가정은 믿음 안에서 진실한 겸손과 신뢰가 있어야만 하는 것입니다. 성경은 분명히 "교만은 패망의 선봉이요, 거만한 마음은 넘어짐의 앞잡이니라"(잠 16:18)고 말씀합니다. 성도의 가정이나 교회가 세상 사람들에게 인정을 받으려면 자기보다 남을 낫게 여겨야하고, 어렵고 힘들더라도 서로 화목하고 희생정신으로 나가야 합니다. 그래서 주님을 기쁘시게 하는 화목한 가정들이 되시기를 바랍니다.

· 함께 읽어요 : 레위기 19장 18절
"원수를 갚지 말며 동포를 원망하지 말며 이웃 사랑하기를 네 몸과 같이 하라 나는 여호와니라."

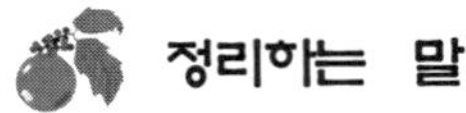

정리하는 말

사랑하는 성도 여러분! 하나님의 나라를 가정에서 이룬다는 것은 쉬운 일이 아닙니다. 그러나 각자 성도들이 자신에게 주어진 달란트를 확실하게 깨닫고, 주님 안에서 노력하면 결코 어려운 일도 아닙니다. 바울은 우리에게 "너희는 도를 행하는 자가 되고 듣기만 하여 자신을 속이는 자가 되지 말라"(약 1:22)고 했습니다. 성도 여러분! 여러분들의 가정 구성원들이 말씀을 듣고 실천하여 하나님의 나라가 여러분들의 가정에 임하여 화목한 가정들이 되시기 바랍니다.

평가와 결심

1. 가정 천국을 이뤄가기 위해서 첫째 어떻게 해야 합니까?
   (수 24:15, 하나님을 가정 중심에 모셔야 함)
2. 가정 천국을 이뤄가기 위해서 둘째 어떻게 해야 합니까?
   (딤전 4:7, 경건에 이르기를 연습해야 함)
3. 가정 천국을 이뤄가기 위해서 셋째 어떻게 해야 합니까?
   (레 19:18, 하나님의 사랑을 실천해야 함)

주간 경건의 시간 <21> · 날마다 말씀과 함께

요일 / 내용	월(Mon)	화(Tue)	수(Wed)	목(Thu)	금(Fri)	토(Sat)
찬송	401/ 359	433/ 515	404/ 304	411/ 563	416/ 294	423/ 374
성경	수 19:	수 20:	수 21:	수 22:	수 23:	수 24:
적용	회막문 여호와	도피성	손에 붙이셨다	형제와 나눌지니라	여호와를 사랑하라	내 집은 여호와를

* 배우지 않으려면 태어나지 않는 편이 낫다. <존 헤이우드, 영국 작가, 시인>

하나님께 충성하자

찬송 / 418, 362, 415/ 새 299, 217, 292
성경 / 신명기 6:4-9
요절 / 신명기 6:5

"너는 마음을 다하고 성품을 다하고 힘을 다하여 네 하나님 여호와를 사랑하라."

목표/ 하나님께 충성을 방법과 태도를 기른다.

시작하는 말

오늘날 크리스천들은 말로는 하나님을 사랑한다고 하면서 그들의 생활에서는 하나님 없이 살아가는 경우가 허다합니다. 하나님께서는 세상을 '이처럼' 사랑하사 독생자를 주셨다고 했습니다. 얼마나 사랑하는가를 표현할 수 없어서 '이처럼' 이라고 표현했습니다. 성경에는 구체적인 방법을 제공해 주시면서 하나님께 충성하고 사랑하는 방법에 대하여 말씀했습니다. 그 방법과 태도가 무엇일까요?

오늘의 말씀

1. 마음을 다하여 하나님을 사랑해야 합니다(마 5:3)

예수께서는 산상보훈에서 팔복을 말씀했습니다. 그 첫째가 심령이 가난한 자는 복이 있다고 했습니다. 가난한 마음은 물질의 부족을 느끼는 마음이 아닙니다. 성경에서 가난한 마음이란 하나님을 필요로

하는 마음입니다. 세상에서 하나님 없이는 도저히 살아갈 수 없다고 생각하는 그 마음입니다. 죄로 물든 마음을 나 자신의 노력이나 능력으로 깨끗하게 씻을 수 없습니다. 오직 예수 그리스도의 보혈의 공로로만 가능한 것입니다. 철학과 자기주장으로 꽉 찬 부유한 마음에는 주님이 계실 곳이 없습니다. 모든 것이 자기가 옳고 자기가 의롭다고 생각하는 마음 말입니다. 마치 바리새인과도 같은 교만한 마음입니다. 예레미야는 인간의 마음이란 만물보다 거짓되고 심히 부패하다고 했습니다(렘 17:9). 깨끗하고 청결한 마음으로 전력을 다해 주님께 충성을 바치는 마음으로 주님을 구세주로 영접하고 성령으로 지배를 받는 새 마음(겔 6:26)으로 충성을 다하시기를 바랍니다.

· 함께 읽어요 : 에스겔 36장 26~27절

"26 또 새 영을 너희 속에 두고 새 마음을 너희에게 주되 너희 육신에서 굳은 마음을 제하고 부드러운 마음을 줄 것이며 27 또 내 신을 너희 속에 두어 너희로 내 율례를 행하게 하리니 너희가 내 규례를 지켜 행할지라."

2. 힘을 다하여 하나님을 사랑해야 합니다(요일 3:17)

여기 '힘을 다 해'라는 말에서 '힘'이라는 헬라어 '이스쿠스'(*ἰσχύς*)는 '강력함, 능력, 권세, 권능, 힘'을 의미하는데, 이 힘은 장사의 힘을 의미하지 않습니다. 이것은 재능이나 권력, 학식 등의 구체적인 능력을 의미합니다. 그러므로 크리스천은 하나님께서 주신 재능, 즉 달란트(talent)를 활용하여 하나님을 섬기고 사랑해야 합니다.

사실 보이지 아니하는 하나님을 사랑한다는 것은 하나님의 형상을 지닌 사람을 섬기고 사랑하는 것입니다. 자신이 소유하고 있는 재능으로, 권력으로, 그리고 학식으로 인류를 위해 주님의 몸 된 교회를 위해 최대한 봉사해야 하는 것입니다.

예수님은 '네 보물이 있는 곳에 네 마음도 있다'고 했습니다. 현대인의 삶에서 돈만 있으면 거의 모든 일이 해결되다시피 합니다. '황금만능주의'라는 말이 실감이 날 정도로 말입니다. 하나님의 일이나 교회를 위하여, 그리고 가난한 자를 위하여 자신이 가진 재물을 내놓는다는 것은 하나님께 칭찬받을만한 일이요, 이 재물로 궁핍한 형제를 도와주는 것이야말로 하나님을 사랑하는 방법 중의 하나입니다.

· 함께 읽어요 : 요한일서 3장 17~18절

"17 누가 이 세상 재물을 가지고 형제의 궁핍함을 보고도 도와줄 마음을 막으면 하나님의 사랑이 어찌 그 속에 거할까보냐 18 자녀들아 우리가 말과 혀로만 사랑하지 말고 오직 행함과 진실함으로 하자."

3. 성품을 다하여 하나님을 사랑해야 합니다(롬 14:8)

본문에서 '성품'을 나타내는 히브리어 '네페쉬'(נֶפֶשׁ)라는 말은 '영혼, 호흡, 생명'을 뜻합니다. 신약에서는 신명기 6장 5절의 '성품'을 '목숨'(마 22:37; 눅 10:27)으로 번역하고 있습니다. 그러므로 '성품을 다하여 사랑하라'는 말은 곧 '목숨을 다하여 사랑하라'는 말입니다. 우리 인간은 아무리 생색을 내고 큰 소리를 쳐도 창조주 하나님께로부터 지음을 받아 생명을 받아 살고 있습니다. 하나님께 속한 존재라는 말씀입니다. 생명을 인간의 의지대로 끊어버리는 낙태는 하나님으로부터 받은 생명을 살해하는 무서운 죄악입니다. 우리 크리스천들의 신앙과 삶의 모범이신 그리스도께서 사신 것처럼 하나님의 뜻을 따라 십자가에서 생명을 바쳐 사랑한 것처럼 하나님을 사랑하시기 바랍니다.

· 함께 읽어요 : 로마서 14장 8절

"우리가 살아도 주를 위하여 살고 죽어도 주를 위하여 죽나니 그러므로 사나 죽으나 우리가 주의 것이로라."

정리하는 말

사랑하는 성도 여러분! 하나님을 사랑한다는 것은 하나님의 형상으로 지음 받은 우리들의 본분입니다. 이생들은 하나님의 사랑을 받으며 또한 하나님을 사랑하며 살아가도록 되어 있습니다. 따라서 하나님을 사랑하지 않는 삶이란 비정상적입니다. 말로만이 아니라 마음과 힘과 성품을 다하여 하나님을 사랑하며 충성을 다하시기를 바랍니다.

평가와 결심

1. 하나님께 충성하고 사랑하는 방법 첫째는 무엇인가?
(신 6:5, 마음을 다해)
2. 하나님께 충성하고 사랑하는 방법 둘째는 무엇인가?
(신 6:5, 성품을 다해)
3. 하나님께 충성하고 사랑하는 방법 셋째는 무엇인가?
(신 6:5, 힘을 다해)

주간 경건의 시간 <22> · 날마다 말씀과 함께

요일 / 내용	월(Mon)	화(Tue)	수(Wed)	목(Thu)	금(Fri)	토(Sat)
찬송	26/ 22	368/ 326	82/ 95	89/ 89	369/ 218	102/ 94
성경	신 2:	신 3:	신 4:	신 5:	신 6:	신 7:
적용	앞서시는 하나님	성품을 완강케	지켜 행하라	오늘날 여기	마음 성품 힘을 다해	가장 적은 민족

* 의지를 행사할 수 있는 자에게는 불가능한 것이란 없다.<에머슨> 미국 시인

자신에게 충실하자

찬송 / 186, 265, 337/ 새 254, 516, 279

성경 / 고린도후서 8:1-5

요절 / 고린도후서 13:5

"너희가 믿음에 있는가, 너희 자신을 시험하고 너희 자신을 확증하라 예수 그리스도께서 너희 안에 계신 줄을 너희가 스스로 알지 못하느냐 그렇지 않으면 너희가 버리운 자니라."

목표/ 성도는 자신에게 충실하게 살아가는 태도 기른다.

시작하는 말

사람이 세상을 살아가노라면 수많은 환난과 역경을 만납니다. 인생에서 고난과 역경을 만나면 사람들은 좌절과 두려움 속에 깊이 빠져듭니다. 눈앞이 깜깜하고 정신이 아득해집니다. 그럼에도 불구하고 현실을 직시하면서 꿈과 비전을 키우며 자신에 충실하고 최선의 노력을 다해야 합니다. 하나님께서 성도들에게 주시고자 하시는 화목하고 궁극적인 행복을 위해 자신이 어떤 점에 충실해야 하겠습니까?

오늘의 말씀

1. 지성과 영성에 충실하도록 훈련해야 합니다(딤전 4:12~15)

우리가 세상에서 어려움을 극복하려면 자신의 한계를 느끼지만 포기하지 않는 불굴의 정신이 필요합니다. 과거의 실패의 경험을 교훈

삼아 성공하지 못한 원인을 분석하고 문제점을 보완해야 합니다. 현실적인 문제를 직시하여 해결책을 발견하고 문제를 극복해야 하는 것입니다. 그러려면 먼저 예리한 지성을 훈련하십시오. 그리고 매일의 삶 속에서 영성을 길러 지성과 영성이 충만하도록 힘써 노력하십시오. 그래서 순발력이 뛰어나고 매사에 적극적이며, 생각이 건전하고 정신과 마음과 영혼이 강건한 사람이 되도록 해야 할 것입니다.

· 함께 읽어요 : 로마서 7장 22-24절

"12 누구든지 네 연소함을 업신여기지 못하게 하고 오직 말과 행실과 사랑과 믿음과 정절에 대하여 믿는 자에게 본이 되어 13 내가 이를 때까지 읽는 것과 권하는 것과 가르치는 것에 착념하라 14 네 속에 있는 은사 곧 장로의 회에서 안수 받을 때에 예언으로 말미암아 받은 것을 조심 없이 말며 15 이 모든 일에 전심전력하여 너의 진보를 모든 사람에게 나타나게 하라 16 네가 네 자신과 가르침을 삼가 이 일을 계속하라 이것을 행함으로 네 자신과 네게 듣는 자를 구원하리라."

2. 매사에 긍정적이고 창조적이어야 합니다(딤전 4:4~5)

꿈과 비전을 간직하고 이루어가려는 사람은 자신의 안일과 행복만을 추구하지 않습니다. 무슨 일을 당하든지 그 문제를 긍정적인 시각에서 해결해 보려 하고 자신이 가진 지식과 재능과 노력을 다합니다. 항상 열린 마음으로 어려운 이웃들에게 관심을 갖고 손을 벌려 그들을 품에 끌어안고, 사랑의 가슴을 내밉니다. 바로 인생은 살맛나고 보람 있다고 노래하면서 함께 손을 잡습니다. 사회가 어두워질 때 한줄기의 사랑의 빛을 비출 줄 알아야 합니다. 이런 사람들은 행복합니다. 그와 함께 사는 사람들도 즐겁고 행복해 합니다. 이런 사람은 감성이 풍부해서 다른 사람을 이해하고 마음을 헤아릴 줄 압니다. 이런 흡인력과 감성과 지도력 때문에 사회가 밝아지고 세상은 살맛나며 역사가 빛나는 것입니다. 고생을 맛보고 사랑을 함께 나눌 줄 아는 그런 소수의 사람들 때문에 세상은 밝아지고, 다수의 사람들에게 승리의 기쁨과 즐거움을 맛보도록 합니다. 이런 사람, 역경지수가 높은 사람들이 행복과 즐거움의 감도가 훨씬 더 높은 것입니다.

· 함께 읽어요 : 전도서 3장 12~13절
"12 사람이 사는 동안에 기뻐하며 선을 행하는 것보다 나은 것이 없는 줄을 내가 알았고 13 사람마다 먹고 마시는 것과 수고함으로 낙을 누리는 것이 하나님의 선물인 줄을 또한 알았도다."

3. 이웃과 더불어 살아가는 포용력을 가져야 합니다(전 4:12)

피조물인 인간은 여전히 유한한 존재입니다. 시간과 공간의 한계 속에 제한을 받을 수밖에 없는 나약한 존재입니다. 참된 인생은 자신이 얼마나 연약한 존재며, 유한한 인생인지 스스로의 한계를 인식하고 살아갑니다. 자신의 부족함을 시인하고 솔직히 고백할 줄 아는 겸손한 사람입니다. 모르는 것을 모른다고 말하고, 안 되는 것은 안 된다고 하며, 못하는 것은 못한다고 시인합니다. 그럼에도 불구하고 그는 결코 포기하지 않고, 끊임없이 새로운 일을 시도하며 꿈과 비전을 갖고 쉼 없이 도전합니다. 자신에게 주어진 모든 일에 책임지고 다른 사람과 환경을 핑계하거나 원망하지 않습니다. 동역(同役)이 무엇인지를 알아 사람을 사랑하고 아무리 힘든 일이라도 그 일을 성취하기 위해 함께 최선을 다합니다. 이웃과 더불어 사는 법을 터득하고, 자신을 반대하는 사람까지 포용하며 사명을 위해 부지런하고 성실하게 뛰웁니다.

· 함께 읽어요 : 전도서 4장 12절
"한 사람이면 패하겠거니와 두 사람이면 능히 당하나니 삼 겹줄은 쉽게 끊어지지 아니하느니라."

정리하는 말

사랑하는 성도 여러분! 자신과 이웃을 위해 부단히 지성과 영성을 훈련하십시오. 겸허한 자세로 절대자 하나님을 의지하고, 강한 지도력, 진정한 용기, 참된 지도력을 얻기 위해 노력하십시오. 그래서 결국 역사에 거룩한 흔적을 남기는 사람이 되십시오. 자신에게 충실하게 살아간 훗날 주님께도 칭찬과 넉넉한 상을 받으실 것입니다.

평가와 결심

1. 자신에게 충실하려면 첫째 어떻게 해야 합니까?
   (딤전 4:12~15, 지성과 영성이 충만하도록 훈련함)
2. 자신에게 충실하려면 둘째 어떻게 해야 합니까?
   (딤전 4:4~5; 매사에 긍정적이고 창조적이어야 함)
3. 자신에게 충실하려면 셋째 어떻게 해야 합니까?
   (전도서 4:12, 이웃과 더불어 살아가는 포용력을 가져야 함)

주간 경건의 시간 <23> · 날마다 말씀과 함께

요일 / 내용	월(Mon)	화(Tue)	수(Wed)	목(Thu)	금(Fri)	토(Sat)
찬송	72/ 49	71/ 50	411/ 563	371/ 580	403/ 303	176/ 186
성경	고후 8:	고후 9:	고후 10:	고후 11:	고후 12:	고후 13:
적용	거액의 연보	마음에 정한 대로	주안에서 자랑하라	약한 것을 자랑함	약한 데서 온전해 짐	성령의 교통하심이

* 고통은 축복을 가져다주는 지름길이다.

<마르틴 루터 1483~1546, 독일 종교개혁자>

제6단원 충성 봉사의 달

제24과

지역사회에 봉사하자

찬송 / 256, 328, 334/ 새 515, 512, 276

성경 / 야고보서 2:8-9

요절 / 요한일서 3:18

"자녀들아 우리가 말과 혀로만 사랑하지 말고 오직 행함과 진실함으로 하자."

목표/ 성도로서 지역사회에 봉사하는 삶의 태도를 배운다.

시작하는 말

인간은 홀로 살도록 지어진 존재가 아니라 이웃과 서르 사랑하며 화목하며 살아가도록 사회적인 존재로 지음 받았습니다. 이 세상에서 성도들이 귀하게 여기고 늘 관심을 가져야 할 대상이 있다면 하나님과 이웃일 것입니다. 하나님과의 관계도 중요하지단, 이웃과의 관계도 성도의 행복의 변수가 되는 중요한 문제입니다. 성도는 자신과 이웃이 함께 살아가고 있는 지역사회에 대하여 어떻게 봉사해야 할까요?

오늘의 말씀

1. 이웃을 내 몸과 같이 사랑해야 합니다(마 22:39)

하나님께서 우리 성도들에게 주신 삶은 이웃을 미움의 대상으로가 아니라 사랑의 대상으로 살라는 것입니다. 이웃은 바로 하나님께서 생존의 동반자로서 창조해 주신 '창조적 동반자'요, '사랑의 통로'입니다. 구약성경에서 '이웃'을 뜻하는 말은 '친구', '동반자'라는 뜻입니다. 신약성경에서 '이웃'이라는 말은 '한 집에 사는 식구'라는 뜻을 가졌습니다. 이웃은 삶의 한 지체요, 즉 공동 운명체적 존재이니 서로 사랑하며 살아가야 행복한 삶이 될 수 있는 것입니다. 이웃을 대하되 외모로 대하지 말고, 중심으로 뜨겁게, 지역사회와 이웃을 내 몸처럼 가꾸며 사랑하며 봉사해야 합니다.

· 함께 읽어요 : 야고보서 2장 8~9절

"8 너희가 만일 경에 기록한 대로 네 이웃 사랑하기를 네 몸과 같이 하라 하신 최고한 법을 지키면 잘하는 것이거니와 9 만일 너희가 외모로 사람을 취하면 죄를 짓는 것이니 율법이 너희를 범죄자로 정하리라."

2. 이웃에게 선을 행하면서 도와주어야 합니다(출 22:25-27)

성도들이 세상에서 바르게 살아나가는 방법은 "돈을 사랑치 말고 있는 바를 족한 줄로 알라"(힘 13:5)는 말씀처럼 먼저는 물욕에 사로잡히지 않고, 자신에게 있는 것을 족한 줄로 알아야 합니다. 자신에게 주어진 것에 만족하지 못하고 지나친 욕심을 가지면 시기와 다툼이 일어납니다. 성경에서는 이웃에 대한 착취나 도둑질에 대하여 엄히 경계했습니다(레 19:11~13). 왜냐하면 그들은 우리의 이웃이기 때문입니다. 이웃에게 억울하게 함으로 그로 인하여 하나님께 호소하면 주님의 심판을 면할 수 없는 것입니다.

이웃에 대하여 사랑을 행하는 적극적인 행위는 어려움을 당했을 때 그들을 도와주는 것입니다. 주님께서는 선한 사마리아인의 비유에서 진정한 이웃이란 자비를 베푼 자요, 진정한 이웃의 조건은 어려움을 외면하지 않는다고 교훈하고 있습니다(눅 10:33~37). 성도가 이웃에 대한 책임을 다한다는 것은 참으로 어려우나 아름다운 일입니다. 그러므로 지역사회에 선행을 하면서 이웃과 화목하며 살아가시기를 바랍니다.

· 함께 읽어요 : 출애굽기 22장 25~27절

"25 네가 만일 너와 함께한 나의 백성 중 가난한 자에게 돈을 꾸이거든 너는 그에게 채주 같이 하지 말며 변리를 받지 말 것이며 26 네가 만일 이웃의 옷을 전당잡거든 해가 지기 전에 그에게 돌려보내라 27 그 몸을 가릴 것이 이뿐이라 이는 그 살의 옷인즉 그가 무엇을 입고 자겠느냐 그가 내게 부르짖으면 내가 들으리니 나는 자비한 자임이니라."

3. 자신을 지켜 이웃에게 덕을 세워야 합니다(롬 15:2)

바울 사도는 로마서 14장 18~19절에서 "이로써 그리스도를 섬기는 자는 하나님께 기뻐하심을 받으며 사람에게도 칭찬을 받느니라. 이러므로 우리가 화평의 일과 서로 덕을 세우는 일을 힘쓰나니"라고 했습니다. 그렇습니다. 크리스천은 위로 하나님을 기쁘시게 할 뿐만 아니라 이웃에게도 칭찬을 받고, 화평함과 덕을 세우도록 해야 하는 것입니다. 성도는 하나님의 은혜로 옛 생활을 청산하고 변화되어 이웃에게 짐이 되는 삶이 아니라 사랑과 기쁨과 소망을 주며, 덕을 세우는 삶을 살아가야 되는 것입니다. 성도가 하나님을 섬긴다고 하면서, 세상에서 그리스도인으로서의 직임을 다하지 못한다면 문제가 되는 것입니다. 위로 하나님을 사랑하고, 아래로 이웃에게 사랑과 기쁨을 나누어주어야 하는 것입니다. 성도는 분명 남에게 대접을 받는 것보다 지역사회와 이웃을 사랑하고 섬겨야 합니다. 이웃을 섬기고 사랑하면서 지역사회에 덕을 세워가며 살아가시기를 바랍니다.

· 함께 읽어요 : 로마서 15장 1~2절

"1 우리 강한 자가 마땅히 연약한 자의 약점을 담당하고 자기를 기쁘게 하지 아니할 것이라 2 우리 각 사람이 이웃을 기쁘게 하되 선을 이루고 덕을 세우도록 할지니라."

정리하는 말

사랑하는 성도 여러분! 여러분들은 정말 이웃을 사랑합니까? 미워하는 이웃이 없습니까? 여러분들의 이웃도 주님께서 십자가를 지심으로 구속하셔서 하나님의 자녀요, 형제요 자매로 삼아주셨습니다. 이웃은 우리의 미움의 대상이 아니라 사랑의 대상이며, 행복을 함께 나눌 자들입니다. 먼저는 하나님 사랑하시고, 이웃에게 섬김과 사랑의 의무를 다하시면 여러분들의 삶은 화목하고 행복한 삶으로 바뀔 것입니다.

평가와 결심

1. 지역사회와 이웃을 사랑하는 방법 첫째는 무엇입니까?
   (약 2:8~9, 이웃을 내 몸과 같이 사랑해야 합니다)
2. 지역사회와 이웃을 사랑하는 방법 둘째는 무엇입니까?
   (출 22:25~27, 이웃에게 선을 행해야 함)
3. 지역사회와 이웃을 사랑하는 방법 셋째는 무엇입니까?
   (롬 15:2, 이웃에게 선을 이루고 덕을 세워야 함)

주간 경건의 시간 <24> · 날마다 말씀과 함께

요일 / 내용	월(Mon)	화(Tue)	수(Wed)	목(Thu)	금(Fri)	토(Sat)
찬송	399/ 546	340/ 542	344/ 545	82/ 95	176/ 186	265/ 516
성경	약 1:	약 2:	약 2:	약 3:	약 4:	약 5:
적용	진리의 말씀으로	믿음에 부요하게	행함이 없는 믿음	찬송과 저주	잘 못 구함	욥의 인내

* 기쁨의 눈물은 첫째 물의 진주요, 슬픔의 눈물은 두 번째 것에 불과하다.
<쟝 파울 리히터 1763~1826>

6단원 충성 봉사의 달

나라에 충성을 다하자

찬송 / 424, 456, 458/ 새 380, 430, 405

성경 / 로마서 13:1-7

요절 / 잠언 28:20

"충성된 자는 복이 많아도 속히 부하고자 하는 자는 형벌을 면치 못하리라."

목표/ 성도로서 나라와 충성하며 애족하는 태도를 기른다.

시작하는 말

도산 안창호 선생은 취조하는 일본인 검사에게 "나는 밥을 먹어도 우리나라의 독립을 위해, 잠을 자도 우리나라의 독립을 위해 잤다. 이것은 내 목숨이 없어질 때까지 변함이 없을 것이다"라고 달하여 검사의 말문을 막았습니다. 신앙인은 애국자여야 합니다. 알렉산더는 무력으로 세계를 제패했습니다. 그러나 천하를 제패한 제왕도 갈 때는 빈손으로 돌아감을 백성들에게 깨우쳐주었습니다. 빈손으로 왔다가 빈손으로 가는 인생, 우리가 무엇으로 어떻게 나라에 충성해야 할까요?

오늘의 말씀

1. 모든 일에 마음으로 충성해야 합니다(계 1:10)

바울은 집사의 자격을 말하면서 "…절제하며 모든 일에 충성된 자라야 할지니라"(딤전 3:11)고 했습니다. 그렇습니다. 하나님의 교회에도 충성해야 하고, 나라에도 애국심을 가져야 하는 것입니다.

사람은 누구나 세상에 살아있는 동안 잘났건 못났건 태어난 조국이 있습니다. 성경의 위대한 인물들은 모세나 다윗이나 바울, 모두 그들의 조국인 나라에 충성을 다했습니다. 성도는 내 재능, 내 지식, 내 재산, 내 직장, 내 가정, 심지어 내 생명까지도 하나님의 것임을 명심해야 합니다. 오직 얼마 동안 잘 관리하라고 맡겨주었을 뿐입니다. 그렇기에 이 진리를 깨달은 베드로는 "너희는 선한 청지기가 되라"고 했고, 바울 사도는 "맡은 자에게 구할 것은 충성이니라"고 말씀했습니다(고전 4:2).

· 함께 읽어요 : 요한계시록 1장 10절
"네가 장차 받을 고난을 두려워 말라 볼지어다. 마귀가 장차 너희 가운데서 몇 사람을 옥에 던져 시험을 받게 하리니 너희가 십일 동안 환난을 받으리라 네가 죽도록 충성하라 그리하면 내가 생명의 면류관을 네게 주리라."

2. 선한 충성을 다해야 합니다(딛 2:10)

마태복음 25장에 나오는 달란트 비유는 주님의 재림을 기다리고 하나님 나라를 바라보면서 종말의 때를 살아가는 사람들에게 지금 무엇을 해야 하며, 어떻게 인생을 살아야 하는가를 말해줍니다. 주인이 먼 나라에 가면서 세 사람의 종을 불러 자기의 소유를 맡겼습니다. 본래 종에게는 소유권이 없습니다. 종 자신도 주인의 것이요, 주인의 소유에 불과했습니다. 하나님께서 왜 우리들에게 재능을 주시고, 직분까지 주셨습니까? 주인이신 하나님을 위해, 이 땅에 하나님 나라를 세워 가는 일에 충성하라고 주신 것입니다. 그런데 우리는 이 모든 것을 내 것이라고 생각할 때가 너무도 많습니다. 그리고 내 마음대로 할 수 있다는 착각에 빠져 살고 있습니다. 당신이 태어난 이 조국에, 그리고 십자가의 보혈로 구속해 주셔서 백성 삼아주신 하나님 나라에 선한 충성을 다하셔서 화목한 가정, 행복한 인생을 살아가시기를 바랍니다.

· 함께 읽어요 : 디도서 2장 10절2

"떼어 먹지 말고 오직 선한 충성을 다하게 하라 이는 범사에 우리 구주 하나님의 교훈을 빛나게 하려 함이라."

3. 영원한 나라를 세우는 손이 되어야 합니다(느 4:17)

프랑스의 어느 마을에 예수님의 대리석 조각상이 있었습니다. 세계대전이 한창이던 어느 날 폭탄이 그 마을 가까이에 떨어져 그 조각상이 그만 산산 조각이 나고 말았습니다. 전쟁이 끝나고 적군이 물러가자 마을사람들은 그들이 아끼던 그 조각상의 조각들을 찾아서 다시 세우기로 했습니다. 그것은 미켈란젤로나 베르니니의 작품은 아니었지만 그 조각상은 마을 사람들의 삶의 일부였고, 그들은 무척 아꼈습니다. 다시 붙여 만든 상처투성이의 몸체는 여전히 아름다웠습니다. 그러나 문제는 그 조각상의 양손을 발견할 수가 없었습니다. '손이 없는 그리스도는 더 이상 그리스도라고 할 수 없다' 누군가가 그렇게 한탄했습니다. '상처투성이의 손이라도 괜찮다. 하지만 손이 없어서야 어떻게 주님이라고 하겠는가? 결국 새로 조상을 세우는 수밖에 없다.' 그때 어떤 사람이 한 가지 제안을 했습니다. 조각품의 받침대에 '나에겐 손이 없지만 당신들에게는 손이 있도다' 라고 쓰여 진 놋 쇠판을 붙이는 것이었습니다. 수년 후에 놋 비문에는 다음과 같은 시(詩)가 붙여졌습니다. "내겐 손이 없으나 오늘 내 일을 행할 너희의 손이 있도다. 내겐 발이 없으나 사람들을 옳은 길로 인도할 너희의 발이 있도다. 내겐 입이 없으나 사람들에게 내가 어떻게 죽었는지 말해줄 너희의 입이 있도다. 이제 내 손을 힘 있게 하소서." 그렇습니다. 바로 여러분 모두의 손들이 이 나라와 주님의 일에 충성을 다하는 아름다운 손들이 되시기를 바랍니다.

· 함께 읽어요 : 느헤미야 4장 17절

"성을 건축하는 자와 담부하는 자는 다 각각 한 손으로 일을 하며 한 손에는 병기를 잡았는데"

정리하는 말

사랑하는 성도 여러분! 우리에게는 조국이 있습니다. 프란체스코는 '주여! 나를 평화의 도구로 써주소서'라고 노래했습니다. 잘 다듬어진 자만이 주님께 잘 쓰임 받게 될 것입니다. 성도들은 주님의 도구로서 우리는 끊임없이 변화되고 결단하여 하나님께 쓰임받기에 합당하도록 깨끗한 손! 숙련된 손들이 되시기 바랍니다. 여러분들도 조국의 도구로서 하나님 나라의 도구로서 쓰임 받는 주인공이 되시기를 바랍니다.

평가와 결심

1. 나라에 충성하려면 첫째는 어떻게 해야 합니까?
   (계 2:10, 모든 일에 충성을 다해야 함)
2. 나라에 충성하려면 둘째는 어떻게 해야 합니까?
   (딛 2:10, 선한 충성을 다해야 함)
3. 나라에 충성하려면 셋째는 어떻게 해야 합니까?
   (느 4:17, 영원한 하나님의 나라를 세우는 손이 되어야 함)

주간 경건의 시간 <25> · 날마다 말씀과 함께

요일 / 내용	월(Mon)	화(Tue)	수(Wed)	목(Thu)	금(Fri)	토(Sat)
찬송	106/ 101	269/ 522	320/ 530	319/ 529	371/ 580	373/ 503
성경	렘 23:	렘 24:	렘 25:	렘 26:	렘 27:	렘 28:
적용	의로운 가지	내 백성	진노의 잔	실로같이	거짓을 예언	쇠 멍에

* "정복할 수 있다고 믿는 자가 정복한다."<베르질리우스(B.C. 70-19)>

7단원 교육 내실의 달

제26과

하나님의 말씀을 가르치자

찬송 / 418, 417, 448/ 새 299, 295, 447

성경 / 마태복음 4:1-4

요절 / 히브리서 4:12

"하나님의 말씀은 살았고 운동력이 있어 좌우에 날선 어떤 검보다도 예리하여 혼과 영과 및 관절과 골수를 찔러 쪼개기까지 하며 또 마음의 생각과 뜻을 감찰하나니"

목표/ 생명의 양식인 하나님의 말씀을 열심히 배우는 태도를 기른다.

시작하는 말

하나님의 말씀인 신 · 구약 66권의 성경을 '정경'(Kanon)이라고 부르는데, 이는 고대인들이 '잣대'로 쓰던 '곧은 갈대'에서 유래되었습니다. 이는 우리 그리스도인에게 하나님의 말씀이 생명이요, 구원의 말씀임을 의미합니다. 바울은 믿음의 후계자 디모데에게 "너는 갈씀을 전파하라 때를 얻든지 못 얻든지 항상 힘쓰라"(딤전 4:2)고 말씀했습니다. 전도뿐만 아니라 교회 교육의 동기, 목적, 방법 등 그리스도인의 모든 삶의 기준이 하나님의 말씀인 성경만을 교육의 근거요, 표준으로 삼아야 한다는 것입니다. 이에 대해 은혜를 나누고자 합니다.

오늘의 말씀

1. 하나님의 말씀이 교육의 근거이어야 합니다(마 4:4)

누가 무어라 해도 기독교교육의 근거는 하나님의 말씀인 성경입니다. 예수님께서 마귀에게 시험을 받으실 때에 하나님의 말씀으로써 물리치셨습니다. 출애굽 이후 하나님께서는 이스라엘을 지키신 모든 과거의 축복을 기억하고 가르치라고 말씀합니다. 그리스도인의 신앙을 굳게 하며 역경에서 승리할 수 있는 것은 말씀입니다. 성경은 우리 그리스도인은 말씀을 마음에 새기고, 자녀에게 부지런히 가르칠 것을 명하셨습니다(신 6:4~9). 오늘날 교육이 국가의 운명을 좌우하는 시금석이기에 '교육입국'(敎育立國)을 강조하고 있습니다. 성도 여러분! 하나님의 말씀인 성경을 제대로 배우고 가르쳐서, 하나님 나라의 건설을 위해 실력 있고, 건실한 일꾼들이 되시기를 바랍니다.

· 함께 읽어요 : 신명기 6장 6~7절
"6 오늘날 내가 네게 명하는 이 말씀을 너는 마음에 새기고 7 네 자녀에게 부지런히 가르치며 집에 앉았을 때에든지 길에 행할 때에든지 누웠을 때에든지 일어날 때에든지 이
말씀을 강론할 것이며"

2. 하나님의 말씀은 생명을 살리는 능력이 있습니다(히 4:12)

하나님의 말씀의 확실한 성격을 시편 기자는 "여호와를 경외하는 도는 정결하여 영원까지 이르고 여호와의 규례는 확실하여 다 의로우니"(시 19:9)라고 했습니다. 온갖 축복의 말씀이 말씀 속에 가득 담겨져 석류알 같이 가득 차있습니다. 미국 국회에 가면 도서관에 책이 수백만 권의 장서가 있고 하버드나 프린스턴에 가보면 도서관이 굉장히 큽니다. 이런 책들은 모두 인간의 지식이요, 경험에서 나온 것이며, 사람에게서 나온 것에 불과합니다. 그러나 성경은 다릅니다. 하나님께서 기록한 말씀, 하나님이 주신 진리의 말씀입니다. 신명기에 '너희들이 이 세상에 아무리 다녀 보아라. 신이, 하나님이 사람에게 말한 신(神)과 책이 있느냐 없느냐, 이 세상 어디든지 너희들이 한 번 보라'는 것입니다(신 4:5~8). 기독교는 오늘날까지 사람의 말을 연구하지 않고

끊임없이 하나님의 말씀을 연구하고, 이 말씀만 선포하여 이천년을 내려왔습니다. 이 말씀이 하나라도 잘못 되었더라면 기독교는 벌써 무너졌을 것입니다. 이 말씀 위에 세워졌기 때문에 교회가 든든하고 이 말씀에 세워진 나라마다 모두 든든한 것입니다. 세계를 움직이는 모든 나라들이 말씀대로 정치하고 말씀대로 국가를 세워서 통치하고 있는 것입니다. 하나님의 말씀은 힘이 있고 능력이 있습니다.

· 함께 읽어요 : 히브리서 4장 12절
"하나님의 말씀은 살았고 운동력이 있어 좌우에 날선 어떤 검보다도 예리하여 혼과 영과 및 관절과 골수를 찔러 쪼개기까지 하며 또 마음의 생각과 뜻을 감찰하나니"

3. 하나님의 말씀을 가르쳐 실천케 해야 합니다(신 4:10).

나라에는 법이 있고, 종교에는 교리가 있으며, 사회에는 규범 및 관례가, 생활에는 윤리와 도덕이 있습니다. 아무리 완벽하고 훌륭한 법이나 윤리가 있다 하더라도 가르쳐 행하지 아니하면 아무런 유익을 주지 못합니다. 우리나라가 면적이 좁고 인구수가 적다하더라도 자랑할 것은 교육열입니다. 아무리 어려워도 자녀들에게 대학공부를 시키려는 선친들 덕분에 우리나라가 세계의 경제선진국으로 발돋움할 수 있었던 것입니다. 교회교육의 제도가 아무리 잘 되어있어도 잘 가르치지 아니하면 그림의 떡입니다. 하나님의 '말씀 교육'만 제대로 한다면 이 나라와 한국교회는 희망이 있습니다. 우리나라의 살 길은 '하나님의 말씀교육'에 있습니다. 믿으시고 실천하시기 바랍니다.

· 함께 읽어요 : 신명기 4장 10절
"네가 호렙산에서 네 하나님 여호와 앞에 섰던 날에 여호와께서 내게 이르시기를 나를 위하여 백성을 모으라 내가 그들에게 내 말을 들려서 그들로 세상에 사는 날 동안 나 경외함을 배우게 하며 그 자녀에게 가르치게 하려 하노라 하시매"

정리하는 말

사랑하는 성도 여러분! 말씀은 본질적으로 하나님께 속한 것이므로 영원합니다. 그것은 변하지도 않으며, 떨어지지도 아니합니다. 하나님의 말씀으로 주안에서 제대로 교육 시켜서 영원한 하나님의 나라를 굳건히 세워 가시기를 바랍니다. "주의 말씀은 내 발에 등이요 내 길에 빛이니이다"(시 11:105)라고 고백한 시인의 말씀처럼 하나님의 말씀으로 든든하고 탄탄한 인생길을 놓아가시기를 바랍니다.

평가와 결심

1. 기독교교육의 근거는 무엇입니까?
   (마 4:4, 하나님의 말씀)
2. 하나님의 말씀의 위대함이 어디에 있습니까?
   (히 4:12, 살았고 능력이 있음)
3. 기독교교육에서 핵심적으로 무엇을 가르쳐야합니까?
   (신 4:10, 하나님의 말씀인 성경)

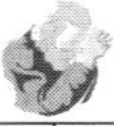

주간 경건의 시간 <26> · 날마다 말씀과 함께

요일 / 내용	월(Mon)	화(Tue)	수(Wed)	목(Thu)	금(Fri)	토(Sat)
찬송	361/ 327	368/ 326	367/ 341	370/ 330	369/ 218	344/ 545
성경	힙 2:	힙 3:	힙 4:	힙 5:	힙 6:	힙 7:
적용	교회에서 찬송하라	예수를 깊이 생각	하나님의 말씀	구원의 근원	복주고 복주며	평강의 왕

* 학교의 문을 여는 것은 감옥의 문을 닫는 것이다. <빅토르 위고(1802~1885>

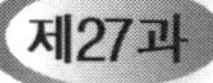

사랑을 사랑으로 가르치자

찬송 / 447, 465, 512/ 새 393, 407, 315
성경 / 요한일서 4:7-11
요절 / 에베소서 5:2
"그리스도께서 너희를 사랑하신 것 같이 너희도 사랑 가운데서 행하라 그는 우리를 위하여 자신을 버리사 향기로운 제물과 생축으로 하나님께 드리셨느니라."
목표/ 그리스도의 사랑을 배우고 실천하는 태도를 기른다.

시작하는 말

우리가 사는 세상은 고장 난 부분이 많습니다. 우리가 겪는 인생의 대부분의 문제는 사랑의 결핍과 사랑의 햇빛을 받지 못한 결과와 그 증후로서의 문제들입니다. 그리스도께서는 하나님에게서 멀리 떠난 불쌍한 인생들에게 십자가의 사랑으로 구원과 영생을 주시려고 오신 것입니다. 때문에 이 사랑이 우리들로 하여금 다른 이들을 교육하게 합니다. 주안에서 참된 교육은 이런 사랑의 터전위에 세워져야 합니다. 그럴 때에 올바른 성과와 열매를 기대할 수 있는 것입니다.

오늘의 말씀

1. 그리스도의 사랑이 우리를 살리셨습니다(빌 2:5~8)

주님은 하나님의 독생자로서 하나님과 동등하신 분이었지만 오히려 자기를 비어 종의 형체를 가져 사람들과 같이 되셨습니다. 사람의 모양으로 나타나셨으매 자기를 낮추시고 죽기까지 복종하셨으니 곧 십자가에 죽으심입니다. 주님은 우리 인간들을 사랑하시되 철저하게 자신을 내어주심으로 완전한 사랑을 실천했습니다. 그 사랑의 증거가 '십자가'입니다. 겟세마네 기도에서 십자가의 처절한 형벌의 잔을 피할 수만 있다면 마시지 않게 해달라고 기도했습니다. 그러나 당신이 십자가를 지시는 것이 하나님의 뜻이기에 순종했습니다. 기꺼이 십자가를 지심으로 죄악으로 죽었던 우리 인생들을 살리신 것입니다.

· 함께 읽어요 : 요한일서 4장 9~10절

"9 하나님의 사랑이 우리에게 이렇게 나타난바 되었으니 하나님이 자기의 독생자를 세상에 보내심은 저로 말미암아 우리를 살리려 하심이니라 10 사랑은 여기 있으니 우리가 하나님을 사랑한 것이 아니요 오직 하나님이 우리를 사랑하사 우리 죄를 위하여 화목제로 그 아들을 보내셨음이니라."

2. 그리스도의 사랑을 교육의 근거로 삼아야 합니다(엡 5:2)

바울은 에베소 교인들에게 '사랑을 입은 자녀같이 너희는 하나님을 본받는 자가 되고 그리스도께서 사랑하신 것 같이 너희도 사랑 가운데서 행하라'고 말씀했습니다. 이것은 그리스도인들이 그리스도의 사랑 안에서 행할 것을 명하신 것입니다. 기독교 교육은 반드시 그리스도의 십자가 사랑을 가르쳐야 합니다. 하나님 사랑, 이웃 사랑으로 솔선수범 하도록 말입니다. 하나님의 사랑을 받은 이들이 그리스도의 사랑을 가르치는 일 자체가 곧 기독교교육입니다. 세상에서는 가슴으로 정으로 교육하라고 합니다만 자신을 희생해서까지 사랑할 수 없는 노릇입니다. 그리스도의 사랑을 받아본 적이 없기 때문입니다. 그리스도의 사랑으로 가르쳐야 그리스도에게까지 자라갈 수 있는 것입니다. 그리스도의 사랑을 받은 그리스도인들이 그리스도의 사랑으로 피교육자들을 그리스도의 인격에 이르도록 가르쳐야 할 것입니다.

· 함께 읽어요 : 에베소서 4장 15절

"오직 사랑 안에서 참된 것을 하여 범사에 그에게까지 자랄지라. 그는 머리니 곧 그리스도라."

3. 그리스도의 사랑을 실천해야 합니다(고전 13:1-3)

바울은 고린도교회에 편지하면서 사랑이 가장 귀한 것이라고 했습니다. 교회 중에 몇을 세우셨는데, 사도요, 선지자요, 교사, 능력, 병 고치는 은사, 서로 돕는 것, 다스리는 것, 방언하는 것이라고 했습니다. 다양한 분야에 다 능할 수 있는 것은 아닙니다. 바울은 더욱 큰 은사를 사모하라 하면서 '사랑'을 강조하고 있습니다. 그렇습니다. 성도의 삶 중에 가장 좋은 삶의 방법은 '사랑'입니다. 성도는 교회라는 공동체의 일원일 뿐 아니라 세상이라는 공동체의 일원이기 때문에 사랑의 윤활유가 필요한 것입니다. 우리가 살고 있는 세상은 문제가 많고, 할 일이 많습니다. 우리 성도들은 멀리 서서 구경만 할 것이 아니라, 소금이 녹아지고, 양초가 태워져 그 본분을 다하듯이 사랑의 활력소가 되어 자신을 희생시켜야 세상이 소리 없이 변화되는 것입니다. 성도는 사랑에 바탕을 둔 자들입니다. 세상과의 진실한 관계를 유지하고자 한다면 주께서 각자에게 맡겨 주신 직임에 최선을 다해야만 합니다. 사랑하는 성도 여러분! 각자에게 주어진 임무에 충실하시고, 사랑으로 가르치고 배우는 참 교육으로, '신명나는 세상, 화목한 세상'을 만들어 가시기를 바랍니다.

· 함께 읽어요 : 마태복음 5장 13-16절

"1 내가 사람의 방언과 천사의 말을 할지라도 사랑이 없으면 소리 나는 구리와 울리는 꽹과리가 되고 2 내가 예언하는 능이 있어 모든 비밀과 모든 지식을 알고 또 산을 옮길만한 모든 믿음이 있을지라도 사랑이 없으면 내가 아무 것도 아니요 3 내가 내게 있는 모든 것으로 구제하고 또 내 몸을 불사르게 내어 줄지라도 사랑이 없으면 내게 아무 유익이 없느니라."

정리하는 말

사랑하는 성도 여러분! 그리스도의 사랑은 삶을 변화시키고 화목한 세상으로 바꾸는 교육의 원동력입니다. 우리들의 교육은 마땅히 사랑에 바탕을 둔 진실한 교육이어야 합니다. 하나님과의 관계를 비롯하여 이웃과의 관계, 세상과의 관계가 오직 그리스도의 사랑으로 정초(定礎)되어야 합니다. 여러분도 이와 같이 교육의 역군으로서 세상을 변화시키는 참 사랑교육을 실천해 가시기를 바랍니다.

평가와 결심

1. 세상과 성도가 무엇으로 생명을 얻었습니까?
(빌 2:5~8, 그리스도의 사랑)
2. 기독교 교육의 근거는 무엇입니까?
(엡 5:2, 그리스도의 십자가 사랑)
3. 기독교 참교육 방법은 무엇으로 해야 합니까?
(고전 13:1-13, 그리스도의 사랑)

주간 경건의 시간 <27> · 날마다 말씀과 함께

요일 / 내용	월(Mon)	화(Tue)	수(Wed)	목(Thu)	금(Fri)	토(Sat)
찬송	97/ 92	177/ 190	489/ 429	486/ 368	462/ 432	368/ 326
성경	아 2:	아 3:	아 4:	아 5:	아 6:	아 7:
적용	일어나서 함께 가자	마음에 사랑하는 자	잠근 동산 봉한 샘	먹으라 마시라	돌아오고 돌아오라	불이 꺼지지 못할 사랑

* 옥도 닦지 않으면 빛이 나지 않는다. <일본 속담>

7단원 교육 내실의 달

제28과

경건을 가르치자

찬송 / 186, 265, 369/ 새 254, 516, 218

성경 / 디도서 2:7-14

요절 / 디모데전서 4:8

"육체의 연습은 약간의 유익이 있으나 경건은 범사에 유익하니 금생과 내생에 약속이 있느니라."

목표/ 성도가 세상에서 경건하게 살아가는 삶의 태도 기른다.

시작하는 말

기독교는 사랑의 종교라고 하지만 신앙의 경건이 없는 사랑은 무가치합니다. '경건'의 종교적인 의미는 '신에게 헌신하여 공경하고 섬기는 것'이라는 뜻이 있습니다. 그리고 일반적인 의미는 '마음으로 깊이 삼가고 조심한다'는 의미가 있습니다. 이 두 가지 의미를 내포하는 것이 기독교의 경건입니다. 기독교의 실제적인 가치는 경건한 삶에서 찾을 수 있습니다. 그러면 신앙의 경건 교육에 대해 알아보겠습니다.

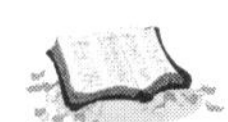

오늘의 말씀

1. 경건교육의 시작은 예배생활입니다(딛 2:12)

대개 미션스쿨이나 성경학교에서 경건회를 가집니다. 헬라어 '드레스케이아'(*θρησκεία*)는 '종교예배와 예전'이라는 의미를 가집니다. 이 말을 '경건'이라 번역한 것입니다. 그러므로 경건은 하나님을 경외하고 예배하는 생활을 말합니다. 하나님을 향한 경배와 예배치 않는 사람들은 하나님을 만날 수 없습니다. 하나님께 지음을 받은 인간은 그 어떤 삶의 과제보다도 먼저 창조주 하나님을 예배하며 살아야 할 경건한 존재가 되어야 합니다. 경건교육은 건강에도 큰 효능이 있음을 명심하고, 더욱 열심히 참예하시기 바랍니다.

· 함께 읽어요 : 디도서 2장 12절
"우리를 양육하시되 경건치 않은 것과 이 세상 정욕을 다 버리고 근신함과 의로움과 경건함으로 이 세상에 살고"

2. 경건훈련의 장소는 교회여야 합니다(히 ·10:22~25)

성도가 세상에서 살아가면서 세상과 구별되게 살아가는 삶의 구역이 교회라는 공동체 생활입니다. 경건생활은 곧 신앙의 외적 생활입니다. 이것은 교회를 중심으로 하여 예배 참석, 기도생활, 구제와 헌금, 금식 등의 교회생활을 배워가는 것입니다. 어떤 이들은 기독교의 가치관을 논할 때에 '본질적인 신앙'만을 귀하게 여깁니다. 그래서 극단적으로 가시적인 교회와 그 교회의 법과 규례를 경하게 여기는 '무교회주의'적인 태도를 취하기도 합니다. 그러나 기독교의 경건생활은 조화로운 생활이어야 합니다. 초대교회 성도들의 신앙생활을 보십시오. 그들은 '신앙'뿐만이 아니라 교회에 모이기를 힘썼습니다. 즉 '온전한 믿음'과 '모이기를 힘쓰는 습관', 이 두 가지 내외적인 신앙요소들이 조화를 이루고 있었습니다. 기독교 교육은 이런 철저한 경건교육으로 전인적인 신앙생활을 가르쳐야 하는 것입니다.

· 함께 읽어요 : 히브리서 10장 22~25절
"22 우리가 마음에 뿌림을 받아 양심의 악을 깨닫고 몸을 맑은 물로 씻었으니 참 마음과 온전한 믿음으로 하나님께 나아가자. 23 또 약속하신 이는 미쁘시니 우리가 믿는 도리의 소망을 움직이지 말고 굳게 잡아 24 서로 돌아보아 사랑과 선행을 격려하며 25 모이기를 폐하는 어떤 사람들의 습관과 같이 하지 말고 오직 권하여 그날이 가까움을 볼수록 더욱 그리하자 ."

3. 경건생활의 유익은 신앙을 견고하게 합니다(딤전 4:8~9)

예수님의 제자들은 예수님과 함께 먹고 자면서 경건생활을 익혔습니다. 또한 주님의 교훈을 직접 받아 초대교회를 부흥시키고 발전시켜 복음전파의 발판을 놓아갔던 것입니다. 사도 바울은 광야에서의 경건훈련으로 어려움을 잘 이기면서 신앙과 전도의 본을 보여주었습니다. 우리가 교회를 사랑하고, 성도를 사랑한다면 그리스도의 경건을 잘 배워 그리스도의 인격을 세워가야 할 것입니다. 경건 교육의 유익은 무엇입니까?

첫째, 하나님을 깊이 알게 합니다. 경건 교육을 통하여 성도는 하나님을 예배하는 방법과 절차를 알고, 찬송과 기도생활 등을 통하여 하나님과 더욱 인격적인 교제를 하게 되고, 진리를 실제적이고 포괄적으로 깨닫게 되는 계기를 얻게 되는 것입니다. 그래서 바울은 복음진리를 '큰 경건의 비밀'(딤전 3:16)이라고 했습니다.

둘째, 성도의 신앙을 보호해 줍니다. 세상에서 살아갈 때에 열심히 예배 참석하고, 찬송과 기도생활을 하면 불신자들마저 존경하게 되고, 그러한 경건 생활이 우리의 영적 울타리가 되는 것입니다.

셋째, 성도의 신앙을 성장케 해 줍니다. 숙달된 경건생활은 성도의 영혼을 그리스도의 장성한 분량에까지 성장시켜 주는 힘이 됩니다. 깨끗하고 경건한 생활은 신앙이 바르게 자라도록 하는 것입니다.

· 함께 읽어요 : 디모데전서 4장 8~9절

"육체의 연습은 약간의 유익이 있으나 경건은 범사에 유익하니 금생과 내생에 약속이 있느니라 9 미쁘다 이 말이여 모든 사람들이 받을만하도다."

정리하는 말

사랑하는 성도 여러분! 오늘날은 참으로 특별한 '경건'이 요구되는 시대입니다. 세속화의 물결이 교회 안까지 밀고 들어오는 형국입니다. 성도 여러분은 모름지기 경건을 배우고, 실천하여 그리스도와 사도들의 신앙의 경건에 이르도록 노력하시기를 바랍니다. 예배와 교회생활을 통해 훈련받는 신앙의 경건은 범사에 큰 유익을 줄 것입니다. 경건의 능력과 화목한 신앙생활로 주님께 영광 돌리시기 바랍니다.

평가와 결심

1. 신앙생활에서 경건생활의 첫째는 무엇입니까?(딛 2:12, 예배생활)
2. 신앙생활에서 가장 좋은 경건생활훈련의 장소는 어디입니까? (히 10:22~25, 모이는 곳인 교회)
3. 경건생활의 유익 3가지는 무엇입니까? (딤전 4:8~9, 하나님을 아는 지식, 신앙의 보호와 신앙의 성장)

주간 경건의 시간 <28> · 날마다 말씀과 함께

요일 / 내용	월(Mon)	화(Tue)	수(Wed)	목(Thu)	금(Fri)	토(Sat)
찬8	212/ 420	172/ 183	178/ 197	362/ 217	215/ 426	218/ 286
성경	딤후 3:	딤후 4:	딛 1:	딛 2:	딛 3:	몬 1:
적용	경건하게 핍박	전도의 말씀	말씀을 전도로	선한 일에 열심하는	중생의 씻음	내 심복이라

* 어렸을 때 스승은 그 사람의 운명을 좌우한다. <아라비안나이트>

제29과

교리를 가르치자

찬송 / 511, 519 509/ 새 314, 461, 456

성경 / 디모데후서 3:10-17

요절 / 디모데후서 3:14

"그러나 너는 배우고 확실한 일에 거하라 네가 뉘게서 배운 것을 알며 또 네가 어려서부터 성경을 알았나니"

목표/ 기독교의 교리를 배워 교회와 신앙을 지키도록 한다.

시작하는 말

크리스천에게 있어서 교육의 기본적인 교재가 성경이고, 성경의 진리를 학문적으로 연구하는 것이 신학이며, 그 신학의 산물로서 '교리'가 나왔습니다. 그러므로 교리란 성경 진리의 체계적인 이해이며, 성경을 기본 교재로 하는 교육에 있어서 그 교육내용의 바탕이며 원천인 것입니다. 그러므로 기독교교리는 기독교교육의 골격이요, 핵심인 것입니다. 오늘은 기독교 교육과 신학과의 관계와 우리 교육에 있어서의 교리 교육에 대하여 함께 살펴보기로 하겠습니다.

오늘의 말씀

1. 교리는 진리를 명확히 이해하도록 도와줍니다(딤후 3:16~17)

사도 바울은 '모든 성경은 하나님의 감동으로 된 것으로 교훈과 책망과 바르게 함과 의로 교육하기에 유익하다'고 했습니다. 또한 성경은 하나님의 사람으로 온전하게 한다고 했습니다. 기독교 교육은 그 중심이 사람에게 있는 것이 아니라 하나님 중심의 교육입니다. 그러므로 기독교 교육이 하나님 중심의 교육이기 위해서는 하나님의 계시인 '성경'에 의존해야 하는 것입니다. 그래서 바울은 디모데에게 '배우고 확신한 일에 거하라'고 했습니다.

성경 66권을 각 책별로 가르치는 것도 중요하지만 성경 전체를 통하여 하나님께서 계시하신 진리가 무엇인가를 체계적으로, 종합적으로 가르치기 위해서는 신학의 도움을 필요로 하는 것입니다. 이 '신학'을 통해 성경의 진리를 이론적으로 정리해 놓은 것이 '교리'입니다. 그러므로 여러분도 '교리'를 배워 양식 있는 신자가 되시기 바랍니다.

· 함께 읽어요 : 베드로후서 1장 21절

"예언은 언제든지 사람의 뜻으로 낸 것이 아니요 오직 성령의 감동하심을 입은 사람들이 하나님께 받아 말한 것임이니라."

2. 교리는 믿음을 견고하도록 인도합니다(히 6:1~2)

교리란 성경에서 추출해 낸 신앙적인 진리를 말합니다. 성경의 진리를 신학적 제목에 따라서 체계적이고 논리적으로 정리한 신앙적 기준입니다. 교리(Doctrine)와 교의(Dogma)를 구별하기도 하는데, 교리는 '성경에 근거한 모든 진리를 망라한 것'이며, 교의는 그 '교리 중에서 보편적으로 합의된, 공인된 교리'를 가리키고 있습니다. 따라서 기독교 교육이 취급하는 교리는 그 교파에서 공인하고 있는 교리, 즉 교의에 입각해야 하는 것입니다. 각 교파마다 가르치는 교리가 부분적으로 다른 것은 그 교파가 믿는 교의에 따르고 있기 때문입니다.

그러므로 성도들이 신앙생활을 할 때에 주의해야 할 것은 성경에 어긋난 교의나 교리를 가르치는 이단을 제외하고는 서로가 상대를 사랑으로 용납하면서 화목한 신앙생활을 해야 하는 것입니다.

· 함께 읽어요 : 사도행전 2장 37~38절

"저희가 이 말을 듣고 마음에 찔려 베드로와 다른 사도들에게 물어 가로되 형제들아 우리가 어찌할꼬 하거늘 38 베드로가 가로되 너희가 회개하여 각각 예수 그리스도의 이름으로 세례를 받고 죄 사함을 얻으라 그리하면 성령을 선물로 받으리니"

3. 교리는 신앙의 목표를 분명하게 제시합니다(살후 3:6)

기독교 교육이 다뤄야할 교리의 주제를 먼저 알아야 합니다. 주제를 크게 나누면 교의 전반에 관한 내용을 먼저 다룹니다. ① 서론(序論)은 교의신학은 신학의 한 분야이고, 신학은 종교라는 영역 안에 있음을 가르치는 것입니다. ② 신론(神論)은 기독교 교육에서는 일반적으로 하나님, 예수 그리스도, 성령으로 나누어서 교과내용을 편성하고 있습니다. 곧 삼위일체 하나님과 하나님이 하시는 일을 가르치는 것입니다. ③ 인간론(人間論)은 인간이 하나님의 피조물이라는 것과 인간은 죄 아래 있는 존재라는 것을 인식시키는 것입니다.

④ 구원론은 죄로 인하여 죽음 아래 있는 인간이 어떻게 구원받는가를 가르칩니다. ⑤ 기독론은 그리스도의 존재와 사역을 통하여 중보자이신 그리스도께서 죄인 구원을 위하여 이루신 구속사역에 대하여 가르칩니다. ⑥ 교회론(敎會論)은 성도 또는 그 무리들의 본질, 삶, 사명 등을 가르칩니다.

끝으로, ⑦ 종말론은 하나님이 창조한 세상의 종말과 신자와 불신자의 최종적 운명, 그리고 영원한 천국에 대하여 가르치는 것입니다. 이 교리들을 분명히 앎은 우리의 믿음생활을 견고케 할 것입니다.

· 함께 읽어요 : 베드로후서 1장 10절

"그러므로 형제들아 더욱 힘써 너희 부르심과 택하심을 굳게 하라 너희가 이것을 행한즉 언제든지 실족지 아니하리라."

정리하는 말

사랑하는 성도 여러분! 세상 여러 종교들과 기독교의 차이를 말할 수 있겠습니까? 기독교의 교리는 세상 종교들과의 그 차이를 쉽게 구별해 줍니다. 기독교는 유일신 하나님과 독생자 예수 그리스도를 믿고, 성령을 의지하면서 성경을 삶의 표준으로 삼고 있습니다. 여러분! 흔들리지 않는 크리스천으로서 견고한 믿음으로 살아가시기를 바랍니다.

평가와 결심

1. 성경의 진리를 이론적으로 정리해 놓은 것이 무엇입니까?
   (마 11:29, 기독교 교리)
2. 성경에 근거한 진리 중에 공인된 진리를 무엇이라 합니까?
   (교의)
3. 기독교 교리 교육의 주제를 말해 보시오
   (서론, 신론, 인간론, 교회론, 구원론, 기독론, 종말론)

주간 경건의 시간 <30> · 날마다 말씀과 함께

요일 / 내용	월(Mon)	화(Tue)	수(Wed)	목(Thu)	금(Fri)	토(Sat)
찬송	510/ 457	461/ 345	492/ 435	339/ 28	340/ 542	403/ 303
성경	딤후 4:	딛 1:	딤 1:	딛 2:	딛 2:	딛 3:
적용	전도의 말씀	전도로 나타내심	장로를 세우심	절제 경건	선한 일에 열심	중생의 씻음

* 가장 훌륭한 교육방법은 남의 어리석음에서 이익을 얻는 것이다.

<S 폴리니우스>

기독교 윤리를 가르치자

찬송 / 347, 349 507/ 새 212, 214, 455

성경 / 빌립보서 2:14-18

요절 / 마태복음 5:17

"내가 율법이나 선지자나 폐하러 온 줄로 생각지 말라 폐하러 온 것이 아니요 완전케 하려 함이로라."

목표/ 사람으로서 지켜야할 윤리를 배워 실천하도록 한다.

시작하는 말

오늘날의 시대를 가리켜 '도덕 부재의 시대'라고 혹평하는 사람들도 있습니다. 그래서 이런 말이 있습니다. "사람이면 다 사람이냐 사람 노릇을 해야 사람이지." 그렇습니다. 사람이 사람 노릇을 못하면 짐승과 다른 점이 무엇이겠습니까? 사람들이 하나님을 잊어버리고 하나님을 무시하며 살기 때문에 그렇게 막 살아가는 것입니다. 가정과 교회에서 윤리교육에 힘을 쓰셔서 바른 신앙인을 길러내시기를 바랍니다.

오늘의 말씀

1. 현대인의 죄악상을 바로 보아야 합니다(롬 1:28)

성경에는 "의인은 없나니 하나도 없다"(롬 3:10)라고 규정하고 있습니다. 우리는 다 죄인들입니다. 바울은 로마서를 쓰면서 "저희가 마음에 하나님 두기를 싫어하매 하나님께서 저희를 그 상실한 마음대로 내어버려 두사 합당치 못한 일을 하게 하셨으니"(롬 1:28)라고 지적했습니다. 그 다음에 '불의, 추악, 탐욕, 악의, 시기, 살인, 분쟁, 시기, 악독, 수군수군함, 비방, 미움, 능욕, 교만, 자랑, 악을 도모함, 부모 거역, 우매함, 배약(背約), 무정, 무자비 등 죄악들을 지적하고 있습니다. 아래 성경 구절에서도 말세에 인간들의 죄악상을 폭로하고 있습니다.

· 함께 읽어요 : 디모데후서 3장 1~5절

"1 네가 이것을 알라 말세에 고통하는 때가 이르리니 2 사람들은 자기를 사랑하며 돈을 사랑하며 자긍하며 교만하며 훼방하며 부모를 거역하며 감사치 아니하며 거룩하지 아니하며 3 무정하며 원통함을 풀지 아니하며 참소하며 절제하지 못하며 사나우며 선한 것을 좋아 아니하며 4 배반하여 팔며 조급하며 자고하며 쾌락을 사랑하기를 하나님 사랑하는 것보다 더하며 5 경건의 모양은 있으나 경건의 능력은 부인하는 자니 이 같은 자들에게서 네가 돌아서라 ."

2. 성도들의 삶은 흠이 없어야 합니다(히 7:25)

예수 그리스도를 통해 나타나신 하나님의 구원은 완전한 구원이었습니다. 우리가 앞으로 다시 죄를 지을 가능성이 있다 하더라도, 아직도 옛사람을 벗어버리지 못하였다 하더라도, 윤리적으로 부족하다 할지라도 하나님께서는 예수 그리스도를 통하여 '완전한 구원'을 이루어 놓으셨습니다. 그리고 우리가 예수를 믿는 순간 우리들은 하나님의 자녀가 되는 것입니다. 그러므로 아빠 아버지라 부를 수 있게 된 것입니다. 마귀의 자녀, 멸망의 자식이었다가 이제는 빛의 자녀, 구원과 영생 받은 하나님의 자녀로 변화를 입었습니다. 그러므로 신자들은 과거의 추하고 더럽던 모습에 얽매어 살아서는 절대로 안 됩니다. 그러므로 빛 가운데 거하면서 형제를 사랑하며 가정에서 교회에서 사회에서 화목한 삶을 살아가시기를 바랍니다.

· 함께 읽어요 : 요한1서 2장 7~9절

"7 사랑하는 자들아 내가 새 계명을 너희에게 쓰는 것이 아니라 너희가 처음부터 가진 옛 계명이니 이 옛 계명은 너희의 들은 바 말씀이거니와 8 다시 내가 너희에게 새 계명을 쓰노니 저에게와 너희에게도 참된 것이라 이는 어두움이 지나가고 참 빛이 벌써 비췸이니라. 9 빛 가운데 있다 하며 그 형제를 미워하는 자는 지금까지 어두운 가운데 있는 자요."

3. 성도들의 삶은 빛고 소금이 되어야 합니다(마 5:17)

우리 성도들을 향하신 하나님의 뜻은 어둠 가운데서 건져 내셨기 때문에 우리가 율법을 폐해서는 안 됩니다. 주님을 믿고 따르는 자들이 온전하게 율법을 세워가야 하며, 불신자들보다 더 훌륭한 윤리적인 삶을 살아가야 하는 것입니다. 그래야 우리들의 선행을 통하여 어둠 속에 있는 불신자들을 어둠을 버리고 빛의 갑옷으로 갈아입도록 해야 합니다. 그래서 주님께서는 너희는 세상의 빛이요, 소금이라고 하시면서 빛과 소금의 역할을 다하라고 했습니다.

성도들이 신앙생활을 한다고 하면서 세상 사람들보다 윤리적으로 더 못한 삶을 살아간다면 절대로 그들을 그리스도의 빛의 나라로 인도해 낼 수 없는 것입니다. 여러분! 세상 사람들이 여러분들의 착한 행실을 보고 하나님께로 돌아오는 역사가 일어나기를 바랍니다.

사랑하는 성도 여러분! 여러분들의 진실한 윤리적인 삶을 통하여 세상 사람들에게 살아 계신 하나님을 증거 하시기를 바랍니다. 여러분들의 빛 된 삶, 화목한 삶으로 칭송받는 여러분 되시기를 바랍니다.

· 함께 읽어요 : 마태복음 5장 16-18절

"16 이같이 너희 빛을 사람 앞에 비취게 하여 저희로 너희 착한 행실을 보고 하늘에 계신 너희 아버지께 영광을 돌리게 하라 17 내가 율법이나 선지자나 폐하러 온 줄로 생각지 말라 폐하러 온 것이 아니요 완전케 하려 함이로라 18 진실로 너희에게 이르노니 천지가 없어지기 전에는 율법의 일점일획이라도 반드시 없어지지 아니하고 다 이루리라 ."

정리하는 말

사랑하는 성도 여러분! 여러분들의 마음의 등불은 어둡습니까? 아니면 빛을 비추고 있습니까? 하나님께서는 세상 사람들보다 여러분들의 삶이 보다 차원 높은 윤리적인 삶을 살아가시기를 바라고 있습니다. 잘 닦여진 길처럼 여러분들의 앞길이 윤리와 도덕적으로 깨끗하고 정직하여 화목한 개인과 가정, 구역, 교회가 되시기를 바랍니다.

평가와 결심

1. 여러분들이 살고 있는 세상은 어떤 세상이라 생각하십니까?
(딤후 3:1~5, 도덕과 윤리 부재의 시대)
2. 하나님께서 당신의 자녀들에게 원하시는 삶은 무엇입니까?
(히 7:25, 흠 없는 자녀가 되기를 원하심)
3. 하나님의 자녀들은 세상에서 어떻게 살아야 합니까?
(마 5:17, 신자로서의 윤리를 잘 지켜 빛 된 삶을 살아야 함)

주간 경건의 시간 <30> · 날마다 말씀과 함께

요일 / 내용	월(Mon)	화(Tue)	수(Wed)	목(Thu)	금(Fri)	토(Sat)
찬송	442/ 569	441/ 388	423/ 374	418/ 299	478/ 419	457/ 401
성경	엡 5:	엡 6:	빌 1:	빌 2:	빌 3:	빌 4:
적용	하나님 본받자	하나님의 전신갑주	그리스도 심장	그리스도의 마음	예수를 아는 지식	기쁨이요 면류관

* 교육의 목표는 지식의 증진과 진리의 파종이다.

<존 F. 케네디(1917~1963), 미국 정치가, 제35대 대통령>

제31과

육체적으로 건강하자

찬송 / 302, 357, 344/ 새 575, 322, 545

성경 / 여호수아 14:6-12

요절 / 신명기 34:7

"모세의 죽을 때 나이 일백 이십 세나 그 눈이 흐리지 아니하였고 기력이 쇠하지 아니하였더라."

목표/ 성도가 세상에서 육체적으로 건강하게 사는 태도를 기른다.

시작하는 말

사람들은 질병 없이 살아가기를 원하지만 날마다 질병을 안고 살아가고 있습니다. 그래서 시인 하이네는 "인생은 병이요, 세계는 병원이다. 그리고 죽음이 우리들의 의사인 것이다"라고 했습니다. 그러나 본문에서 갈렙은 80세가 넘었지만 가나안 전투에 자원해 나갈 만큼 건강하게 살았습니다. 창조주 하나님께서도 여러분들이 건강하시기를 원하십니다. 심신이 건강해지기를 바라며, 마음을 선하고 화목하게 가지셔서 마음도 육체도 무병하고 건강하게 살아가시기를 바랍니다.

오늘의 말씀

1. 질병은 반드시 그 원인과 폐해가 있습니다(신 28:22)

인류의 역사와 그 문명과 함께 질병은 함께 해 왔습니다. 질병은 바이러스에 의한 감염, 혹은 심신의 불균형 또는 퇴화로 인하여 정상적인 생리나 정신적 기능이 손상된 상태를 가리킵니다. 성경에도 수많은 질병을 언급하고 있습니다. 성경에서 질병의 원인 세 가지는, ①하나님의 진노와 형벌 수단으로(출 4:11), ②사단과 귀신의 역사로(욥 2:7, 막 9:17), ③인간 스스로의 과오나 그릇된 의지의 결과로 기인된다고 말씀하고 있습니다. 그러나 종국적으로 하나님과 그 뜻을 올바르게 받든다면 질병 없이 건강한 삶을 살아갈 수 있음을 약속하고 있습니다. 질병은 인류를 불행하게 만들고, 큰 고통을 줍니다. 인간으로 하여금 정상적인 활동을 할 수 없게 만들며,' 사람의 정열과 시간과 물질을 허비하도록 만듭니다. 결국 사람을 죽음의 절벽으로 끌고 갑니다. 질병은 유전성, 오염성으로 인해 가족과 사회 공동체에 치명적인 폐해를 주기도 합니다.

· 함께 읽어요 : 신명기 28장 22절
"여호와께서 폐병과 열병과 상한과 학질과 한재와 풍재와 썩는 재앙으로 너를 치시리니 이 재앙들이 너를 따라서 너를 진멸케 할 것이라."

2. 성경은 우리의 포괄적인 건강을 명합니다(요삼 1:2)

성경은 물론 육체적으로 질병이 없는 상태를 중요시 합니다. 구약의 선민들에게 약속하신 하나님의 축복이며, 신약에서 병 고치는 것이 그리스도와 사도들의 중요한 사역이기도 했습니다. 즉 질병으로부터 사람들을 해방시켜 주는 신유와 치유의 사역이 복음전파와 병행하여 시행되기도 했습니다. 성경은 육체보다도 심령, 즉 마음의 건강상태를 더 중요하게 보았습니다. 잠언 18장 14절에는 "사람의 심령은 그 병을 능히 이기거니와 심령이 상하면 그것을 누가 일으키겠느냐?"라고 말한 것처럼 마음이 부패하고 죄악으로 오염된 상태를 큰 질병에 걸린 것으로 간주했습니다(사 1:2~6). 먼저 마음이 깨끗해야 합니다.

성경은 분명히 활발하게 하나님의 뜻을 행하는 사람을 강건한 사람으로 보았습니다. 확실한 신앙으로 하나님을 섬기는 삶에 요동이 없는 성도(고전 16:13, 엡 3:16), 전도와 봉사의 생활을 활발하게 하는 성도를 강건한 사람으로 간주합니다(딤후 4:17). 반면에 하나님을 거역하고 하나님의 사랑을 이웃에게 실천하지 못하는 사람은 그 신앙과 정신에 장애를 지닌 사람으로 취급했습니다. 따라서 화목하고 건강한 마음으로 사랑을 나누어 주기를 바랍니다.

· 함께 읽어요 : 디모데후서 4장 17절
"주께서 내 곁에 서서 나를 강건케 하심은 나로 말미암아 전도의 말씀이 온전히 전파되어 이방인으로 듣게 하려 하심이니 내가 사자의 입에서 건지웠느니라."

3. 성도는 영·육간에 건강한 삶을 살아가야 합니다(출 15:26)

건강을 지키리라고 확신하는 사람에게는 분명히 건강해 질 수 있는 확률이 높습니다. 우리가 건강해 지려면, 첫째, 예방을 잘 해야 합니다. 하나님께서는 레위기를 통해서 성결 예법, 즉 질병 예방법을 제시해 주셨습니다. 그 근본적인 것은 영·육간에 성결한 생활, 하나님과 교제하는 생활, 그 뜻 안에 거하는 생활을 하면 질병의 대부분은 예방할 수 있을 것입니다. 둘째, 치유 받는 생활을 해야 합니다. 과오로 인해, 또는 무리함으로, 또는 무지함으로 병을 얻게 됩니다(빌 2:27, 딤전 5:23, 딤후 4:20). 셋째, 극복하는 생활을 해야 합니다. 욥처럼 하나님의 뜻에 순종하면서 병을 이기고, 건강하고 화목하고 복된 삶을 살아가시기를 바랍니다.

· 함께 읽어요 : 출애굽기 15장 26절
"가라사대 너희가 너희 하나님 나 여호와의 말을 청종하고 나의 보기에 의를 행하며 내 계명에 귀를 기울이며 내 모든 규례를 지키면 내가 애굽 사람에게 내린 모든 질병의 하나도 너희에게 내리지 아니하리니 나는 너희를 치료하는 여호와임이니라."

정리하는 말

사랑하는 성도 여러분! 성도들은 세상에 살면서 영·육간에 건강해야 합니다. 그래야 맡은 바 사명을 잘 감당할 수 있는 것입니다. 건강은 우연히 얻는 삶의 부산물이 아닙니다. 하나님이 주신 건강을 잘 유지하고 보수해야 합니다. 날마다 삶 가운데서 소모적이거나 건강을 해칠만한 일들을 절제하시고, 열정적인 삶, 갈망하는 신앙을 소유하셔서 영·육간에 건강함으로 주님의 일을 잘 감당하시기를 바랍니다.

평가와 결심

1. 질병이 오는 이유가 무엇입니까?
   (신 28:22, ①하나님의 진노와 형벌 ②사단과 귀신의 역사 ③인간의 잘못과 그릇된 의지의 결과)
2. 성경에서 말씀하고 있는 건강은 어떤 것을 말합니까?
   (요3서 1:2, 영혼과 육체의 건강, 범사가 잘됨)
3. 질병 없는 삶의 요건은 무엇입니까?
   (출 15:26, ①예방 ②치유 받는 생활 ③극복하는 생활)

주간 경건의 시간 <31> · 날마다 말씀과 함께

요일 / 내용	월(Mon)	화(Tue)	수(Wed)	목(Thu)	금(Fri)	토(Sat)
찬송	365/ 339	382/ 347	390/ 352	404/ 304	369/ 218	344/ 545
성경	수 9:	수 10:	수 11:	수 12:	수 13:	수 14:
적용	나의 단 것	마음에 근심하시니	입다와 서원	아들 딸 30씩	여호와의 사자	여호와의 신

* 건전한 정신은 건강한 육체에 깃든다. <영·미·독일 격언>

영적으로 건강하자

찬송 / 410, 89, 173/ 새 310, 89, 184

성경 / 신명기 34:1-9

요절 / 요한3서 1:2

"사랑하는 자여 네 영혼이 잘 됨같이 네가 범사에 잘되고 강건하기를 내가 간구하노라."

목표/ 신자로서 영적으로 건강한 태도로 살아가도록 한다.

시작하는 말

서양 의학에서는 주로 건강하지 못한 부분을 절개(切開)하거나 약을 바르거나 투여하여 치료합니다. 반면에 동양 의학에서는 몸 전체의 흐름의 균형을 근본적으로 잡아주면서 치료합니다. 동서양 의학이 접근법은 다르다 하더라도 똑같이 강조하는 것은 '인간의 마음'입니다. 마음의 건강과 평정이 우선되어야 한다는 것입니다. 그러기에 하나님의 은혜 안에서 영적으로 사는 것이 건강한 삶을 누리는 왕도인 것입니다.

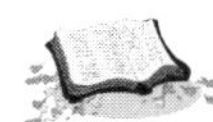

오늘의 말씀

1. 건강은 하나님이 주시는 은혜입니다(잠 3:7~8)

하나님은 우리를 사랑하시되 우리가 상상할 수 없을 정도로 사랑하십니다. 요한복음 3장 16절에서는 '이처럼 사랑하사'라고 했습니다. 그 사랑에 대한 확증으로 하나님은 자기 아들을 대속 제물로 주셨습니다

(롬 5:8). 이것이 바로 하나님께서 인간에게 주신 가장 큰 선물입니다. 이와 같이 사랑으로 인해서 주고 싶은 것이 바로 은혜입니다. 받는 사람의 입장에서 볼 때 그것은 어떤 자격으로 인해서 받는 것이 아닙니다. 무조건 상대방이 주기에 받는 것이 바로 은혜입니다. 이렇듯 하나님은 그 건강에 있어서도 그리스도인들에게 은혜로 베풀어 주십니다. 하나님을 경외하고 하나님의 뜻, 곧 그 지혜를 따라 살아갈 때 주어지는 하나님의 선물입니다. 하나님의 말씀은 양약이며, 정신과 영혼까지도 강건케 해 주는 신비의 양약입니다. 하나님의 말씀대로 살아갈 때 하나님의 은혜 안에 거할 수 있으며 건강을 보장받게 됩니다.

· 함께 읽어요 : 잠언 3장 7~8절
"7 스스로 지혜롭게 여기지 말지어다 여호와를 경외하며 악을 떠날지어다 8 이것이 네 몸에 양약이 되어 네 골수로 윤택하게 하리라."

2. 건강은 하나님의 축복을 누리는 것입니다(빌 4:11)

인간이 건강을 해치는 경우를 보면 대부분이 욕심을 충족시키려고 무리한 데서 오는 것입니다. 은혜 안에 건강을 누리는 비결은 자족하는 삶이어야 합니다. 바울도 빌립보교회에 편지하면서 기뻐하라고 권합니다. 그리고 스스로 궁핍에도 처하고 부요에도 처할 줄 알아 어느 형편에서든지 자족하는 것을 배웠다고 고백하고 있습니다. 이 자족함이 그리스도 안에서 누리게 되는 은혜로운 삶의 모습입니다.

성숙한 크리스천 삶에서 감사하는 삶은 곧 은혜 안에 살아가는 삶을 나타내는 표지입니다. 왜냐하면 범사에 감사하는 것이 그리스도인들을 향한 하나님의 뜻이기 때문입니다. 이렇게 감사하며 살아갈 때 인간관계는 화목해지며 영 육간에 건강을 누리게 될 것입니다.

· 함께 읽어요 : 빌립보서 4장 11~12절

"11 내가 궁핍하므로 말하는 것이 아니라 어떠한 형편에든지 내가 자족하기를 배웠노니 12 내가 비천에 처할 줄도 알고 풍부에 처할 줄도 알아 모든 일에 배부르며 배고픔과 풍부와 궁핍에도 일체의 비결을 배웠노라"

3. 건강은 하나님의 뜻대로 살 때 주어지는 것입니다(롬 6:17~18)

세상은 악하여 그리스도인으로 하여금 하나님을 배반하게 하며, 쾌락과 타락의 길을 가도록 유혹합니다. 그래서 이것이 하나님의 뜻인지 아닌지 구별하지 못하고 때로는 그 유혹에서 넘어지기도 합니다. 그래서 바울은 이 세대를 본받지 말고 하나님의 뜻을 잘 분별하라고 했습니다(롬 12:2). 우리는 하나님의 온전하신 뜻을 잘 분별하여 그 뜻과 은혜 안에서 화목하고 건강한 삶을 영위해야 할 것입니다.

인간은 타락하고 범죄함으로 인해서 죄의 종이 되었습니다. 그러나 그리스도께서 대신 십자가에서 피 흘리심으로 죄인들을 위해 구속 사역을 성취하심으로 그리스도 안에 거하는 사람은 그리스도의 공로로 의롭다 여김을 받게 되었고, 의에 이른 그리스도인들은 하나님의 은혜 안에서 자유함을 누리는 종이 된 것입니다. 말하자면 변화되어 하나님의 뜻에 저절로 순종하게 되어지는 종의 자리에 이른 것입니다. 그리스도인이 하나님의 뜻에 순종함으로 종노릇을 할 때 비록 육신은 고난에 처할지라도 마음에 화평을 누리게 됨으로 건강을 영위하게 되는 것입니다.

· 함께 읽어요 : 로마서 6장 17~18절

"17 하나님께 감사하리로다 너희가 본래 죄의 종이더니 1)너희에게 전하여 준 바 교훈의 본을 마음으로 순종하여 18 죄에게서 해방되어 의에게 종이 되었느니라."

정리하는 말

사랑하는 성도 여러분! 여러분들은 과연 건강하십니까? 건강은 하나님의 은혜 안에 살면 유지되는 것입니다. 은혜 안에 사는 삶은 하나님이 거저 주시는 바 구속의 은총 가운데 거하는 삶이며, 하나님이 공급하시는 힘에 따라서 감사함으로 자족하는 삶을 살 때 누리게 되는 축복입니다. 하나님의 은혜로 영적 건강을 누리며 살기를 바랍니다.

평가와 결심

1. 영적 건강은 누구의 은혜로 주어지는 것입니까?
   (잠 3:7~8, 하나님의 은혜)
2. 영적 건강은 누구의 축복을 누리는 것입니까?
   (빌 4:11, 하나님의 축복)
3. 영적 건강은 어떻게 살아갈 때 주어지는 것입니까?
   (롬 6:17~18, 하나님의 뜻대로 선하게 살아갈 때)

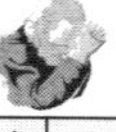

주간 경건의 시간 <32> · 날마다 말씀과 함께

요일 / 내용	월(Mon)	화(Tue)	수(Wed)	목(Thu)	금(Fri)	토(Sat)
찬송	173/ 184	235/ 200	303/ 574	174/ 196	364/ 338	359/ 325
성경	신 29:	신 30:	신 31:	신 32:	신 33:	신 34:
적용	언약의 말씀 지켜	마음에 할례를	얼굴을 숨기리라	연대를 생각하라	불같은 율법	대면하여 아시던 자

* 좋은 건강과 좋은 감각은 두 가지 다 커다란 축복이다. <로마 격언>

제33과

건강한 삶을 누리자

찬송 / 364, 265, 369/ 새 338, 516, 575

성경 / 열왕기하 5:8~14

요절 / 전도서 3:12

"사람이 사는 동안에 기뻐하며 선을 행하는 것보다 나은 것이 없는 줄을 내가 알았고"

목표/ 성도가 매일 매일의 삶을 건강하게 살아가는 삶의 태도 기른다.

시작하는 말

아리스토텔레스는 "생명은 운동이다"라고 말했습니다. 살아있는 것은 활발하게 운동하게 된다는 뜻입니다. 만약 그렇지 않다면 병들었거나 죽었음을 의미하는 것입니다. 우리 인간의 삶도 예외가 될 수 없습니다. 하나님의 섭리하심 안에서 건강한 삶은 생명력 있게 활동함으로 그 사명을 수행합니다. 이렇듯이 생명력 있는 활동 가운데 성도가 누릴 수 있는 삶은 어떠한 것인지 깨닫고 건강한 삶을 누리시며 하나님과 이웃과의 화목한 삶을 영위하시기를 바랍니다.

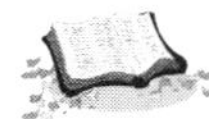

오늘의 말씀

1. 육체적인 활동을 위해서 건강을 누려야 합니다(잠 17:22)

의학자들의 연구에 의하면 인간이 앓고 있는 질병의 반 이상이 뇌를 극도로 사용하고 육체를 소홀히 다루는 데서 온다고 합니다. 그래서 스웨덴 속담에는 다음과 같은 말이 있습니다. "두려워 말고 희망을 가져라. 적게 먹고 더 많이 씹으라. 포도주는 적게 숨은 크게 쉬라. 미워하지 말고 더욱 사랑하라. 그러면 모든 좋은 일들이 그대 것이 되리라." 상한 음식을 먹거나 과식하면 몸에 탈이 납니다. 구별되고 절제된 생활을 통하여 여러분들의 건강을 지켜 가시기를 바랍니다.

· 함께 읽어요 : 잠언 17장 22절

"마음의 즐거움은 양약이라도 심령의 근심은 뼈로 마르게 하느니라."

2. 정상적인 활동을 위해 건강은 절대적입니다(잠 4:22~23)

인간이 나름대로 정상적인 활동을 위해서는 건강이 있어야 가능합니다. 아무리 지능이 우수하고, 재능이 풍부하여 모든 것을 할 수 있다고 하여도 건강이 바쳐주지 못하면 감당할 수가 없는 것입니다.

인간의 생명은 하나님께로부터 부여 받았습니다. 하나님께서 지으신 뜻 가운데 제각기 해야 할 사명이 있는 것입니다. 괴테는 말하기를 "생을 행복하게 만드는 비결은 우리가 좋아하는 것을 하는 것이 아니라, 해야 할 것을 좋아하는 것이다"라고 했습니다. 그렇습니다. 인간은 자신이 원하는 일이 아니라 하나님께서 뜻하신 일을 행하기 위한 지혜가 필요합니다. 지혜의 왕 솔로몬은 하나님께 지혜를 구하여 그에게 맡겨진 백성을 다스리는 사명을 슬기롭게 잘 감당했습니다(왕상 3:3~28). 잠언서 기자는 '마음을 지키라'고 했습니다. 왜냐하면 생명의 근원이 이에서 나기 때문입니다. 인간이 행복하게 살아가려면 마음을 지켜가는 건강함이 있어야 합니다. 사랑하는 성도 여러분! 여러분들의 마음을 건전하게 지켜 가심으로 세상의 유혹에 빠지지 않고, 하나님께서 주시는 지혜로 세상을 이기시며, 활동적이고도 생명력이 있는 건강하고 화목한 삶을 살아가시기를 바랍니다.

· 함께 읽어요 : 잠언 4장 22~23절

"22 그것은 얻는 자에게 생명이 되며 그 온 육체의 건강이 됨이니라. 23 무릇 지킬만한 것보다 더욱 네 마음을 지키라 생명의 근원이 이에서 남이니라."

3. 영적 활동을 위한 건강을 가져야합니다(엡 3:16~17)

신자들의 정상적인 신앙생활은 육체적인 건강만으로 되어지는 것은 아닙니다. 마음의 건강과 영혼의 건강이 있어야 하는 것입니다. 세상 사람들이 자신의 육체의 건강을 위해서는 최선을 다하지만 자신의 마음의 건강이나 영적인 건강에는 별 신경을 쓰지 않습니다. 예수님께서는 중풍병자를 고쳐주시면서 "소자야 안심하라 네 죄 사함을 받았느니라"(마 9:2) 하셨습니다. 병자를 일으켜 주시기 전 먼저 죄의 문제를 해결해 주신 것입니다. 죄 사함이 없는 삶은 영원한 영적 질병에 매인 삶입니다. 또한 주님 안에서 죄 사함을 받고 구원 받은 성도에게는 성령이 내주하셔서 역사하십니다. 오순절 성령 강림 사건 때 성령의 충만을 받았던 사도와 제자들은 영적인 생명력으로 충만하여 활동하였던 건강한 성도의 표본이 됩니다. 모세는 그의 사명을 다하기까지 그의 눈이 흐리지 아니하고 기력이 쇠하지 않았던 것은 하나님의 신(神)이 그와 함께 하셨기 때문입니다(신 34:7). 또한 바울 사도도 육체의 가시로 고통을 받으면서도 위대한 사역을 감당할 수 있었던 것은 성령의 능력이 그의 안에 충만히 임재 하셨기 때문입니다.

· 함께 읽어요 : 에베소서 3장 16~17절

"16 그 영광의 풍성을 따라 그의 성령으로 말미암아 너희 속사람을 능력으로 강건하게 하옵시며 17 믿음으로 말미암아 그리스도께서 너희 마음에 계시게 하옵시고 너희가 사랑 가운데서 뿌리가 박히고 터가 굳어져서"

정리하는 말

성도는 세상에서 영 · 육간에 건강한 삶을 살아가야 합니다. 그래야 생명력이 있는 봉사와 섬김의 활동을 잘 감당할 수 있기 때문입니다. 사랑하는 성도 여러분! 세상에서 살아갈 동안 건강한 육체와 건전한 정신, 그리고 성령으로 충만한 성도들이 되시기 바랍니다. 기쁘고 즐거운 마음으로 생명력 넘치는 활동을 하면서 모두가 화목하고 복된 삶을 누리시기를 바랍니다.

평가와 결심

1. 육체의 건강은 얻으려면 어떤 생활을 해야 합니까?
   (잠 17:22, 마음의 평안과 성결한 생활)
2. 정상적인 활동을 위한 건강은 어떻게 얻습니까?
   (잠 4:22~23, 지혜를 구하고, 마음을 지킴으로 얻음)
3. 영적 활동을 위한 건강은 어떻게 얻습니까?
   (엡 3:16~17, 죄 사함을 얻고, 성령 충만으로)

주간 경건의 시간 <34> · 날마다 말씀과 함께

요일 / 내용	월(Mon)	화(Tue)	수(Wed)	목(Thu)	금(Fri)	토(Sat)
찬송	354/ 215	391/ 353	410/ 310	415/ 292	432/ 382	470/ 413
성경	삼상 13:	삼상 14:	삼상 15:	삼상 16:	삼상 17:	삼상 18:
적용	부득이 번제드림	여호와의 구원	순종이 제사보다	여호와의 신에	낙담하지 말 것이며	여호와께서 함께 계심

* 건전한 신앙은 몸을 건전케 한다.

<윌리엄 E, 글래드스턴(1809~1898) 영국 정치가>

8단원 건강 화목의 달 욕실

제34과

건강한 삶의 요소

찬송 / 432, 397, 399/ 새 382, 357, 546
성경 / 마태복음 10:24-35
요절 / 에베소서 6:10
"종말로 너희가 주 안에서와 그 힘의 능력으로 강건하여지고."
목표/ 건강한 삶의 요소를 알고 실천하는 태도를 가지도록 한다.

시작하는 말

사람마다 건강과 아름다움을 추구하며 살아가기를 원합니다. 그래서 매일 조깅을 하고, 헬스클럽에 등록해 다니고, 반신욕(半身浴)을 합니다. 그래도 시원하게 달라지는 기미가 보이지 않습니다. 베이컨은 "건강한 몸은 정신의 사랑방이며, 병든 몸은 감옥이다"라고 했습니다. 성경이 말하는 바, 건강한 삶에 대하여 살펴보겠습니다.

오늘의 말씀

1. 건강하려면 더러운 죄악을 멀리해야 합니다(막 2:5)

예수께서 네 명의 친구가 데려온 중풍병자를 고쳐주실 때, "소자야 네 죄 사함을 받았느니라"고 했습니다. 우리 인간의 질병과 범죄 사이에 밀접한 연관이 있음을 알 수 있습니다. 모든 질병이 범죄로 인하여 말미암는 것은 아닙니다(요 9:2~3). 문제는 모든 질병이 범죄로 말미암지 않는다 하더라도 범죄는 질병을 유발케 할 수 있으며, 질병의 중요한 원인이라는 것입니다(삼하 12:15). 죄의식이 심장병의 요인이 되는 불안, 염려, 근심을 촉발하기도 합니다(삼하 24:15). 그러므로 건강하려면 영양식을 골고루 먹고, 적당한 운동도 해야 하지만 근본적으로는 죄를 멀리하고 선한 마음을 가져야 합니다. 질병의 대의사되신 예수께 나아와 더러운 죄악을 멀리하고 죄 사함을 받아 건강한 삶을 누리시기를 바랍니다.

· 함께 읽어요 : 마가복음 2장 5절

"예수께서 저희의 믿음을 보시고 중풍병자에게 이르시되 소자야 네 죄 사함을 받았느니라 하시니"

2. 건강하려면 말씀에 순종하는 삶을 살아야 합니다(왕하 5:14)

근본적으로 인류에게 질병이 온 것은 아담의 불순종 때문입니다(롬 5:19). 그리고 온 인류에게 치유함이 찾아 온 것은 예수 그리스도의 순종 때문입니다(사 53:5). 한센 병에 걸린 나아만 장군이 엘리사의 말에 억지로라도 순종했을 때 어린아이의 살처럼 깨끗해졌습니다. 한센병 들린 열 사람이 예수님의 말씀대로 순종하여 제사장에게 보이러 가다가 치유함을 받았습니다.

신약성경 야고보서 5장 14~15절에는 "너희 중에 병든 자가 있느냐 저는 교회의 장로들을 청할 것이요 그들은 주의 이름으로 기름을 바르며 위하여 기도할지니라. 믿음의 기도는 병든 자를 구원하리니 주께서 저를 일으키시리라 혹시 죄를 범하였을지라도 사하심을 얻으리라"고 했습니다. 그렇습니다. 말씀에 순종함과 치유함을 위한 기도는 치유에 있어서 특효약입니다. 성경은 의학과 과학적인 치료를 허용합니다. 그래도 낫지 않을 때는 기도할 것을 말씀하고 있습니다.

· 함께 읽어요 : 열왕기하 5장 14절

"나아만이 이에 내려가서 하나님의 사람의 말씀대로 요단강에 일곱 번 몸을 잠그니 그 살이 여전하여 어린아이의 살 같아서 깨끗하게 되었더라."

3. 건강하려면 마음에 기쁨을 가지고 일해야 합니다(고후 4:10)

일반적인 건강의 법칙은 식이요법과 운동요법을 말합니다. 건강하려면 잘 먹고, 적당한 운동을 하여 몸의 균형을 이루어야 하는 것입니다. 마찬가지로 영적인 건강도 예배와 은혜로운 말씀을 통해 영의 양식을 공급받고, 전도와 봉사로 말씀을 실천하되 기쁨으로 하면 자연히 영적으로도 건강해지는 법입니다. 그러나 먹기는 잘 먹고, 빈둥거리며 활동하지 않으면 체중 증가와 함께 건강 악화가 다가옵니다.

사도 바울은 본래 건강치 못한 데다 많은 환난으로 인하여 병약한 가운데서도 열심히 봉사한 인물입니다. 그래서 그가 "내가 약한 그 때에 강함이라"고 고백했습니다. 베드로의 장모가 예수께 치유함을 받고 나서 즉시로 주님께 수종들었다는 기록을 봅니다(마 8:15). 하나님께서 우리 성도들에게 말씀과 은혜와 성령을 주셔서 봉사하도록 하심은 우리들을 사랑하시기 때문입니다. 성도 여러분! 은혜와 은사를 받았으면 받은 만큼 기쁨으로 충성 봉사하셔서 화목의 본을 보이며 건강한 생활을 영위 하시기를 바랍니다.

· 함께 읽어요 : 디모데후서 4장 8절

"이제 후로는 나를 위하여 의의 면류관이 예비 되었으므로 주 곧 의로우신 재판장이 그 날에 내게 주실 것이니 내게만 아니라 주의 나타나심을 사모하는 모든 자에게 니라."

정리하는 말

사랑하는 성도 여러분! 건강하시기를 원하시지요? 오늘날 건강은 행복의 척도가 될 만큼 모든 사람에게 필수적인 것입니다. 우리 성도들은 시중에 나도는 건강식품이나 보약, 건강음료 등에 건강을 의존할 것이 아니라 성경의 가르침에 따라 죄를 멀리하고, 말씀을 가까이하며 기쁘게 봉사하심으로 건강한 삶을 살아가시기를 바랍니다.

평가와 결심

1. 건강한 삶을 살아가려면 첫째 어떻게 해야 하겠습니까?
   (막 2:5, 죄를 멀리하고, 주님께 나와야 함)
2. 건강한 삶을 살아가려면 둘째 어떻게 해야 하겠습니까?
   (왕하 5:14, 순종과 기도로 치유함을 받아야 함)
3. 건강한 삶을 살아가려면 셋째 어떻게 해야 하겠습니까?
   (고후 4:10, 말씀대로 기쁘게 순종, 충성 봉사해야 함)

주간 경건의 시간 <35> · 날마다 말씀과 함께

요일 / 내용	월(Mon)	화(Tue)	수(Wed)	목(Thu)	금(Fri)	토(Sat)
찬송	397/ 357	169/ 182	171/ 187	321/ 531	271/ 495	432/ 382
성경	마 9:	마 10:	마 11:	마 12:	마 13:	마 14:
적용	네 믿음이 너를	아버지의 성령	내 멍에는	자비를 원하고	백배의 결실	두려워 말라

* 인생은 사는 것이 아니라 건강을 유지하는 것이다.

<마르티알(40~120) 로마 시인>

9단원 영성훈련의 달

제35과

묵상을 훈련하자

찬송 / 263, 426, 325/ 새 263, 215, 535
성경 / 시편 119:142-152
요절 / 시편 119:148
"주의 말씀을 묵상하려고 내 눈이 야경이 깊기 전에 깨었나이다."
목표/ 하나님의 일꾼으로 적극적인 비전으로 살아가는 태도를 기른다.

시작하는 말

요즈음 영성훈련의 중요성을 인식하고 프로그램을 개발하거나 그것을 실제적으로 활용하여 효과를 얻고 있습니다. 그러나 지금껏 우리가 영성훈련을 받지 않은 것이 아니라 많은 훈련을 받아온 것이 사실입니다. 이번 단원에서는 영성훈련의 핵심적인 문제들을 다룰 것입니다. 본과에서는 흔히들 큐티(QT)라고 하는 묵상흔련을 통하여 신앙생활의 근본적이고 영적인 깊은 은혜를 함께 나누려고 합니다.

오늘의 말씀

1. 묵상은 언어훈련의 기본입니다(잠 10:19)

사람은 언어로 소통하는 인격체입니다. 언어는 그 사람의 품성을 나타내주는 인격의 창문입니다. 주님은 선한 사람은 마음의 쌓은 선에서 선을 낸다(눅 6:45)고 했습니다. 말을 부드럽게 멋있게 잘 하는 것도 중요하지만 적절한 때에 합당한 내용을 말하는 것이 더 중요합니다. 성도들은 누추한 말, 불평, 험담, 거짓말보다는 고상하고 긍정적이며, 칭찬하는 말, 진실한 말을 해야 합니다. 성경에서 말을 적게 하라고 하는 것은 무익한 언어를 통제하기 위한 방법이기도 합니다. 사랑하는 성도 여러분! 묵상훈련을 통하여 경우에 맞는 말, 은혜로운 말, 덕스러운 말, 지혜로운 말들을 구사하여 화목하게 사시기를 바랍니다.

· 함께 읽어요 : 시편 49편 3~4절

"3 내 입은 지혜를 말하겠고 내 마음은 명철을 묵상하리로다 4 내가 비유에 내 귀를 기울이고 수금으로 나의 오묘한 말을 풀리로다."

2. 묵상훈련을 통하여 인내를 훈련해야 합니다(시 119:23)

성도들은 세상에서 고삐 풀린 망아지처럼 살다가 그리스도의 은혜로 거듭나 이제 새사람이 되었습니다. 우리의 신분이 월등하게 상승이 되어진 것입니다. 그러나 중생은 되었다고 하나 세상의 거친 말투와 세련되지 못한 언어생활로 말미암아 함께 신앙생활을 하는 이웃에게 피해를 주는 성도가 간혹 있습니다. 고난과 박해와 재난 중에 경망스럽게 행동하지 않고, 악을 악으로 갚지 않으며, 자신의 신앙을 유지시켜나가는 것이 인내입니다. 노아가 사람들의 핍박과 조소에도 불구하고 120년 동안 구원의 방주를 지을 수 있었던 것은 인내라는 영성이 있었기 때문입니다. 시편 기자는 "내가 주께 범죄치 아니하려하여 주의 말씀을 내 마음에 두었나이다"(시 119:11)라고 했습니다. 그래서 시편 1편에서는 인간의 계교나 힘을 버리고 오직 하나님의 율법을 묵상하는 자가 만사형통할 것이라고 증거하고 있습니다.

· 함께 읽어요 : 시편 119편 22~24절

"22 내가 주의 증거를 지켰사오니 훼방과 멸시를 내게서 떠나게 하소서 23 방백들도 앉아 나를 훼방하였사오나 주의 종은 주의 율례를 묵상하였나이다 24 주의 증거는 나의 즐거움이요 나의 모사니이다."

3. 묵상훈련은 기도의 기초를 이룹니다(시 19:14)

오늘날 우리 성도들은 묵상기도의 훈련이 부족합니다. 원래 묵상의 목적은 '기도'입니다. 하나님의 말씀을 묵상하고 그 깨달은 것 안에서 하나님께 기도하는 것이 묵상의 주요 내용입니다. 이와 같은 묵상기도는 하나님이 경청하시는 기도입니다. 큰 소리로 절제되지 않은 기도, 중언부언하는 기도, 여러 사람 앞에서 자랑하려고 하는 기도는 위선적인 기도요, 불의하고 그릇된 기도입니다. 주님은 지붕 위에서 하는 웅변적인 기도보다 골방에서 드리는 묵상기도를 들어주시는 분이십니다(마 6:5~7).

묵상기도는 성경의 명령대로 '쉬지 말고 기도하라'는 말씀의 명령을 수행할 수 있는 방법의 기도이기도 합니다. 늘 주님의 뜻을 묻고 주님께 기도할 수 있는 방법은 곧 묵상 밖에는 없습니다. 예배당 안에나 밖에서, 전철 안에서, 버스 안에서, 길을 가면서, 업무를 추진하면서, 누워서도, 앉아서도 무시로 드릴 수 있는 기도가 묵상기도입니다.

이와 같이 어느 곳에서나 어느 때나 드리는 기도가 성도의 영적 생활에 동력이 되는 것입니다. 사랑하는 성도 여러분! 어느 때 어느 곳 정한 장소에서 기도하려고 지금 할 수 있는 성령 안에서 무시로 드리는 기도를 쉬지 않기를 바랍니다. 기도는 시간, 장소, 사람의 신분 고하를 막론하고 드릴 수 있는 가장 편리한 영적 수련의 방법입니다. 묵상기도로 여러분을 통해 이웃과 하나님과의 화목을 다져 가시기를 바랍니다.

· 함께 읽어요 : 시편 19편 14절
"나의 반석이시요 나의 구속자이신 여호와여 내 입의 말과 마음의 묵상이 주의 앞에 열납되기를 원하나이다."

정리하는 말

사랑하는 성도 여러분! 묵상의 훈련은 단순히 영성 차원을 넘어서 하나님과 교제하는 중요한 수단이라는 것을 아십시오. 세속화 된 세상! 마귀가 우는 사자와 같이 달려드는 세상에서 소리 없이 사탄의 심장에 비수를 던질 수 있는 놀라운 영적무기를 소유하십시오. 묵상 훈련을 통해 하나님의 말씀을 깊이 깨달으시고, 기도하는 영성이 살아나, 세상의 불의를 이기고 늘 승리하는 성도가 되시기를 바랍니다.

평가와 결심

1. 묵상훈련이 주는 첫째 유익이 무엇입니까?
   (창 6:9, 언어 훈련의 기본을 제공)
2. 묵상훈련이 주는 둘째 유익이 무엇입니까?
   (시 119:23, 인내 훈련을 하게함)
3. 묵상훈련이 주는 셋째 유익이 무엇입니까?
   (시 19:14, 기도 훈련에 도움을 줌)

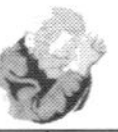

주간 경건의 시간 <36> · 날마다 말씀과 함께

요일 / 내용	월(Mon)	화(Tue)	수(Wed)	목(Thu)	금(Fri)	토(Sat)
찬송	197/ 263	323/ 532	102/ 94	208/ 289	369/ 218	415/ 292
성경	시 117:	시 118:	시119:1-25	시119:26-56	시119:57-89	시119:90-104
적용	우리에게 향하신	여호와는 내 편이라	청년이 무엇으로	깨닫게 하소서	고난당한 것	말씀의 맛

* 말을 많이 한다는 것과 잘한다는 것은 별개의 문제이다.

<소포클래스, B.C. 495~406, 그리스 비극시인>

9단원 영성훈련의 달

제36과

기도를 훈련하자

찬송 / 480, 481, 483/ 새 361, 362, 539

성경 / 누가복음 11:1-4

요절 / 마가복음 1:35

"새벽 오히려 미명에 예수께서 일어나 나가 한적한 곳으로 가사 거기서 기도하시더니."

목표/ 어렵고 힘든 세상이지만 기도로 이겨내는 태도를 기른다.

시작하는 말

성도의 신앙생활 중 기본 중에 기본이 기도생활입니다. 예수께서는 바쁜 일정 중에 새벽 미명에 일어나셔서 한적한 곳에서 기도하셨고, 매일 기도시간을 정해 놓으시고 기도하셨습니다. 또한 기도의 방법과 자세에 대해서도 제자들에게 가르쳐 주셨습니다. 주님께서 가르쳐 주신 주기도문을 통하여 기도의 방법과 자세에 대하여 상고해 보겠습니다. 기도는 이웃과 하나님과의 화목의 기초훈련입니다.

오늘의 말씀

1. 주님께서 기도를 가르쳐 주셨습니다(눅 11:2~4)

먼저 기도의 대상은 "하늘에 계신 하나님 아버지"이십니다. 높으신 곳에 계시는 존경의 대상이요, 친밀한 분이시란 것을 가르쳐 주셨습니다. 하나님을 '우리 아버지'로 호칭할 수 있는 것은 우리 그리스도인들의 특권인 것입니다(요 1:12). 하나님을 아버지로 부를 수 있는 것은 예수 그리스도로 말미암은 은혜인 것입니다. 따라서 성도는 받은 은혜를 감사하며 사랑과 경외, 겸손과 인내의 경건한 자세로 하나님께 나아가야 하는 것입니다. 주기도문이 우리에 주는 교훈은 하나님의 뜻을 이 땅에 이루는 것입니다. 그러므로 기도드리는 내용을 마음 속 깊이 묵상하면서 숨김없는 자신의 고백으로 기도하기를 바랍니다.

· 함께 읽어요 : 누가복음 12장 2절

"예수께서 이르시되 너희는 기도할 때에 이렇게 하라. 아버지여 이름이 거룩히 여김을 받으시오며 나라이 임하옵시며 3 우리에게 날마다 일용할 양식을 주옵시고 4 우리가 우리에게 죄 지은 모든 사람을 용서하오니 우리 죄도 사하여 주옵시고 우리를 시험에 들게 하지 마옵소서 하라."

2. 주기도문이 주는 교훈이 있습니다(마 6:5~8)

예수님께서는 공개적인 장소에서 드리는 개인적인 기도나 바리새인과 세리들이 성전에서 기도하는 것조차 정죄하지 않으셨습니다. 다만 유대인들이 회당 어귀에서 두 손을 높이 쳐들고, 드렸던 기도를 예수께서는 다름 아닌 '과시하기 위한 기도', 즉 외식적인 기도를 꾸짖으신 것입니다. 이는 기도가 하나님과 기도드리는 자와의 긴밀하고도 순결한 만남의 장이 되어야 함을 보여주는 것이라 하겠습니다. '중언부언'이라는 말은 말더듬이에서 온 말로써 잡다할 정도로 말을 길게 끌거나 아무 의미도 없는 말만을 반복하는 것입니다. 형식적인 기도를 하나님께 드리지 말라는 것입니다.

하나님께서는 우리가 기도하기 전에 이미 우리의 필요한 것을 알고 계십니다. 따라서 우리는 말을 많이 하는 것보다 기도를 많이 해야 합니다. 유창한 말이 아니더라도 심령으로 통회하며 경건한 마음을 가지고 기도드려야 합니다. 하나님의 눈과 하나님의 귀는 자기 백성의 필요를 미리 감찰하시고(대하 16:9), 우리가 요구한 것 이상으로 주십니다(엡 3:20). 기도의 시간과 길이보다는 깊이 있는 기도를 드리셔서 하나님과 더욱 깊은 교제를 가지시기를 바랍니다.

· 함께 읽어요 : 로마서 8장 30절

"6 너는 기도할 때에 네 골방에 들어가 문을 닫고 은밀한 중에 계신 네 아버지께 기도하라 은밀한 중에 보시는 네 아버지께서 갚으시리라 7 또 기도할 때에 이방인과 같이 중언부언하지 말라 저희는 말을 많이 하여야 들으실 줄 생각하느니라."

3. 능력 있는 기도의 본이 있습니다(단 2:19)

야고보 사도는 "오직 믿음으로 구하고 조금도 의심하지 말라 의심하는 자는 마치 바람에 밀려 요동하는 바다 물결 같으니, 이런 사람은 무엇이든지 주께 얻기를 생각하지 말라, 두 마음을 품어 도든 일에 정함이 없는 자로다"(약 1:6~7)라고 했습니다. 구약성경에 다니엘은 능력 있는 기도를 드렸습니다. 이는 다름 아닌 믿음의 기도를 드렸기 때문에 응답을 받은 것입니다. 여러분은 확신 가운데 기도하고 있습니까? 기도에 있어서 중요한 것은 끈질김과 인내의 기도라는 것을 잊지 마시기 바랍니다. 기도의 응답은 항상 즉각적으로 나타나는 것은 아닙니다. 그러므로 하나님께서 응답해 주실 때까지 간절히 기도해야 합니다. 누가복음 18장에 나오는 한 과부는 재판관이 귀찮을 정도로 원한을 풀어달라고 찾아다녔습니다. 그런 끈질김의 기도가 필요하다는 말씀입니다. 이런 기도가 능력 있는 기도의 본이요, 응답 받을 수 있는 기도입니다.

· 함께 읽어요 : 다니엘 2장 9절

"18 하늘에 계신 하나님이 이 은밀한 일에 대하여 긍휼히 여기사 자기 다니엘과 동무들이 바벨론의 다른 박사와 함께 죽임을 당치 않게 하시기를 그들로 구하게 하니라 19 이에 이 은밀한 것이 밤에 이상으로 다니엘에게 나타나 보이매 다니엘이 하늘에 계신 하나님을 찬송하니라."

정리하는 말

사랑하는 성도 여러분! 요즘 세상 살아가기 참 힘드시죠? 그러나 하나님의 능력을 믿고 기도하는 성도에게는 불경기가 없습니다. 기도의 응답이 있으니까요. 기도는 전능하신 하나님의 능력을 내 생활에 도입하는 통로입니다. 성도 여러분! 기도하면 홍해 같은 장벽도 무너뜨려 주실 것을 믿고 기도하여 응답받으시기를 간절히 소원합니다.

평가와 결심

1. 주기도문이 우리에게 가르쳐 주시는 것이 무엇입니까?
(눅 11:2~4, 기도의 대상 하나님 아버지, 기도란 하나님의 뜻을 이룸)
2. 주님이 가르쳐 주신 기도에 대한 교훈이 무엇입니까?
(마 6:5~8, 골방에서 기도하라. 중언부언하지 말라.)
3. 능력 있는 기도란 어떤 기도입니까?
(단 2:19, 믿음의 기도, 끈질김과 인내의 기도)

주간 경건의 시간 <36> · 날마다 말씀과 함께

요일 내용	월(Mon)	화(Tue)	수(Wed)	목(Thu)	금(Fri)	토(Sat)
찬송	210/ 421	364/ 338	359/ 325	384/ 585	348/ 213	388/ 348
성경	막 2:	막 3:	막 4:	막 5:	막 6:	막 7:
적용	네 죄 사함을	식사할 겨를 없이	좋은 땅에	네 이름이 무엇이냐	귀신을 쫓아내며	악한 것이 속에서

* 세상에서 가장 힘든 일은 모든 사람이 생각하지 않고 말하는 것을 생각하면서 말하는 것이다.(알랭)

9단원 영성훈련의 달

순종을 훈련하자

찬송 / 381, 432, 204/ 새 333, 382, 288

성경 / 신명기 28:1~6

요절 / 사무엘상 15:22

"순종이 제사보다 낫고 듣는 것이 수양의 기름보다 나으니."

목표/ 성도는 삶에서 순종을 생활화하는 삶의 태도 기른다.

시작하는 말

기독교는 철학적인 사변을 필요로 하지만 믿음이 우선입니다. 어떤 철학자는 말하기를 "하나님은 철학자의 하나님이 아니라 아브라함과 이삭과 야곱의 하나님이시다"라고 했습니다. 하나님께서는 진정으로 순종하는 자에게 창조주가 되시고 구원주가 되신다는 뜻입니다. 하나님께서는 창조의 원리를 따라 순종하는 인생에게 안식과 지혜와 영생을 선물하십니다. 바로 여기에서 순종을 통한 영성 훈련의 필요성을 느끼게 됩니다. 철저하게 순종을 훈련하셔서 서로 화목하고, 주님 기뻐하시는 영성 깊은 삶을 살아가시기를 바랍니다.

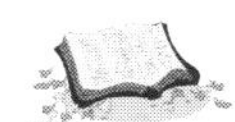

오늘의 말씀

1. 성경은 하나님께 순종을 명령하고 있습니다(신 32:46)

기계가 일을 제대로 수행하려면 기계의 조작자에 뜻에 순종해야 합니다. 인간의 제일 되는 목적은 "하나님을 영화롭게 하고 영원토록 그를 즐거워하는 것이니라"고 소요리문답 제1문에 가르치고 있습니다. 이가 날카로운 연장이 주인의 의지에 따라 잘 움직일 수 있으며, 곡식을 베고, 타작하게 되는 것입니다. 그래서 성경은 '마음과 성품, 뜻과 정성'을 다하여 하나님의 뜻에 따르고 순종할 것을 명령하고 있습니다. 여러분은 피조물로서 창조주 하나님을 경외하고 순종하므로 이웃과 화목하며 화평화롭게 살아가는 복된 삶을 살아가시기 바랍니다.

· 함께 읽어요 : 신명기 32장 46절

"그들에게 이르되 내가 오늘날 너희에게 증거한 모든 말을 너희 마음에 두고 너희 자녀에게 명하여 이 율법의 모든 말씀을 지켜 행하게 하라."

2. 그리스도의 순종을 본받아 살아야 합니다(롬 13:7)

성경은 하나님께 진정으로 순종하는 길은 그 아들 예수 그리스도를 구주로 인정하고, 영접하는 것이라고 증거 합니다(행 5:20). 그리스도는 순종과 화목의 모범자로 이 땅에 오셨습니다. 바로 우리에게 순종과 화목의 본을 보여주신 것입니다. 그러므로 하나님께 순종하는 성도들은 일차적으로 이웃과의 관계에서 순종과 화목한 삶을 살아야 합니다. 그래서 바울은 실제적인 삶 속에서 남편(고전 14:34), 관원들(롬 13:3~4), 국가(롬 13:1~3), 업주들(골 3:22, 엡 6:5), 그리고 교회 지도자들(히 13:7)에게 진리 안에서 순종하라고 가르칩니다. 이것이 하나님께 순종하는 생활하는 첫걸음입니다.

인간은 자존심이 있어서 다른 사람에게 예속되기를 싫어합니다. 그러나 진정 사랑하고 존경하는 상대에게는 그 자존심을 드리는 것조차 즐거워합니다. 성경은 하나님과 성도들 사이를 아버지와 자녀의 관계로 정의합니다. 따라서 성도들의 하나님에 대한 순종의 자세도 진지하며 절대적이어야 합니다. 구원 받은 성도의 순종적인 삶은 성도의 본능이요, 자연적인 응답이며, 삶의 지혜인 것입니다.

· 함께 읽어요 : 로마서 13장 7절

"모든 자에게 줄 것을 주되 공세를 받을 자에게 공세를 바치고 국세 받을 자에게 국세를 바치고 두려워할 자를 두려워하며 존경할 자를 존경하라."

3. 순종과 화목이 세상을 변화시키는 길임을 알아야 합니다(마 6:10)

성도는 살아있는 물고기처럼 세상을 거슬러 살아가는 존재들이어야 합니다. 예수님께서는 제자들에게 기도를 가르치시면서, 하나님의 나라가 임하게 해 달라는 기도를 하라고 명하셨습니다. 이것은 기도일 뿐만 아니라 동시에 하나님의 나라가 이 땅 위에 확장되어 나가도록 열심히 노력해야 한다는 당부이기도 합니다. 이렇듯 순종하는 성도는 이 세상에 살면서 하나님 나라 확장에 주력해야 합니다. 그래서 성도가 가는 곳, 성도가 속해 있는 공동체에서는 하나님의 절대 주권이 인정받고, 하나님의 통치와 평화가 이루어지도록 해야 할 것입니다.

또한 순종하는 성도는 하나님의 공의를 실천하여 사회를 변화시켜야 합니다. 사실 성도는 이 세상에서 빛과 소금의 역할을 잘 감당해야 합니다. 세례 요한은 헤롯 안디바가 불륜을 자행하자 그 불륜이 하나님 앞에서 죄악이라고 꾸짖으며, 회개를 촉구하다 순교했습니다. 아모스는 여로보암 2세 당시 사치와 향락에 빠진 관리와 방백들을 꾸짖으며 회개를 촉구했습니다. 바로 이런 변화시키는 일들이 공의로운 사회 건설을 위해 우리 성도들이 해야 할 일들입니다. 이를 위해 주님께 능력 받으시기를 바랍니다. 성령의 능력이 함께 할 때 세상이 감당할 수 없으며, 비로소 순종으로 세상을 변화시킬 수 있게 될 것입니다.

· 함께 읽어요 : 마태복음 6장 10절

"나라이 임하옵시며 뜻이 하늘에서 이룬 것 같이 땅에서도 이루어지이다."

정리하는 말

연약하지만 순종하는 성도가 가장 역동적입니다. 순종한다는 것은 모든 것을 맡기는 것을 말합니다. 나는 객체가 되고 하나님은 주체가 되어야 합니다. 그러려면 성도 자신이 먼저 변화를 받아야 합니다. 그리고 나아가서 이웃을 복음으로 변화시켜야 합니다. 자신이 변화되지 않고는 그 무엇도 바꿀 수 없습니다. 자신부터 변해야 이 세상도 변화 시킬 수 있는 것입니다. 이것은 성령의 감동과 능력이 아니면 도무지 불가능합니다. 이 시간 성령의 강권적인 역사로 변화를 받아, 힘 있고 폭발적이고 역동적인 힘으로 우리들 자신과 세상을 변화시키시기를 바랍니다.

평가와 결심

1. 순종을 훈련하는 삶에서 해야 할 첫째는 무엇입니까?
   (신 32:46, 먼저 하나님께 절대적인 순종을 해야 함)
2. 순종을 훈련하는 삶의 내용과 방법이 무엇입니까?
   (롬 13:7, 하나님과 사람에게 순종, 자원하며 절대적인 순종)
3. 순종을 훈련하는 삶의 최종 목표점은 무엇입니까?
   (마 6:10, 나와 세상을 변화시키는 것임)

주간 경건의 시간 <37> · 날마다 말씀과 함께

요일 / 내용	월(Mon)	화(Tue)	수(Wed)	목(Thu)	금(Fri)	토(Sat)
찬송	354/ 215	390/ 352	414/ 293	433/ 383	425/ 381	424/ 380
성경	삼상 22:	삼상 23:	삼상 24:	삼상 25:	삼상 26:	삼상 27:
적용	아둘람 굴로 도망	하나님을 의지함	기름부음 받은 자	생명 싸개	깊이 잠들게	블레셋 망명

* 말이 생각보다 앞서지 않도록 하라. <킬론, 디오게네스, B.C. 412~323>

섬김을 훈련하자

찬송 / 381, 382, 355/ 새 333, 347, 323
성경 / 마태복음 22:34-40
요절 / 마태복음 22:39
"둘째는 그와 같으니 네 이웃을 네 몸과 같이 사랑하라 하셨으니."
목표/ 비전과 꿈을 가지고 섬김을 다하는 태도를 기른다.

시작하는 말

예수 그리스도의 삶을 한마디로 표현 한다면 이웃에게 봉사하시고, 헌신하시는 삶이었습니다. 예수 그리스도의 치유, 가르치심, 용서, 위로, 헌신, 이 모든 삶이 바로 섬김의 삶 자체입니다. 예수께서는 하늘의 영광을 버리시고, 비하의 신분으로 낮고 천한 세상에 육신의 몸을 입고 성육신하셔서 '섬기시는 왕'으로 오신 것입니다. 섬기는 자로 오신 예수 그리스도를 중심으로 섬김의 훈련에 대하여 상고해 보기로 하겠습니다.

오늘의 말씀

1. 인생의 최선의 삶은 섬기는 삶입니다(마 22:37)

"당신은 세상에 무엇 때문에 태어났습니까?" 라고 묻는다면 과연 무엇이라고 대답하겠습니까? 인생은 자신의 생의 목적을 분명히 알고 살아가야 하는 것입니다. 우리 인간에게는 하나님을 섬기는 일이 가장 중요한 일입니다. 왜냐하면 하나님께서 인간을 창조하신 목적이나, 하나님을 떠나 죄에 빠진 인생을 죄에서 구원하신 목적도 다 하나님을 섬기게 하기 위한 것이기 때문입니다. 예수께서는 아버지 하나님을 섬기는 본을 우리에게 잘 보여 주셨습니다. 십자가는 그분의 섬김의 삶의 목표이며 결론입니다. 주님이 섬기는 삶을 감당하려고 오셨으니 주님을 따르는 우리 성도들의 '섬김의 삶'은 마땅한 것입니다.

· 함께 읽어요 : 마태복음 22장 37절
"예수께서 가라사대 네 마음을 다하고 목숨을 다하고 뜻을 다하여 주 너의 하나님을 사랑하라 하셨으니"

2. 인생은 섬김 받으려 하나 주님은 섬기러 오셨습니다(9:24)

예수님의 제자들은 그리스도를 현실의 왕권을 가지고 나타나신 구세주로 믿고 따랐습니다. 제자들은 예수께서 예루살렘에 입성하셔서 큰 권능으로 로마 정부의 부패한 종교 지도자들을 처치하시고, 하나님의 왕국을 세우실 것으로 바라고 있었습니다. 그래서 주님이 왕권을 시행하실 때 누가 높은 권좌에 앉느냐 하는 것이 그들의 최대의 관심사였습니다. 이처럼 인간들의 부패한 심령에는 섬김을 받으려는 마음으로 가득 차 있습니다. 그래서 세상은 '네가 크냐? 내가 크냐?'하고 날마다 싸우고 속이면서 살아가는 것입니다.

그러나 주님은 누가 크냐하고 싸우는 제자들과는 전혀 다르게 섬기러 오신 것입니다. 섬기러 오신 주님을 잘 배우시기 바랍니다.

· 함께 읽어요 : 마태복음 20장 28절
"인자가 온 것은 섬김을 받으려 함이 아니라 도리어 섬기려 하고 자기 목숨을 많은 사람의 대속물로 주려 함이니라."

3. 주님은 온전한 종의 모습으로 섬기셨습니다(요 13:4~5)

사랑하는 성도 여러분! 선생이 제자의 발을 씻기는 법이 어디 있습니까? 그러나 주 예수께서는 대야에 물을 담아 제자들의 발을 씻겨주었습니다. 만왕의 왕이신 예수 그리스도께서 제자들의 발을 씻기셨다는 사랑의 실천은 제자들조차 상상도 못할 일이었습니다. 이에 베드로 같은 수제자는 '내 발을 절대로 씻기시지 못하십니다'(요 13:8)라고 거절했던 것입니다. 그러나 주님은 모든 제자들, 그리고 극구 반대하는 베드로의 발조차 씻겨주셨습니다. 왜 입니까? 그와 '사랑의 관계'를 맺기 위해서요, 섬기러 오신 그 사명을 감당하기 위해서 입니다. 주님은 당신의 십자가의 보혈로 중생의 씻음을 가진 자라도 그들의 발을 씻기시기를 원하셨습니다. 죄로 오염된 영혼을 깨끗이 하는 것이 얼마나 중요한 것인가를 보여주신 것입니다. 우리는 이 사건에서 모든 사람들은 그리스도에 의해 씻겨져야 하며, 예수 그리스도의 구속의 은혜를 체험한 성도들이 주님처럼 뭇 성도들을 섬겨야 한다는 사실입니다. 오직 "주 예수 그리스도의 이름과 우리 하나님의 성령 안에서 씻음과 거룩함과 의롭다 하심을 얻어야만 하는 것"입니다(고전 6:11). 여러분, 섬김으로 화목의 절정을 체험하시기 바랍니다.

· 함께 읽어요 : 고린도전서 6장 11절

"너희 중에 이와 같은 자들이 있더니 주 예수 그리스도의 이름과 우리 하나님의 성령 안에서 씻음과 거룩함과 의롭다 하심을 얻었느니라."

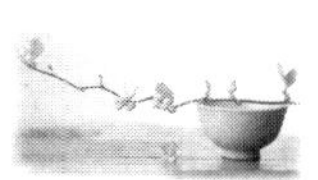

정리하는 말

사랑하는 여러분, 섬기시기를 원하십니까? 섬김을 받기를 원하십니까? 주님께서는 분명히 섬기러 오셨습니다. 하늘 보좌를 버리시고, 이 땅에 오심은 자신을 낮추시고, 십자가에서 죽으셔서 아낌없이 자신을 몽땅 다 섬김의 대속물로 주시러 오신 것입니다(요일 4:10). 주님을 본받아 섬김의 삶을 배워 서로 화목한 삶을 실천하시기를 바랍니다.

평가와 결심

1. 인간을 창조하시고 죄에서 구원하신 목적이 무엇입니까?
   (마 22:37, 하나님과 형제와 이웃을 섬기라고)
2. 인생들과 주 예수님의 어떤 점이 크게 다릅니까?
   (마 20:28, 인생은 섬김을 받으려하고, 예수님은 섬기려 하심)
3. 예수님의 세족식의 영적 교훈이 무엇입니까?
   (요 13:4~5, 죄로 오염된 영혼을 깨끗이 함의 중요성을 알게 하심)

주간 경건의 시간 <38> · 날마다 말씀과 함께

요일 / 내용	월(Mon)	화(Tue)	수(Wed)	목(Thu)	금(Fri)	토(Sat)
찬송	375/ 331	350/ 320	314/ 509	313/ 524	324/ 534	395/ 342
성경	마 23:	마 24:	마 25:	마 26:	마 27:	마 28:
적용	교인 하나 얻기 위해	그날과 그때는	바로 가서	귀한 향유 옥합	예수의 십자가	제자를 삼아

* 봉사를 주로 한 사업은 흥하고, 이득을 주로 한 사업은 망한다.

<헨리 포드(1863~1947), 미국 자동차 왕>

9단원 영성훈련의 달

금식을 훈련하자

찬송 / 497, 360, 376/ 새 440, 324, 450

성경 / 다니엘 10:1-9

요절 / 다니엘 10:3

" 세 이레가 차기까지 좋은 떡을 먹지 아니하며 고기와 포도주를 입에 넣지 아니하며 또 기름을 바르지 아니하니라."

목표/ 그리스도의 증인으로서 사명을 다하기 위해 금식훈련을 한다.

시작하는 말

오늘날 물질적으로 풍요로운 시대에도 금식에 대해 관심이 많습니다. 의학적으로도 적절한 금식과 단식은 건강에도 유익한 것으로 알려져 있습니다. 따라서 금식은 우리 기독교뿐만이 아니라 다른 많은 종교에서도 수행(修行)과 구도(求道)의 중요한 수단으로 인식되어져 왔습니다. 현시대가 물질적으로 풍요할지라도 성도들은 오히려 영적으로 더욱 피폐해 질 수 있습니다. 그래서 본과에서는 금식의 의미와 효용성이 무엇인지 생각해 보겠습니다.

오늘의 말씀

1. 금식은 자기 절제에 도움을 줍니다(느 9:1~2)

금식의 성경적 표현은 '몸과 마음을 괴롭게 한다'는 의미입니다. 이스라엘 선민들이 하나님 앞에 죄를 참회할 때 스스로를 책벌하는 마음으로 굵은 베옷을 입고 금식하며 회개했던 것입니다. 그와 같은 금식과 회개에는 하나님의 용서가 약속되어 있었습니다(욜 2:12). 성도들의 신앙생활 중에 이와 같은 참회와 회개의 시간을 때때로 가져야 합니다. 영적 생활을 가로막는 가장 큰 죄 중에 교만과 탐심이 있습니다. 교만과 탐심은 곧 불신앙의 두 얼굴입니다. 거짓과 온갖 사탄의 유혹과 세상의 시험도 성도의 교만과 탐심이라는 문을 통해 침투합니다. 교만과 자만에 차있는 계시록의 라오디게아 교회 같은 현대교회와 성도들도 이러한 금식훈련을 해야 될 필요성이 있습니다. 여러분들도 신앙의 경건한 생활을 위해 금식훈련을 통하여 자기 절제와 자신과의 화목을 위해 큰 도움을 얻으시기를 바랍니다.

· 함께 읽어요 : 느헤미야 9:1~2절

"1 그 달 이십 사 일에 이스라엘 자손이 다 모여 금식하며 굵은 베를 입고 티끌을 무릅쓰며 2 모든 이방 사람과 절교하고 서서 자기의 죄와 열조의 허물을 자복하고"

2. 금식은 영적 기도생활에 큰 도움을 줍니다(행 14:23)

성도들은 개인적으로 심각한 문제에 봉착했을 때, 혹은 교회의 문제에 당면했을 때 금식하며 기도합니다. 금식은 그 자체가 '기도'의 의미를 지녔습니다. 인간은 물질적으로 풍요하고 육체적으로 건강하고 안락하면 잘못된 생각을 하게 됩니다. 그래서 영적으로 기도에 걸림돌이 되는 경우가 많습니다. 그러므로 육체의 욕망에 빠지지 않고 깊고 간절한 기도를 드리는 기간에 금식이 필요한 것입니다. 금식은 기도생활 뿐만 아니라 성령의 신령한 권능을 얻는 데에도 큰 도움을 줍니다. 사도행전 13장에 보면 금식기도를 하던 바울과 바나바가 세계선교의 사명과 은사를 하나님께로부터 받은 것을 보게 됩니다. 또한 열왕기상 19장에 보면 엘리야가 의기소침하여 있을 때 금식기도를 통하여 천사로부터 새로운 힘과 새로운 사명을 받은 내용이 있습니다. 금식기도란 인간 생존의 필수적인 음식물까지도 거부하고 하나님의 은혜와 그 권능을 의지하는 의미를 지닌 절실한 신앙의 표현입니다. 금식기도의 훈련으로 기도생활에 큰 능력을 얻으시기 바랍니다.

· 함께 읽어요 : 로마서 10장 14~15절

"22 제자들의 마음을 굳게 하여 이 믿음에 거하라 권하고 또 우리가 하나님 나라에 들어가려면 많은 환난을 겪어야 할 것이라 하고 23 각 교회에서 장로들을 택하여 금식 기도하며 저희를 그 믿은바 주께 부탁하고"

3. 금식을 통하여 하나님의 능력이 나타납니다(사 58:4)

금식은 타인에게 과시하기 위한 형식적인 것이 아닙니다. 금식훈련은 성령 안에서, 주 안에서 행할 때 특별한 효능이 나타납니다. 그러나 자신의 건강상태를 무시한 무리한 기간의 금식은 오히려 역효과를 가져올 수 있습니다. 자신과 교회와 신앙을 위해 합당한 금식을 해야 합니다. 금식기도를 할 때에 몇 가지 주의할 점이 있습니다.

형식과 억지를 피하고, 사탄의 시험을 경계해야 하며, 자기 자랑거리로 삼지 말아야 합니다. 형식과 억지의 금식은 자칭 사탄의 시험에 빠질 우려가 있습니다. 건강과 조화를 이루지 못한 금식기간은 악령의 공격에 기회를 줄 수 있는 것입니다. 그리고 금식을 자랑거리나 계급장처럼 떠벌이는 것은 합당하지 못한 행위입니다. 진실하게 행하여 금식기도의 효능을 극대화하기를 바랍니다.

· 함께 읽어요 : 요한계시록 2장 10절

"나의 기뻐하는 금식은 흉악의 결박을 풀어 주며 멍에의 줄을 끌러주며 압제 당하는 자를 자유케 하며 모든 멍에를 꺾는 것이 아니겠느냐."

정리하는 말

사랑하는 성도 여러분! 신앙생활에 있어서 자신을 죽이고 영적 힘을 극대화시키는 방법으로서 금식은 유익한 것입니다. 금식 훈련은 영성 훈련의 중요한 방법 중의 하나입니다. 금식기도를 통해 하나님의 말씀과 뜻을 더욱 확실하게 깨닫는 기회로 삼을 수 있기를 바랍니다. 이런 영적훈련을 통하여 영·육간에 하나님의 큰 능력을 체험하는 기회로 삼으시기를 기원합니다.

평가와 결심

1. 금식 훈련이 신앙생활에 주는 유익 첫째가 무엇입니까?
   (느 9:1~2, 자기 절제에 도움을 줌)
2. 금식 훈련이 신앙생활에 주는 유익 둘째가 무엇입니까?
   (행 14:23, 기도생활에 도움을 줌)
3. 금식 훈련이 신앙생활에 주는 유익 셋째가 무엇입니까?
   (사 58:4, 영 육간에 큰 효능이 있음)

주간 경건의 시간 <39> · 날마다 말씀과 함께

요일 / 내용	월(Mon)	화(Tue)	수(Wed)	목(Thu)	금(Fri)	토(Sat)
찬송	361/ 327	397/ 357	396/ 356	411/ 563	487/ 369	495/ 438
성경	단 2:	단 3:	단 4:	단 5:	단 6:	단 7:
적용	꿈과 그 해석	풀무 가운데서	짐승의 마음을	명철과 총명 지혜	전 행하던 대로	다니엘의 꿈

* 무심코 던진 말 한 마디가 상대방의 가슴에 못을 박는다.
<유관지, 목사, 수필가, 교수, 극동방송전도국장>

10단원 말씀결실의 달

제40과

회개의 열매를 맺자

찬송 / 343, 344, 358/ 새 544, 545, 552

성경 / 마태복음 3:1-9

요절 / 마태복음 3:8

"그러므로 회개에 합당한 열매를 맺고"

목표/ 성도마다 회개의 합당한 열매를 맺도록 한다.

시작하는 말

열매란 모든 일의 결과를 지칭하는 말이기도 합니다. 신앙의 열매란 신앙생활에 따르는 가시적인 결과를 말하는 것입니다. 회개의 열매 또한 그렇습니다. 회개한 사람의 생활 속에 나타나는 가시적인 변화를 일컬어서 '회개의 열매'라고 말합니다. 누가 스스로 회개했노라고 확언할지라도 사랑하고 화목하며 오래 참음의 가시적인 열매가 없거나, 그 성도의 삶에 변화가 없다면, 그것은 진정한 회개가 아닙니다. 회개에 합당한 열매가 무엇인가를 알아보도록 하겠습니다.

오늘의 말씀

1. 회개의 합당한 열매란 죄와의 결별을 의미합니다(롬 6:23)

회개란 불의하고 악한 생활로부터 돌이키는 것이므로 필연적으로 죄와의 결별이 따르게 되어 있습니다. 만일 누가 회개했노라 하면서 여전히 죄악 생활을 반복하고 있다면 그것은 거짓입니다. 형식적인 회개에 불과합니다. 진정한 회개란 죄와의 단절, 악과의 결별이라는 과정이 따라야만 가능한 것입니다. 죄와 악이라는 것은 컴퓨터의 악성 코드와 같아서 하나님과의 교통을 단절시키고 지연시키며, 불안전하게 만드는 것입니다. 성도의 기도마저 응답받지 못하게 합니다. 죄의 삯은 사망입니다. 아무리 좋은 일을 많이 해도, 죄의 문제를 해결받지 못하고는 누구도 행복한 삶을 살아갈 수 없습니다. 회개에 합당한 열매를 맺으며 화목하고 멋진 삶을 살아가시기 바랍니다.

· 함께 읽어요 : 로마서 6장 23절
"죄의 삯은 사망이요 하나님의 은사는 그리스도 예수 우리 주 안에 있는 영생이니라."

2. 회개한 자는 의를 좇는 생활을 해야 합니다(고전 6:9~10)

회개한 사람의 생활은 소극적으로는 죄악의 생활을 버리고 떠나는 것이고, 적극적으로는 선하고 의로운 생활을 실천하면서 살아가는 것입니다. 불의를 행하던 사람이 이전과 같이 계속 불의한 생활을 하고 있다면 회개했다고 볼 수 없는 것입니다. 분명히 알아야 할 것은 주의 이름을 부르는 자마다 불의에서 떠나야 한다는 것입니다(딤후 2:19). 때문에 불의한 자는 하나님의 나라를 유업으로 받지 못한다는 것입니다. 이것은 하나님과의 화목의 단절을 의미합니다.

성경은 분명히 우리 성도들은 신분에서 하나님의 자녀라고 합니다. 또한 우리의 몸이 하나님의 전이라는 것입니다. 거룩하신 분이 우리 안에 거한다는 것은 놀라운 사실이 아닙니까? 그러므로 철저하게 회개하고 하나님과 화목하며 의를 좇는 삶을 살아가시기를 바랍니다.

· 함께 읽어요 : 로마서 15장 2절

"우리 각 사람이 이웃을 기쁘게 하되 선을 이루고 덕을 세우도록 할지니라."

3. 회개한 자는 선행에 힘쓰는 삶을 살아가야 합니다(엡 2:10)

회개한 사람의 삶의 특징 중에 또 하나는 선행을 힘쓰는 삶의 모습으로 나타나야 합니다. 회개란 악하고 이기적인 모든 것들로부터 돌이키는 것이 회개이기 때문입니다. 바울은 우리 성도들이 그리스도 안에서 새로 지음을 받았다고 증거 했습니다. 새로운 피조물이라는 것입니다. 새롭게 지음을 받았으면 세상 사람들과는 구별된 생활을 해야 하는 것입니다. 새롭게 변화함을 입은 자로서의 새로운 삶을 살아가야 합니다. 예수님 당시의 유대인들은 율법에 정통하여 경건의 모양은 있었지만 근본적으로 새롭게 되지 못했기 때문에 주님의 책망을 받은 것입니다.

주님은 산상보훈에서 이르기를 나무는 '열매'를 보고 안다고 했습니다. 인생도 그 열매를 보아 알 수 있는 것입니다. 열매, 즉 합당한 생활로 우리가 성도요, 하나님의 자녀인 것을 증거 해야 하는 것입니다. 선행을 멀리하는 사람에게 선하다고 평가하는 사람은 없습니다. 회개의 열매란 완전히 변화된 모습, 새롭게 거듭난 생활을 가리킵니다. 다시는 죄를 가까이 하지 않는 삶을 말합니다.

성도 여러분! 여러분들은 회개하셨습니까? 그렇다면 삶에 새로운 변화가 있어서 의롭고 선한 생활을 살아가시기를 바랍니다.

· 함께 읽어요 : 에베소서 2장 10절

"우리는 그의 만드신 바라 그리스도 예수 안에서 선한 일을 위하여 지으심을 받은 자니 이 일은 하나님이 전에 예비하사 우리로 그 가운데서 행하게 하려 하심이니라."

정리하는 말

사랑하는 성도 여러분! 훈련을 열심히 받은 사람은 경기에서 그 결과가 나타나고, 공부를 열심히 한 사람은 성적에서 그 결과가 나타납니다. 결과를 보고 전체를 평가할 수 없지만, 적어도 그 진행 과정을 평가하는 것은 가능합니다. 회개했다고 하면서 그 사람의 삶이 전과 달라진 것이 없다면 문제가 있는 것입니다. 혹시 실수는 할 수 있으되 회개한 사람의 삶은 그 목표와 방향이 완전히 바뀌어야 합니다. 여러분! 이런 귀한 회개의 열매를 맺으시기를 바랍니다.

평가와 결심

1. 회개의 열매란 첫째 무엇을 말합니까?

    (롬 6:23, 죄와의 결별을 말함)

2. 회개의 열매란 둘째 무엇을 말합니까?

    (고전 6:9~10, 의를 좇는 생활을 말함)

3. 회개의 열매란 셋째 무엇을 말합니까?

    (엡 2:10, 선행을 힘쓰는 삶을 말함)

주간 경건의 시간 <40> · 날마다 말씀과 함께

요일 / 내용	월(Mon)	화(Tue)	수(Wed)	목(Thu)	금(Fri)	토(Sat)
찬송	88/ 88	173/ 184	174/ 196	198/ 264	480/ 361	325/ 535
성경	마 2:	마 3:	마 4:	마 5:	마 6:	마 7:
적용	별을 보고	성령과 불	성령에게 이끌리어	예물 제단 앞에 두고	이렇게 기도하라	문을 두드리라

* 진정한 회개는 죄악된 행동을 그만 두는 것이다. <성 암부로스(340-87) 주교>

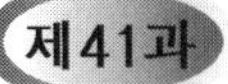

구원의 열매를 맺자

찬송 / 354, 310, 371/ 새 215, 591, 580

성경 / 요한복음 4:31-38

요절 / 갈라디아서 5:22-23

"22 오직 성령의 열매는 사랑과 희락과 화평과 오래 참음과 자비와 양선 과 충성과 23 온유와 절제니 이 같은 것을 금지할 법이 없느니라."

목표/ 성도로서 구원의 열매를 맺도록 태도를 기른다.

시작하는 말

성경에서 구원 얻은 백성을 곡식 또는 열매로 표현한 곳이 많습니다. 구원 얻은 하나님의 백성은 천국의 알곡이요, 열매인 것입니다. 복음을 받아 회개하고, 진실한 믿음 생활을 했다면 삶에서 열매가 맺혀져야 하는 것입니다. 농부 되신 하나님께서 이 세상을 창조하신 목적은 바로 '영생과 구원에 이르는 열매'인 성도를 얻고자 하심입니다. 구원의 열매란 어떤 내용과 뜻을 지니고 있는지 살펴보겠습니다.

오늘의 말씀

1. 성도는 영생에 이르는 열매들입니다(롬 6:22)

하나님께는 우리 구원 얻은 성도 그 자체가 '영생에 이르는 열매'인 것입니다. 마태복음 13장에서 주님께서는 세상은 하나님의 창조의 밭이요, 자신은 씨 뿌리는 자로 비유했습니다. 싹이 날 때 가라지도 보이지만 추수 때에 알곡만을 거둬들여 천국 창고에 들이실 것을 말씀했습니다. 예수 그리스도를 영접하고 하나님께 순종하는 사람들이 하나님께서 창조하신 목적에 맞는 사람들이요, 창조의 열매들인 것입니다(엡 1:4, 12). 전에는 세상 죄인들처럼 '사망에 이르는 열매'(롬 6:21)들이었으나 구원의 복음에 순종한 결과 그리스도 예수께 '접붙임'(롬 11:17)으로 인해 구원에 이르는 열매들을 맺히게 된 것입니다. 성도들은 신앙의 연단과정을 거쳐야하겠기에 '영생에 이르는 열매'라고 한 것입니다. 바로 그리스도와 밀접한 교제와 화목, 그리고 인내로 믿음을 지켜가야 성숙한 열매로 주님을 기쁘시게 하는 것입니다.

· 함께 읽어요 : 로마서 6장 22절

"그러나 이제는 너희가 죄에게서 해방되고 하나님께 종이 되어 거룩함에 이르는 열매를 얻었으니 이 마지막은 영생이라."

2. 성령의 열매를 맺는 성도여야 합니다(갈 5:22~23)

성경은 구원의 열매를 '성령의 열매'로도 표현합니다. 성령의 열매란 그리스도의 영이신 성령과 교제하고, 성령께 순종하는 생활을 한 결과 성도들의 영혼과 인격에 맺어지는 그리스도의 성품들을 가리키는 것입니다. 베드로 사도는 정욕을 인하여 썩어질 것을 피하여 '신의 성품'에 참여하는 자가 되게 하셨다고 했습니다. 성령으로 인해 성도 안에 맺어진 그리스도의 성품의 열매가 곧 하나님의 성품에 참여케 된 구원의 증표라는 의미입니다. 성령의 열매가 맺혀져 있어야 영생을 얻습니다. 불신과 욕심과 더러운 품성으로 이루어진 '육신의 열매'를 맺는 자는 사회적인 지위가 어떻든 천국 백성이 될 수 없습니다. 모든 일에 자기 육신을 위해 심지 않고 오직 성령 안에서 하나님의 뜻을 좇아 심고, 행한 성도들만이 인격에 영원한 성령의 열매를 맺게 될 것입니다(갈 6:8). 여러분들의 인격에 성령의 열매를 주렁주렁 맺혀 천국으로 입성하는 천국백성들이 다 되시기를 바랍니다.

· 함께 읽어요 : 베드로후서 1장 4~7절

"4 이로써 그 보배롭고 지극히 큰 약속을 우리에게 주사 이 약속으로 말미암아 너희로 정욕을 인하여 세상에서 썩어질 것을 피하여 신의 성품에 참예하는 자가 되게 하려 하셨으니 5 이러므로 너희가 더욱 힘써 너희 믿음에 덕을, 덕에 지식을, 6 지식에 절제를, 절제에 인내를, 인내에 경건을, 7 경건에 형제 우애를, 형제 우애에 사랑을 공급하라."

3. 부활의 열매를 얻게 될 성도여야 합니다(고전 15:23)

성경은 구원의 열매를 또 다른 표현으로 '부활의 열매'라고 표현합니다. 죽음과 사망 권세를 이기고 부활하는 것이 곧 구원의 증점이기 때문입니다. 우리가 다 죄로 인해 죽음의 벽을 뚫지 못하고, '썩는 씨앗들'이 되었었는데, 오직 예수 그리스도만이 그 사망 권세를 이기시고, 부활하셨던 것입니다. 그래서 그리스도는 '부활의 첫 열매'(고전 15:23)가 되신 것입니다. 이제 그리스도로 인해 수많은 부활의 열매들이 창출된 것입니다. 바로 그리스도를 믿고 그분과 하나가 된 성도들을 뜻합니다. 부활은 죄와 사망으로 대표되는 사탄(Satan)의 권세에 대한 성도의 승리의 표적이 될 것입니다(고전 15:54~57). 부활로 말미암아 성도의 영생 구원의 삶은 영원히 보장되고 구현되는 것입니다. 썩지 않는 인간, 신령한 몸으로 변화되었음을 감사하시기 바랍니다.

· 함께 읽어요 : 고린도전서 15장 23절

"그러나 각각 자기 차례대로 되리니 먼저는 첫 열매인 그리스도요 다음에는 그리스도 강림하실 때에 그에게 붙은 자요."

정리하는 말

사랑하는 성도 여러분! 여러분들은 하나님의 창조의 세계의 궁극적인 열매들입니다. 현세에서는 성령의 열매로 구원받을 자신을 확신하고, 내세에서는 부활의 열매로 확인하게 될 것입니다. 여러분들 속에 하나님의 성품을 닮아, 죽지 아니할 영원한 하늘 백성으로서 하나님과 이웃과 더불어 영광스럽게 살아가는 백성 되시기를 바랍니다.

평가와 결심

1. 구원의 열매란 첫째 무엇을 가리킵니까?
   (롬 6:22, 영생에 이르는 열매인 성도)
2. 구원의 열매란 둘째 무엇을 가리킵니까?
   (갈 5:22~23, 성령의 열매 맺는 성도)
3. 구원의 열매란 셋째 무엇을 가리킵니까?
   (고전 15:23, 부활의 열매를 얻게 될 성도들)

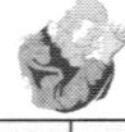

주간 경건의 시간 <41> · 날마다 말씀과 함께

요일 / 내용	월(Mon)	화(Tue)	수(Wed)	목(Thu)	금(Fri)	토(Sat)
찬송	86/ 86	405/ 305	403/ 303	368/ 326	268/ 505	223/ 236
성경	요 2:	요 3:	요 4:	요 5:	요 6:	요 7:
적용	물을 채우라	물과 성령으로	신령과 진정으로	영생을 얻었고	생명의 떡이라	목마르거든 내게로

* 하나님이 영혼을 구원하시기 위하여 어떤 때는 우리 육신에 병을 준다.

<성 프랜시스(1567~1622), 프랑스 주교, 작가>

제42과

찬미의 열매를 맺자

찬송 / 46, 44, 43/ 새 31, 19, 40

성경 / 히브리서 13:12-17

요절 / 히브리서 13:15

"이러므로 우리가 예수로 말미암아 항상 찬미의 제사를 하나님께 드리자 이는 그 이름을 증거 하는 입술의 열매니라."

목표/ 성도로서 찬미의 열매를 맺도록 말씀을 실천하는 태도를 기른다.

시작하는 말

성경에서는 입은 그 사람의 인격의 창구로 상징됩니다. 본문은 그와 같은 '입술의 열매'는 바로 하나님께 대한 찬미임을 증거해 줍니다. 이 '찬미의 열매'는 성도들이 맺어야 할 신앙적인 삶의 열매 중에서 가장 아름답고 영구한 것이 될 것입니다. 천국에 가서도 세세토록 하나님을 찬미하며 살아갈 성도의 삶이기 때문입니다(계 7:9~12). 본과에서는 구원받은 성도들의 삶의 특색이요, 증표인 찬미의 열매에 대해 함께 생각해 보겠습니다.

오늘의 말씀

1. 찬미는 성도의 인격이며 진정한 예배입니다(엡 1:14)

시편 기자는 다짐하기를 "나의 평생에 여호와께 노래하며 나의 생존한 동안 내 하나님을 찬양하리로다"(시 104:33)라고 했습니다. 찬미는 세상의 가요나 민요나 명곡과 다릅니다. 찬미는 하나님을 경외하고 높이는 최선의 수단입니다. 즉 최고, 최선의 예배가 찬미인 것입니다. 그래서 성경은 하나님께 대한 감사와 찬양을 예배 개념과 동일하게 다룹니다. 하나님께 대한 찬미가 결여된 예배는 이미 그 본질을 잃은 것입니다.

바울은 하나님 나라의 속성을 "성령 안에서 의와 평강과 희락이라" (롬 14:17)고 했습니다. 찬송과 찬미야말로 기쁨과 환희가 넘치는 삶의 표현이며 화목한 삶의 외형인 것입니다.

· 함께 읽어요 : 에베소서 1장 14절
"이는 우리의 기업에 보증이 되사 그 얻으신 것을 구속하시고 그의 영광을 찬미하게 하려 하심이라."

2. 성도의 찬미는 하나님의 승리의 선포입니다(시 89:16)

시편 기자는 찬송은 주께로부터 주어지는 것이라고 증거 했으며(시 22:25), 하나님을 의뢰할 때 찬송할 수 있다고 고백했습니다(시 56:4). 그러므로 성도의 삶에 찬미의 열매가 맺히려면 날마다 하나님 말씀을 묵상하며 기도해야 합니다. 또한 자신의 잘못을 회개할 때 기쁨이 넘쳐 찬송할 수 있는 것입니다. 이 땅의 일시적인 부와 영예로는 진정한 찬미를 할 수 없고, 오직 구원의 기쁨과 영생의 소망으로만이 성도로 하여금 그 영혼과 삶에 찬미의 열매를 맺게 해 줍니다. 성도가 그의 삶에서 보람과 승리를 얻는 성도만이 하나님의 영광을 기쁘게 찬미할 수 있습니다. 찬미의 열매는 하나님의 진리대로 행한 성도들에게 주시는 하나님의 승리의 상급이 될 것입니다.

· 함께 읽어요 : 시편 89장 16절
"종일 주의 이름으로 기뻐하며 주의 의로 인하여 높아지오니."

3. 성도의 찬미는 삶과 영혼을 풍요롭게 합니다(시 50:14)

많은 사람들 앞에서 칭찬과 영광을 받으면 누구나 그렇게 좋아할 수가 없습니다. 사람들은 자신을 칭송해 주기를 원합니다. 심리학자들은 그것을 '자아실현의 욕구'라고 하여 인간의 욕망 중 가장 종국적인 것으로 말합니다. 하나님께 대한 성도의 찬미가 갖는 진정한 가치가 여기에 있습니다. 천지만물을 창조하시고 그 아들까지 희생시키셔서 성도들을 구속하시는 최종의 목적은 그 대상들로부터 오직 감사와 찬송을 듣고자 하심입니다. 창조주로서, 섭리주로서, 또 구속자로서 원하시는 바는 오직 하나님이 최고요, 하나님께 감사하다는 응답을 듣기 위함입니다. 그러므로 성도의 삶에 맺힌 찬미의 열매는 하나님의 창조 목적을 완성시키시는 귀한 가치가 있는 것입니다.

찬미의 삶은 먼저 성도 자신들의 생활과 영혼을 풍요롭고 아름답게 만듭니다. 하나님을 찬송하는 성도들의 마음은 살찔 것이라고 했습니다(시 22:26). 하나님을 찬미하는 성도의 마음은 여유롭고 너그러울 수 밖에 없습니다. 모든 일에 대해 화평과 믿음과 소망으로 대하고 힘쓰니 만사형통하고 행복감을 맛보게 될 것입니다. 또한 그와 같은 성도의 생활 모습은 이웃에게도 빛이 됩니다.

찬송은 위력이 있습니다. 찬송을 통해서 은혜 받고 주님께르 돌아온 자들이 많습니다. 극심한 박해를 이겨냈습니다. 초대교회의 교부 폴리갑은 순교의 제물이 되면서도 신앙을 고백하면서 찬송하며(글로리아파트리 : 통일찬송가 2장, 4장) 당당히 순교했습니다. 사랑하는 성도 여러분! 삼위 하나님께 항상 찬미의 제사를 드리시기를 바랍니다.

· 함께 읽어요 : 시편 50편 14절

"감사로 하나님께 제사를 드리며 지극히 높으신 자에게 네 서원을 갚으며"

정리하는 말

사랑하는 성도 여러분! 찬미의 열매는 구원 받은 성도들이 하나님의 자녀 됨의 표식이요, 성도의 영적 투쟁의 무기입니다. 또한 불신자들에게 하나님의 존재와 그 영광을 나타내는 표적이 됩니다. 신자들에게 은혜의 방편이 됩니다. 찬미의 열매, 하나님께 충성한 성도들만이 얻게 될 가장 아름다운 열매로 하나님께 크신 영광 돌리시기를 바랍니다.

평가와 결심

1. 찬미의 두 가지 의미가 무엇입니까?
   (엡 1:14, 예배의 본질이며, 성도된 삶의 증표임)
2. 어떻게 찬미를 열매를 맺을 수 있겠습니까?
   (시 89:16, 하나님의 은혜를 입고, 진실한 생활을 해야 함)
3. 찬미의 열매의 진가가 무엇입니까?
   (시 50:14, 하나님께 영광과 기쁨이 되고, 자신과 이웃에게 축복이 됨)

주간 경건의 시간 <42> · 날마다 말씀과 함께

요일 / 내용	월(Mon)	화(Tue)	수(Wed)	목(Thu)	금(Fri)	토(Sat)
찬송	399/ 546	381/ 333	382/ 347	214/ 270	480/ 361	462/ 432
성경	히 8:	히 9:	히 10:	히 11:	히 12:	히 13:
적용	새 언약을 세우리라	영원하신 성령	예수의 피 힘입어	믿음이 없이는	믿음의 주요	형제사랑 계속하고

* 찬양은 기도보다 더 거룩하다. 기도는 우리의 길을 하늘로 향하게 하지만 찬양은 이미 그곳에 있다. <에드워드 영(1683~1765) 영국 시인>

10단원 말씀 결실의 달

제43과

전도의 열매를 맺자

찬송 / 263, 262, 265/ 새 511, 523, 516

성경 / 사도행전 1:1-8

요절 / 사도행전 1:8

"오직 성령이 너희에게 임하시면 너희가 권능을 받고 예루살렘과 온 유대와 사마리아와 땅 끝까지 이르러 내 증인이 되리라 하시니라."

목표/ 교회의 사명인 전도의 열매를 맺는 태도를 기른다.

시작하는 말

전도는 주님의 지상명령입니다. 교회를 아무리 크게 짓고 훌륭한 시설을 갖추어 놓았더라도 전도를 하지 않는다면 교회의 본분을 망각한 것입니다. 또한 교회를 이루고 있는 구성원들이 그리스도의 복음을 경시하고, 하나님의 구원과 뜻에 순종치 않고 전도하지 않는다면 결코 그런 교회는 성장할 수 없습니다. 요즘 전도한다고 기존의 신자들을 데려다 놓습니다. 하워드 스나이더는 '하나님의 나라는 왕의 공동체'(The Community of the King.)로서 성장해야 한다고 했습니다. 모두 왕이신 우리 아버지 하나님 나라의 백성이며 일꾼으로, 화목한 일꾼으로 성장되시기를 바랍니다.

오늘의 말씀

1. 전도를 위해서는 준비가 필요합니다(요 3:11)

전도자는 먼저 자기 자신이 '구원의 확신'이 있어야만 합니다. 그러므로 주님은 "우리 아는 것을 말하고 본 것을 증거 하노라"고 했습니다(요 3:11). 어느 누구도 구원에 대한 확신이 없이 가족이나, 이웃에게 그리스도를 전한다고 하는 것은 불가능한 일입니다. 전도자는 성경을 믿고 의뢰하며 또한 잘 알아야만 합니다. 성경은 확실하며 완전합니다(시 19:7, 렘 23:29). 전도자는 성령의 감동을 받고 성령의 도우심을 의지해야 합니다. 성령님은 전도 대상자의 마음을 감동시켜 주심으로 전도 사역에 열매 맺히게 하십니다. 전도자의 내적 준비로 인내심, 외적 준비로 단정한 용모, 휴대용 성경을 가지면 좋습니다. 이와 더불어 기도와 간구로 준비하여 전도 사역에 성공할 수 있기를 바랍니다.

· 함께 읽어요 : 요한복음 3장 11절
"진실로진실로 네게 이르노니 우리 아는 것을 말하고 본 것을 증거 하노라 그러나 너희가 우리 증거를 받지 아니하는도다."

2. 전도자는 구원의 복음만을 전해야 합니다(막 16:15)

예수 그리스도께서도 복음의 전령자로서 세상에 오신 것입니다. 전도는 값없이 은혜로 말미암아 구원받은 자로서 우리 성도가 마땅히 갚아야 할 사랑의 빚이요, 또한 나를 구원하신 주님께서 명령하신 것이므로 반드시 행해야 할 성도의 의무인 것입니다. 불신 이웃, 친척, 병든 사람, 고통을 당하는 이 모든 사람들이 바로 복음 선포의 대상입니다. 전도자는 구원의 복음의 내용을 잘 알아서 전해야 합니다. 전도는 '개인전도'도 있지만, 단체로 함께 같은 시간대에 전 할 수도 있습니다. 성도 여러분! 개인으로 전하든, 소수의 전도대나 단체로 복음을 전하든 전해지는 주요 내용은 사랑의 하나님, 십자가에서 대속해 주신 그리스도의 중대한 생애인 '동정녀 탄생, 십자가에서 죽으심, 부활, 승천, 재림' 그리고 살아계신 하나님, 성령님을 전해야 합니다.

· 함께 읽어요 : 마태복음 28장 19~20절

"19 그러므로 너희는 가서 모든 족속으로 제자를 삼아 아버지와 아들과 성령의 이름으로 세례를 주고 20 내가 너희에게 분부한 모든 것을 가르쳐 지키게 하라 볼지어다. 내가 세상 끝날 까지 너희와 항상 함께 있으리라 하시니라."

3. 전도한 성도를 신앙으로 양육해야 합니다(딤전 4:6)

전도해서 교회에 들어온 원입성도를 하나님의 사랑으로 환영하고, 교회의 공식예배, 기도모임, 봉사활동에 잘 참석하도록 해야 합니다.

새신자 양육 프로그램에 의하여, 심방과 개인 전도편지를 통하여 항상 관심을 가지고, 친절과 사랑으로 신앙지도를 잘 감당해야 합니다. 가장 효과적이고 유익한 방법은 전도해서 인도해 온 새신자가 혼자 힘으로도 예배나 전도, 봉사활동에 참석할 수 있을 때까지 돌보고 사랑으로 양육하는 것입니다. 전도자는 이제 전도의 열매가 완전하고 충실하게 맺게 하기 위해 예배, 기도, 헌금, 봉사, 모임, 전도 등에 관해 상세히 설명해 주며, 신앙 성장에 도움을 주어야 합니다. 진정한 교회 성장 원리는 '성경중심', '그리스도 중심', '복음 중심'으로 이루어져야 합니다. 진정으로 교회는 오직 하나님께 예배하고, 그분만을 영화롭게 하는 집단으로서 거듭나야 합니다. 하나님 나라의 확장은 인간의 힘과 능력에 의한 것이 아니라 성령과 진리의 말씀에 의해 가능하다는 것을 유념하고서(고전 4:6; 12:3) 전파하고 화목하게 하는 직책을 잘 감당하도록(고후 5:18) 가르치는 일에 최선을 다하시기를 바랍니다.

· 함께 읽어요 : 디모데후서 2장 1~2절

"1 내 아들아 그러므로 네가 그리스도 예수 안에 있는 은혜 속에서 강하고 2 또 네가 많은 증인 앞에서 내게 들은 바를 충성된 사람들에게 부탁하라 저희가 또 다른 사람들을 가르칠 수 있으리라."

정리하는 말

사랑하는 성도 여러분! 여러분들이야말로 하나님 나라의 확장을 위하여 부름 받은 하나님의 추수할 일꾼들입니다. 한 영혼이 세상 모든 것보다 귀하다는 생각을 가지시고, 구원의 복음, 화목하게 하는 말씀을 전하는 일에 최선을 다하셔서 귀한 전도의 열매로 영광 돌리시기 바랍니다.

평가와 결심

1. 전도를 위해서 무엇을 어떻게 준비해야 합니까?
   (요 3:11, 영적 준비, 내적 외적 준비)
2. 복음 전도자가 무엇을 전해야 합니까?
   (막 16:15, 하나님, 성령, 그리스도의 5대 생애)
3. 전도한 새 신자를 위해서 해야 일이 무엇입니까?
   (딤전 4:6, 신앙 성장을 위해 양육을 해야 함)

주간 경건의 시간 <44> · 날마다 말씀과 함께

요일 / 내용	월(Mon)	화(Tue)	수(Wed)	목(Thu)	금(Fri)	토(Sat)
찬송	397/ 357	396/ 356	228/ 245	223/ 236	173/ 184	217/ 425
성경	전 1:	전 2:	전 3:	전 4:	전 5:	전 6:
적용	헛되고 헛되며	술로 육신을	때를 따라	삼 겹 줄	하나님을 경외	생명의 모든 날

* 내가 복음을 전하지 않으면 지옥에 가리라. <윌리엄 A(빌리) 선데이, 1683~1935>

제44과

하나님께 감사하자

찬송 / 306, 307, 433/ 새 587, 588, 383
성경 / 시편 107:1-3
요절 / 시편 107:1
"여호와께 감사하라 그는 선하시며 그 인자하심이 영원함이로다."
목표/ 하나님께 감사를 실천하는 태도를 가지게 한다.

시작하는 말

이번 단원에서는 감사의 대상을 바로 찾아 감사를 실천하도록 가르치고 배워야 하겠습니다. 성도라면 세상에서 헛된 데 감사치 말고, 진정한 감사대상을 찾아 감사해야 합니다. 진정한 감사의 대상은 누구일까요? 첫째로 감사의 대상은 하나님이십니다. 다음에는 예수님께 감사를 드리셔야 합니다. 마지막으로 성령님께 감사를 드려야 합니다. 그리스도인들의 최선의 감사의 방법은 찬송입니다. 여러분 모두 찬송으로 진정한 감사를 생활화하시기를 바랍니다. 오직 하나님을 사모하며 감사로 일관하시기 바랍니다.

오늘의 말씀

1. 하나님께서 구원을 예정해 주셨음을 감사해야 합니다(엡 1:5)

하나님께서 우리를 구원하시기로 예정하신 것은 '만세 전'(고전 2:7)

이요, '창세 전'(엡 1:4)이요, '영원 전'(딤후 1:9)부터라고 말씀하고 있습니다. 만유가 생기기 전에 이미 하나님께서는 '기쁘신 뜻'(엡 1:5, 9)에 따라 미리 결정해 놓으셨습니다. 이것을 '예정'(豫定)이라고 합니다. 여러분이나 저를 사랑으로 구원하시기 위해 예정하시고, 예수 그리스도를 영접할 자로 예정하시고, 하나님께서 선택해 주셨으며, 작정하셨으니 어찌 감사하지 않을 수 있겠습니까? 감사드리시기 바랍니다.

· 함께 읽어요 : 에베소서 1장 5절

"그 기쁘신 뜻대로 우리를 예정하사 예수 그리스도로 말미암아 자기의 아들들이 되게 하셨으니."

2. 그리스도를 보내주심을 감사해야 합니다(요일 4:10)

하나님께서 예정만 하시고, 실행치 않으셨다면 소용없을 것입니다. 그러나 고맙게도 하나님께서는 예정하시고, 선택해 놓으시고, 대속의 제물로 그리스도를 보내주셨습니다. 성도 여러분! 십자가 위에서 흘리신 그리스도의 보혈은 인간이 하나님으로부터 죄를 사함 받을 수 있는 유일한 길을 열어놓으신 것입니다. 여러분! 성도가 자신이 저지른 실수와 범죄로 인하여 죽음이 온 것입니다. 그러나 그리스께서 죄인들을 위하여 받으신 징계로 인하여_죄인들은 구속함을 받고 대신 그리스도께서 십자가에 달리시사 처절한 능욕과 고통을 당하시고, 무덤에 묻히시고, 죄인들을 의롭다 하시기 위해 부활하신 것입니다. 그리스도의 대속의 희생만이 하나님의 공의를 만족시키셨습니다. 따라서 그리스도를 믿고 받아들인 자들만이 구원과 생명을 얻게 된 것입니다. 그러므로 구원받은 자는 그리스도의 대속의 은혜를 영원히 잊을 수 없습니다. 그리스도에 대한 감사와 찬송은 구원받은 인간들뿐만 아니라 우주만물이 다 함께 영광과 찬양을 드려야할 것입니다.

· 함께 읽어요 : 요한1서 4장 10절
"사랑은 여기 있으니 우리가 하나님을 사랑한 것이 아니요 오직 하나님이 우리를 사랑하사 우리 죄를 위하여 화목제로 그 아들을 보내셨음이니라."

3. 성령을 보내주심을 감사해야 합니다(요 14:20)

그리스도께서는 십자가에서 대속의 죽음을 통해 구원을 완성하시고 부활, 승천하셨습니다. 이렇게 이루어 놓으신 구원을 우리 구원받을 무리들에게 적용시키기 위해 보혜사 성령을 약속했습니다. 오순절에 약속하신 성령을 보내주신 것입니다. 이 성령은 승천하신 그리스도께서 하나님 아버지께 요청하사 보내주신 것입니다(요 14:16~17). 성령을 보내주신 것은 권능을 받고 그리스도의 대속의 은혜(복음)를 전 세계 만민에게 증거하도록 하기 위해서였습니다. 성령은 교회가 복음을 증거할 때 복음을 듣는 심령들 속에 역사하사 회개하고 확신을 갖게 하십니다. 뿐만 아니라 뭇 영혼을 중생시키십니다(행 2:38, 엡 1:3). 구체적으로 중생한 하나님의 자녀를 인을 치시고(엡 1:13), 그리스도의 사람으로서 성숙시켜 가는 일을 계속하시는 것입니다. 성령은 믿는 자를 중생, 성화시키시고, 보호하고 인도하는 일을 하고 계십니다(요 14:16~18, 행 16:6~10). 또한 성령은 믿는 자를 위로하시고(행 9:31), 자유하게 하시며(고후 3:17), 각양 은사를 주어 일하게 하십니다(고전 12:3-11). 이처럼 성령은 신자의 삶의 전 영역을 주관하사 하나님의 자녀로서의 본분을 다할 수 있게 하십니다. 따라서 마땅히 우리의 삶을 주장하시는 성령을 보내 주신 하나님의 은혜를 감사하시기 바랍니다.

· 함께 읽어요 : 요한복음 14 장 16절
"16 내가 아버지께 구하겠으니 그가 또 다른 보혜사를 너희에게 주사 영원토록 너희와 함께 있게 하시리니"

정리하는 말

사랑하는 성도 여러분! 성부 하나님은 믿는 자의 구원을 위하여 만세 전부터 계획(예정)하시고, 성자 예수님은 십자가를 지셔서 구원을 완성시켜주셨고, 성령을 보내주심으로 그리스도를 믿는 자들에게 구원을 적용시켜 주시고 계십니다. 하나님의 이러한 꼼꼼한 사랑과 은혜에 감사를 드리되, 생명을 바쳐 다함이 없는 감사를 드리시기를 바랍니다.

평가와 결심

1. 성부 하나님께 감사드릴 첫째 조건은 무엇입니까?
   (엡 1:5, 구원을 예정해 주심을 감사)
2. 성부 하나님께 감사드릴 둘째 조건은 무엇입니까?
   (요일 4:10, 그리스도를 보내 주신 은혜를 감사)
3. 성부 하나님께 감사드릴 셋째 조건은 무엇입니까?
   (요 14:16~20, 성령을 보내 주심을 감사)

주간 경건의 시간 <44> · 날마다 말씀과 함께

요일 / 내용	월(Mon)	화(Tue)	수(Wed)	목(Thu)	금(Fri)	토(Sat)
찬송	455/ 370	456/ 430	498/ 441	424/ 380	432/ 382	433/ 383
성경	시 2:	시 3:	시 4:	시 5:	시 6:	시 7:
적용	기름 받은 자	주는 나의 방패	내 마음에 두신 기쁨	아침에 기도하고	내 기도를 받으심	죽일 기계

* 감사할줄 모르는 자들을 벌하는 법을 따로 세우지 않은 까닭은 감사할 줄 모르는 자들은 하나님께서 벌하시기 때문이다 <라이피곱스, 헬라 입법자>

11단원 감사 실천의 달

제45과

예수님께 감사하자

찬송 / 135, 89, 93/ 새 150, 89, 93

성경 / 히브리서 1:1-6

요절 / 요한복음 1:14

"말씀이 육신이 되어 우리 가운데 거하시매 우리가 그 영광을 보니 아버지의 독생자의 영광이요 은혜와 진리가 충만하더라."

목표/ 성도는 시험 중에도 예수님께 감사하는 태도를 기른다.

시작하는 말

사랑하는 성도 여러분! 일이 잘되고, 특별한 어려움이 없을 때는 감사하기가 수월합니다. 그러나 진정한 믿음이 있는 성도라면 어렵고 힘들어도 상관없이 감사해야 될 이유는 감사의 중심에 예수님이 계시기 때문입니다. 그분은 우리를 구원하시기 위하여 인간이 되셨고, 십자가를 지셨으며, 부활 승천하셔서 오늘도 영원한 중보자로 하나님 우편에 계십니다(히 1:3). 주님은 구속 사역을 완성시키기 위해 재림하실 것입니다. 그의 은혜로 구원 받은 성도들은 늘 감사해야 하는 것입니다.

오늘의 말씀

1. 인간이 되신 예수님께 감사해야 합니다(요 1:14)

바울은 "때가 차매 하나님이 그 아들을 보내사 … 율법 아래 있는 자들을 속량하시고 … 우리로 아들의 명분을 얻게 하려 하심이라"(갈

4:4~5)고 했습니다. 사도 요한은 이 그리스도의 오심을 '말씀이 육신이 되셨다'고 했습니다. 원죄와 자범죄로 인하여 영원히 죽었던 인간들을 구원하시려고 하나님의 아들 그리스도께서 육신을 입으시고 오셔서 십자가에서 대속의 죽음을 당했습니다. 이 어찌 감사치 않을 수 있겠습니까? 선지자 이사야가 화육(化肉)하신 독생자 예수 그리스도가 '임마누엘'이 될 것이라고 한 예언이 '하나님이 우리와 함께 계시다'는 현실로 성취된 것입니다(마 1:21). 하나님의 아들이 겸비와 수욕을 다 당하셨으니 우리는 만 입이 있어도 감사함을 다 표현할 수 없는 것입니다.

· 함께 읽어요 : 요한복음 1장 14절
"말씀이 육신이 되어 우리 가운데 거하시매 우리가 그 영광을 보니 아버지의 독생자의 영광이요 은혜와 진리가 충만하더라."

2. 십자가를 대신 지신 예수님께 감사해야 합니다(마 20:28)

마태는 증거하기를 하나님의 아들 예수 그리스도께서 세상에 오심은 섬김을 받으려 오신 것 아니고, 섬기려 오셨다고 했습니다. 그렇습니다. 예수께서 세상에 오신 궁극적인 목적은 십자가 위에서 대속제물이 되시기 위해서였다는 말씀입니다. 히브리서 기자는 피 흘림이 없은즉 사함도 없다고 했습니다. 그러므로 그리스도의 십자가를 지심은 인간의 죄를 대신하여 값을 치루시고, 하나님의 공의를 만족시키시고, 인간의 모든 죄를 용서해 주시기 위함입니다. 그러므로 그리스도께서 십자가를 지신 대속사역은 인간을 비롯한 모든 피조물과 하나님과의 화목을 목적으로 하셨다는 말씀입니다. 이에 감사하시기 바랍니다.

· 함께 읽어요 : 마태복음 20장 28절
"인자가 온 것은 섬김을 받으려 함이 아니라 도리어 섬기려 하고 자기 목숨을 많은 사람의 대속물로 주려 함이니라."

3. 부활 승천하신 예수께 감사해야 합니다(롬 4:25)

그리스도의 부활사건은 단순한 기쁨이 아닙니다. 예수 그리스도께서 십자가를 지심은 인간의 죄를 대속하기 위한 것이었고, 그의 부활사건은 인간을 의롭게 하시기 위해 꼭 필요한 것이었습니다(롬 4:25). 그리스도께서 부활하신 사건은 믿는 자들의 첫 열매가 되심으로써 '영원한 생명'에 대한 확증을 나타낸 것입니다(요 5:29).

또한 예수 그리스도의 5대 생애는 동정녀 탄생, 십자가에서 죽으심, 부활하심, 승천하심, 그리고 재림하심입니다. 예수 그리스도의 5대 생애 중 승천은 특히 두 가지 면에서 찬양 드려야 합니다. 첫째는 그의 승천으로 인하여 이루어진 성령께서 강림하실 수가 있었기 때문입니다(요 14:2~3). 다음은 재림을 준비할 수 있기 때문입니다.

그리스도의 승천으로 인하여 이루어진 성령의 강림은 신약 교회의 탄생과 복음전파를 통한 모든 민족의 구원사역의 성취를 가져왔습니다. 재림을 준비하시는 기간에는 성도들에 대한 영원한 대제사장으로서의 중보사역을 집행하심으로써 주님의 피 값으로 사주신 생명들을 보호하시고, 성장시키는 역할을 하고 계시는 것입니다. 이러한 모든 준비가 다 되었을 때, 주님은 하나님의 구원사역을 완결 짓기 위하여 이 세상에 다시 오실(재림) 것입니다.

· 함께 읽어요 : 로마서 4장 25절, 요한복음 14:2~3절

"예수는 우리 범죄 함을 위하여 내어줌이 되고 또한 우리를 의롭다 하심을 위하여 살아 나셨느니라."

"2 내 아버지 집에 거할 곳이 많도다 그렇지 않으면 너희에게 일렀으리라 내가 너희를 위하여 처소를 예비하러 가노니 3 가서 너희를 위하여 처소를 예비하면 내가 다시 와서 너희를 내게로 영접하여 나 있는 곳에 너희도 있게 하리라."

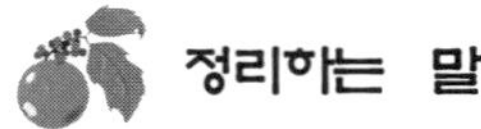

정리하는 말

사랑하는 성도 여러분! 왜 우리가 주님을 믿고 의지해야 합니까? 우리 인간을 죄와 죽음에서 구원하시기 위하여 인간이 되시고, 십자가 위에서 대속제물이 되셨기 때문입니다. 부활, 승천하신 예수 그리스도는 영원히 찬송을 받으실 이름이요, 세세 무궁토록 감사를 받으시기에 합당하신 하나님의 아들이십니다. 그리스도 예수께 최상의 영광과 감사를 드리시기를 바랍니다.

평가와 결심

1. 성자 예수님께 감사드려야할 이유 첫째는 무엇입니까?
(요 1:14, 사람의 몸을 입고 오셨기 때문에)
2. 성자 예수님께 감사드려야할 이유 둘째는 무엇입니까?
(마 20:28, 십자가를 지셨기 때문에)
3. 성자 예수님께 감사드려야할 이유 셋째는 무엇입니까?
(롬 4:25, 부활 · 승천하셨기 때문에)

주간 경건의 시간 <45> · 날마다 말씀과 함께

요일 / 내용	월(Mon)	화(Tue)	수(Wed)	목(Thu)	금(Fri)	토(Sat)
찬송	382/ 347	271/ 495	399/ 546	411/ 563	410/ 310	507/ 455
성경	시 16:	시 17:	시 18:	시 19:	시 20:	시 21:
적용	재어준 구역	나를 눈동자같이	말씀은 정미하심	금 곧 정금보다	일어나 서도다!	정금 면류관

* 감사는 위대한 교양의 결실이며 조야(粗野)한 사람 중에서는 얻기 어려운 것이다.
<사무엘 존슨(1709-1784) 영국 저술가, 담화가>

제46과

성령 하나님께 감사하자

찬송 / 210, 178, 169/ 새 188, 197, 182

성경 / 요한복음 14:15-20

요절 / 요한복음 14:16

"내가 아버지께 구하겠으니 그가 또 다른 보혜사를 너희에게 주사 영원토록 너희와 함께 있게 하시리니"

목표/ 성령을 통해 주시는 은혜에 감사하는 태도를 기른다.

시작하는 말

성도가 감사를 드려야 하는데 그 대상은 분명히 하나님이십니다. 감사드려야 할 대상 가운데 한 분이 성령 하나님입니다. 성령님은 많은 성도들의 입에 오르내리며 우리와 매우 친숙한 분이십니다. 그러나 감사의 대상이 아닌 것처럼 생각할 수 있습니다. 이번 공과를 통하여 성령님이 분명한 감사의 대상임을 알고 감사드리시길 바랍니다.

오늘의 말씀

1. 성령 충만함을 통한 감사를 드려야 합니다(엡 5:18)

성경은 하나님의 약속들로 가득 채워진 매우 특별한 책입니다. 거기에서 수만 가지 약속들을 발견하게 되는데, 그 가운데 하나가 성령 충만함에 대한 약속입니다. 요엘 선지자를 통하여 분명하게 약속하시고, 오순절 날에 "홀연히 하늘로부터 급하고 강한 바람 같은 소리가 있어 저희 앉은 온 집에 가득하며 불의 혀같이 갈라지는 것이 저희에게 보여 각 사람 위에 있더니"(행 2:2~3) 라는 말씀처럼 강림하신 것입니다. 성령 충만의 명령이야말로 말세를 살아가는 성도들에게 꼭 필요하기 때문에 말씀하신 것입니다. 여러분! 성령 충만히 받으십시오. 성령 충만 하십시오. 성령 충만한 사람의 삶은 나 혼자만의 삶이 아니요, 하나님이 함께 하셔서 희망차고 아름답습니다.

· 함께 읽어요 : 엡 5장 18~21절

"술 취하지 말라 이는 방탕한 것이니 오직 성령의 충만을 받으라 19 시와 찬미와 신령한 노래들로 서로 화답하며 너희의 마음으로 주께 노래하며 찬송하며 20 범사에 우리 주 예수 그리스도의 이름으로 항상 아버지 하나님께 감사하며 21 그리스도를 경외함으로 피차 복종하라."

2. 진리 안에서 행함을 통해 감사해야 합니다(요삼 1:3)

성도들은 마땅히 진리의 영이신 성령의 인도함을 받아 진리 가운데 살아야 하는 것입니다. 성령을 좇아 행하면 거룩한 삶을 살게 됩니다. 성령은 말씀을 통해서 역사하십니다. 사랑하는 성도 여러분! 가시적으로 나타나는 표적이나 이적기사가 중요한 것이 아닙니다. 말씀을 좇아 사는 삶이 중요합니다. 주의 말씀이 법이 되고 가치의 기준, 판단의 척도가 될 때 그 삶을 거룩하다 할 수 있습니다. 성령 안에서만 이런 삶이 가능합니다. 성령의 인도함을 받을 때에 비로소 진리 안에 살아갈 수 있습니다. 그러므로 우리를 진리 가운데로 인도하는 성령께 감사하는 것은 당연한 일입니다. 성령의 인도를 좇으면 그리스도의 눈으로 세상과 사람들을 볼 수가 있습니다. 성령님께서 우리 성도들을 완전한 삶으로 이끌어 줍니다. 성령을 통해 진리 안에서 행함으로 서로 화목한 삶, 복된 삶을 살아가게 됨을 감사하시기 바랍니다.

· 함께 읽어요 : 요한3서 1장 3절

"형제들이 와서 네게 있는 진리를 증거하되 네가 진리 안에서 행한다 하니 내가 심히 기뻐하노라."

3. 거룩한 삶의 열매를 통해 감사를 드려야 합니다(갈 5:22~23)

성도는 삶 속에서 참된 열매가 나타나야 합니다. 과일도 제대로 성숙하게 익어야 맛이 있는 법입니다. 우리 성도들이 맺어야 할 열매는 성령의 열매입니다. 성령이 충만한 사람, 성령의 인도를 따르는 사람들에게서 나타나는 인격의 열매가 성령의 열매입니다. '사랑'이 여기에 속하고, '기쁨'과 '평화'도 여기에 속합니다. '오래 참음', '자비', '양선', '충성', '온유', '절제' 등이 모두 여기에 속하는 열매들입니다. 또한 성도들이 맺어야 할 열매는 이웃에게 덕을 세우는 일입니다. 덕을 세우지 못하는 성도는 교회에 문제가 됩니다. 성령의 인도를 좇으면 인격의 열매, 생활의 열매를 통해서 덕을 세우게 됩니다. 고상하고 아름다운 인격을 갖춘 사람은 존경의 대상이 되고, 선을 힘써 행하기에 칭찬이 따르는 것입니다. 성도 여러분! 가을 들녘에 나가 넘실넘실 물결치는 곡식들을 보면서 흐뭇해하는 농부들의 표정처럼, 바로 영적인 가을 들녘에서 하나님을 기쁘시게 하고, 많은 사람들에게 유익을 줄 수 있는 귀한 열매로 알찬 감사를 표현하시기를 바랍니다. 또한 이런 열매들을 맺을 수 있도록 인도하시는 하나님께 진심으로 감사하시기를 바랍니다.

· 함께 읽어요 : 갈라디아서 5장 22~23절

"22 오직 성령의 열매는 사랑과 희락과 화평과 오래 참음과 자비와 양선과 충성과 23 온유와 절제니 이 같은 것을 금지할 법이 없느니라."

정리하는 말

사랑하는 성도 여러분! 하나님께 예물로 드려진 성도의 삶은 아름답게 성숙한 과일 같습니다. 성도들을 보시는 하나님의 눈길은 자녀를 키우는 부모의 마음과 같을 것입니다. 자녀들이 잘되면 마음이 그렇게 뿌듯할 수 없을 것입니다. 여러분! 여러분들도 선하고 진실한 삶 속에서 성령 충만함으로, 진리 안에 행함으로, 거룩한 삶의 열매로 성령 하나님께 감사하시기를 바랍니다. 여러분들의 화목한 삶의 고귀한 열매로 하나님께 감사하시기를 바랍니다.

평가와 결심

1. 성도가 첫째 무엇으로 하나님께 감사를 돌려야 합니까?
(엡 5:18, 성령 충만함으로)
2. 성도가 둘째 무엇으로 하나님께 감사를 돌려야 합니까?
(요삼 1:3, 진리 안에서 행함으로)
3. 성도가 셋째 무엇으로 하나님께 감사를 돌려야 합니까?
(갈 5:22~23, 거룩한 삶의 열매들로 감사드려야 함)

주간 경건의 시간 <46> · 날마다 말씀과 함께

요일 / 내용	월(Mon)	화(Tue)	수(Wed)	목(Thu)	금(Fri)	토(Sat)
찬송	453/ 570	539/ 488	492/ 435	471/ 415	469/ 412	43/ 40
성경	시 23:	시 24:	시 25:	시 26:	시 27:	시 28:
적용	여호와의 전에	다 여호와 것	허물 기억치	주의 영광	여호와의 아름다움	노래로 찬송하리로다

* 감사는 기적을 창조한다. <미상>

제47과

찬송으로 감사하자

찬송 / 306, 308, 309/ 새 587, 589, 590

성경 / 에베소서 1:1-6

요절 / 에베소서 1:12

"이는 그리스도 안에서 전부터 바라던 우리로 그의 영광의 찬송이 되게 하려 하심이라."

목표/ 찬송으로 삶 속에서 감사하는 태도를 기른다.

시작하는 말

우리가 섬기는 하나님은 천지 만물을 지으신 창조주이십니다. 엄밀히 말해서 모든 만물의 주인은 하나님이십니다. 그러므로 성도들은 그의 생명과 몸, 그의 재물, 그리고 찬미의 제사를 통해 하나님께 영광과 감사를 돌리고 충성을 다해 경외해야 합니다. 이사야 선지자는 "이 백성은 내가 나를 위하여 지었나니 나의 찬송을 부르게 하려 함이니라"(사 43:21)고 했습니다. 재물과 명예나 봉사로도 비교가 안 되는 귀한 찬송으로 하나님께 영광을 돌리시기를 바랍니다.

오늘의 말씀

1. 고난 중에도 찬송으로 감사를 드려야 합니다(시 119:71)

부모 중에 누구인들 자식들이 고생을 하는 것을 좋아하겠습니까? 그러나 하나님께서는 사랑하는 자녀들에게 고난을 당하도록 허용하십니다. 성숙한 성도들일수록 고난을 피할 것이 아니고, 정면으로 이겨 나가야 합니다. 바울과 실라는 빌립보 감옥에 갇힌 죄수의 몸이 되었음에도 슬퍼하거나 실망치 않고 오히려 하나님을 찬송하는 경건한 모습을 보여 주었습니다. 이들의 정황을 보십시오. 그들은 어둡고 캄캄한 옥중의 열악한 환경에서도 찬송을 드렸습니다. '찬송으로 하나님께 감사'를 드렸습니다. 그들은 인생의 앞길에 고난이 주는 기회를 놓치지 않고, 감사의 물줄기로 바꾸었습니다. 신앙의 위대한 인물들은 모두 고난의 터널을 슬기롭게 잘 통과했습니다. 고난을 피하거나 비겁하게 도망하지 않고, 싸워 이겨서 감사를 드렸습니다. 여러분도 고난을 축복의 통로로 바꿀 수 있는 귀한 믿음의 주인공이 다 되시기를 바랍니다.

· 함께 읽어요 : 로마서 11장 36절

"고난당한 것이 내게 유익이라 이로 인하여 내가 주의 율례를 배우게 되었나이다."

2. 승리의 찬송으로 감사를 드려야 합니다(엡 5:19)

사람마다 잘 부르는 노래들을 가지고 있습니다. 성도들이 잘 불러야 할 찬송이 있습니다. 우리 성도들이 불러야 할 찬송은 세상 사람들이 부르기 좋아하는 사랑과 눈물, 이별과 애수가 젖은 그런 노래가 결코 아닙니다. 자신을 이기고, 세상을 이기고, 죄악을 이긴 승리의 찬송을 불러야 합니다. ♬ 영광 영광 할렐루야 영광 영광 할렐루야 영광 영광 할렐루야 곧 승리하리라. ♬ 믿으시기 바랍니다. 찬송은 영감이 깃든 노래이며, 영혼의 깊은 곳에서 흘러나오는 기쁨의 멜로디입니다. 우리 성도들의 찬송은 죄와 죽음의 권세를 이기신 주님을 찬송해야 합니다. 창조주 하나님의 위대하심을 찬양하며, 성도들의 죄악의 질병들을 치유하심과 재창조하심을 찬양으로 감사해야 합니다.

· 함께 읽어요 : 에베소서 5장 19절
"시와 찬미와 신령한 노래들로 서로 화답하며 너희의 마음으로 주께 노래하며 찬송하며."

3. 역사를 일으키는 찬송으로 감사 드려야합니다(대하 20:22)

여호사밧 왕은 모압 연합군의 침공으로 심히 위태롭게 되었을 때 여호와를 의뢰하고 찬송전법으로 승리했습니다. 군대들의 앞에 예복을 입은 찬양대를 세우고 주의 이름을 찬양하도록 했던 것입니다. 이때 여호사밧 왕 자신도 예측하지 못했던 놀라운 일을 목격했습니다. 유다를 치러 올라왔던 대군은 서로 찌르고 공격함으로 자멸하고 말았습니다.

♬ 찬송을 부르세요. 찬송을 부르세요. 놀라운 일이 생깁니다. 찬송 부르세요. ♬ 그렇습니다. 바울과 실라는 기도하고 찬송을 부르다가 옥문이 열리는 체험을 했습니다. 죄수들의 손발에 꼭 채워진 착고가 다 풀어졌습니다. 찬송을 부르면 세계적으로 유명한 성악가들이 부르는 노래에서는 전혀 느낄 수 없는 감동이 있습니다. 하나님만이 주시는 놀라운 기적의 역사를 체험케 합니다. 찬송이 믿음을 견고케 하고, 큰 감격과 능력을 동반함을 믿으시기 바랍니다. 바울의 간증처럼, 사방으로 우겨 쌈을 당하고도 신앙 때문에 핍박을 받는 사람들은 승리의 노래인 찬송을 불러야 합니다. 그때 옥 터가 움직임과 같은 역사를 체험하게 될 줄 믿으시기 바랍니다.

· 함께 읽어요 : 역대하 20장 21~22절
"21 백성으로 더불어 의논하고 노래하는 자를 택하여 거룩한 예복을 입히고 군대 앞에서 행하며 여호와를 찬송하여 이르기를 여호와께 감사하세 그 자비하심이 영원하도다 하게 하였더니 22 그 노래와 찬송이 시작될 때에 여호와께서 복병을 두어 유다를 치러 온 암몬 자손과 모압과 세일산 사람을 치게 하시므로 저희가 패하였으니."

정리하는 말

사랑하는 성도 여러분! 찬송은 단순한 노래가 아닙니다. 찬송은 고난 중에 있는 자들에게 위로와 평강을 줍니다. 찬송은 자신과 세상과 죄악을 이긴 성도들의 신앙의 고백이요, 감사인 것입니다. 찬송은 우리들에게 다가오는 안팎의 적들을 물리쳐 주는 힘과, 능력이 있습니다. 마음 문이 열려 화평케 하는 역사가 일어나 감사로 하나님께 영광을 돌리게 되는 것입니다. 성도 여러분! 찬송으로 감사하는 귀한 축복의 주인공이 되시길 바랍니다.

평가와 결심

1. 첫째로 성도가 어떤 때에 찬송으로 영광을 돌려야 합니까?
   (시 119:71, 고난 중에 찬송함으로)
2. 둘째로 성도가 어떤 찬송으로 영광을 돌려야 합니까?
   (엡 5:19, 승리의 노래인 찬송으로)
3. 셋째로 성도가 어떤 찬송으로 영광을 돌려야 합니까?
   (대하 20:22, 역사를 일으키는 찬송으로)

주간 경건의 시간 <48> · 날마다 말씀과 함께

요일 / 내용	월(Mon)	화(Tue)	수(Wed)	목(Thu)	금(Fri)	토(Sat)
찬송	502/ 445	376/ 450	359/ 325	43/ 40	195/ 261	516/ 427
성경	시 30:	시 31:	시 32:	시 33:	시 34:	시 35:
적용	노염은 잠간	나의 영을 주의 손에	만날 기회 기도	찬송은 마땅히	혀를 악에서	가난한 자

* 감사는 예의 중에 가장 아름다운 형태이다. <쟈크 마리탱, 1882~ ? 프랑스 철학자>

제48과

복음의 의미를 알자

찬송 / 257, 259, 255/ 새 520, 502, 501

성경 / 이사야 40:1-9

요절 / 누가복음 2:10

"천사가 이르되 무서워 말라. 보라 내가 온 백성에게 미칠 큰 기쁨의 좋은 소식을 너희에게 전하노라."

목표/ 복음의 성경적 의미를 알게 한다.

시작하는 말

이 단원에서는 기독교의 핵심이라고 할 수 있는 복음에 대한 신자들의 자랑을 촉구하고 있습니다. 복음을 뜻하는 헬라어는 유앙겔리온(*εὐαγγελίον*)이며, 영어로 God-spell(신의 말씀), 즉 Gospel을 복음이라고 부릅니다. 일반적으로 복음이란 '좋은 소식' 또는 '기쁜 소식'을 뜻합니다(눅 2:10, 옴 10:15). 오늘 이 본과에서는 복음의 의미를 살펴보도록 하겠습니다.

오늘의 말씀

1. 복음은 기쁜 소식입니다(눅 2:10)

우리가 '복음'하면 신약의 용어로 생각하기 쉽지만 사실은 구약의 용어입니다. 특히 이 말은 하나님 나라의 도래와 깊은 관련이 있습니다(사 52:7). 바벨론에 포로 되었던 이스라엘 백성에게 이제 나타날 하나님의 승리와 왕권적 통치를 알리는 데에 사용된 용어입니다. 그리고 이 용어가 당시 로마의 압제와 죄의 지배 아래 있던 신약의 이스라엘 백성에게도 그대로 사용되었습니다(마 3:1~2, 4:17). 그래서 하나님 나라가 임하신다는 소식은 하나님께서 친히 다스리시고 온 인류를 구원하신다는 점을 강조하기 위하여 '천국 복음'(마 4:23, 9:35)이란 용어를 사용했습니다. 복음이란 구약에서는 이스라엘 백성에게, 신약에서는 성도들에게만 해당하는 기쁜 소식인 것입니다.

· 함께 읽어요 : 누가복음 2장 10절

"천사가 이르되 무서워 말라. 보라 내가 온 백성에게 미칠 큰 기쁨의 좋은 소식을 너희에게 전하노라."

2. 복음은 대속의 은혜의 소식입니다(롬 3:24)

복음이 기쁜 소식인 이유는 하나님의 공의롭고 평화로운 완전한 나라가 도래했기 때문입니다. 그 나라는 하나님이 특별히 죄를 용서하시고 사랑으로 보살피시는 자들이 들어가게 되는데, 그들은 바로 그리스도를 믿고 거듭난 우리 성도들이기 때문입니다. 사도 바울은 그리스도의 피로 말미암아 온갖 범죄와 불의, 허물을 간과하시고(롬 3:25), 오직 사랑과 은혜와 용서와 긍휼로 대하셨다는 것입니다. 하나님께서 "흠 없고 점 없는 어린양 같은 그리스도의 보배로운 피"(벧전 1:19)로 그 대가를 지불하셨다고 선포합니다. 그리스도께서 우리 대신 속죄제물인 어린양같이 십자가에서 피를 흘리시고 그 죄 값에 해당하는 저주를 받으신 것입니다. 비록 그 죄가 주홍같이 붉을지라도 흰 눈보다, 흰 양털보다 희고 깨끗케 하셨다는 말씀입니다. 그래서 '기쁜 소식'이요, '복음'인 것입니다. 이 기쁜 소식을 세계만방에 자랑해야 합니다. 할렐루야! 믿고 순종하시기 바랍니다.

· 함께 읽어요 : 이사야 1장 18절
"여호와께서 말씀하시되 오라 우리가 서로 변론하자 너희 죄가 주홍 같을지라도 눈과 같이 희어질 것이요 진홍 같이 붉을지라도 양털 같이 되리라."

3. 복음은 구원의 언약입니다(히 7:25)

예수께서 잡히시기 전날 밤 마가의 다락방에서 제자들과 최후의 만찬을 드셨습니다. 그때 잔을 주시면서 "이것은 죄 사함을 얻게 하려고 많은 사람을 위하여 흘리는바 나의 피 곧 언약의 피니라"(마 26:28)고 말씀했습니다. '옛 언약'은 모세의 율법이 핵심이 되는 구약의 언약이며, 이것은 '행위언약'입니다. 반면에 '새 언약'은 우리의 행위와는 관계없이 우리가 예수 그리스도를 믿을 때 오직 은혜로 구원하신다는 것입니다. 이것은 하나님의 약속입니다. 이 약속은 인간은 신실하지 못해 지키지 못한다할지라도 하나님 아버지께서는 신실하신 성품대로 약속을 확실히 지키도록 하십니다.

또한 예수님께서는 예수를 믿은 후에도 여전히 죄를 짓고 살아가는 죄와 허물투성이인 우리를 위해 지금도 천상에서 기도하시기 때문에 능히 구원하실 수 있는 것입니다. 의인의 간구는 역사하는 힘이 많다고 하셨는데(약 5:18), 아무런 죄 없으시고, 흠이 없으신 하나님의 독생자 예수 그리스도께서 우리를 위해 대제사장의 직분을 가지고 하나님 아버지께 기도하시니, 이 구원의 언약은 전혀 불변하십니다. 확실히 성취되는 것입니다. 믿으시기 바랍니다.

· 함께 읽어요 : 히브리서 7장 25절
"그러므로 자기를 힘입어 하나님께 나아가는 자들을 온전히 구원하실 수 있으니 이는 그가 항상 살아서 저희를 위하여 간구하심이니라 ."

정리하는 말

사랑하는 성도 여러분! 여러분과 저는 그리스도의 대속의 은총으로 하나님의 영원한 자녀가 되어 하나님 나라에 구속된 백성으로 인치셨습니다. 이 기쁜 소식을 어찌 감사하지 않을 수 있겠습니까? 성도라는 직분이 가장 존귀한 것입니다. 그리스도의 대속의 은혜와 하나님의 구원의 언약을 믿고 감사하시며, 세상에 널리 자랑하시기 바랍니다.

평가와 결심

1. 복음의 의미 첫째는 무엇입니까?
(눅 2:10, 기쁜 소식입니다)
2. 복음의 의미 둘째는 무엇입니까?
(롬 3:24, 대속의 은혜요.)
3. 복음의 의미 셋째는 무엇입니까?
(히 7:25, 구원의 언약입니다)

주간 경건의 시간 <48> · 날마다 말씀과 함께

요일 / 내용	월(Mon)	화(Tue)	수(Wed)	목(Thu)	금(Fri)	토(Sat)
찬송	205/ 287	265/ 516	342/ 543	440/ 387	439/ 386	415/ 292
성경	사 41:	사 42:	사 43:	사 44:	사 45:	사 46:
적용	택한 야곱	찬송을 선전	너는 내 것이라	나의 복을 후손에게	빛도 짓고	백발이 되기까지

* 내가 철학을 전파하였더니, 사람들은 칭찬하였다. 그러나 내가 그리스도를 전파하였더니 사람들은 회개하였다. <A. P. 깁스>

제49과

복음의 내용을 알자

찬송 / 252, 360, 361/ 새 518, 324, 327

성경 / 고린도전서 15:1-8

요절 / 고린도전서 15:3

"내가 받은 것을 먼저 너희에게 전하였노니 이는 성경대로 그리스도께서 우리 죄를 위하여 죽으시고"

목표/ 기독교 복음의 내용을 알고 자랑하게 한다.

시작하는 말

사랑하는 성도 여러분! 복음이 무엇입니까? 복음이란 하나님께서 예수 그리스도를 통하여 우리에게 베풀어 주신 기쁜 소식을 말합니다. 이러한 하나님의 은혜는 그리스도께서 사람의 몸을 입고 세상에 오신 '성육신'(成肉身)으로 나타나셨습니다. 그리스도께서 십자가에 죽으셨고, 죽은 자 가운데서 다시 살아나셨습니다. 오늘은 복음의 내용에 대하여 공부하겠습니다. 그러면 복음의 내용이 무엇입니까?

오늘의 말씀

1. 그리스도의 성육신입니다(눅 2:10~12)

하나님의 사랑이 어떻게 나타났습니까? 바로 예수 그리스도께서 이 땅에 인간으로 오신 사건부터입니다. 하나님의 아들, 즉 신(神)이 인간으로 나셨다는 이 사건을 기독교는 '성육신 사건', 혹은 '도성인신', 혹은 '화육 사건'이라고 부릅니다. 이미 구약 창세기 3장 15절에서 '여자의 후손'을 인류의 구세주로 보내실 것을 언약하셨고, 구약의 모든 선지자들을 통하여 '오리라' 하신 메시아가 이 땅에 드디어 오신 것입니다. 그래서 우리는 '동정녀 마리아에게서 나시고'라고 신앙을 고백합니다. 그래서 사탄(Satan)의 권세가 꺾이고, 하나님 나라의 영광이 세상에 시작된 것입니다. 그것이 곧 기쁜 소식이요, 복음인 것입니다.

· 함께 읽어요 : 누가복음 2장 10~12절

"10 천사가 이르되 무서워 말라. 보라 내가 온 백성에게 미칠 큰 기쁨의 좋은 소식을 너희에게 전하노라 11 오늘날 다윗의 동네에 너희를 위하여 구주가 나셨으니 곧 그리스도 주시니라 12 너희가 가서 강보에 싸여 구유에 누인 아기를 보리니 이것이 너희에게 표적이니라 하더니."

2. 복음의 내용은 그리스도의 고난입니다(롬 3:25~26)

사도신경에서 우리는 "빌라도에게 고난을 받으사 십자가에 못 박혀 죽으시고"라고 고백합니다. 그리스도께서 고난을 당하심은 십자가에서 죽으심과 당하신바 수욕입니다. 그 사건이 바로 복음진리의 핵심 중의 핵심입니다. 이와 같은 그리스도의 죽음과 고난은 구역성경 예언의 초점인 이사야 53장에 마치 현장에서 보듯 생생하게 예언되어 있습니다. 이 고난은 우리의 죄와 죽을 운명을 대신하시고, 우리가 치러야 할 죄 값을 대속해 주셨다는 큰 의미를 지니고 있는 것입니다. 이제 그리스도의 죽음 사건이 하나님의 공의를 만족시키시고, 영원히 죽었던 죄인들의 죄 값을 대신 속하신 것입니다. 이것보다 더 큰 복음이 세상 어디에 있겠습니까?

그리스도의 대속의 은혜를 믿는 자마다 하나님께서 그를 의로운 자로 여기시고 그분의 자녀로 삼아주시고, 성령으로 거듭나게 하신다는 복음의 내용이 바로 하나님과의 화목한 교제에 관한 진리인 것입니다.

· 함께 읽어요 : 로마서 3:25~26절

"25 이 예수를 하나님이 그의 피로 인하여 믿음으로 말미암는 화목 제물로 세우셨으니 이는 하나님께서 길이 참으시는 중에 전에 지은 죄를 간과하심으로 자기의 의로우심을 나타내려 하심이니"

3. 복음의 결론은 그리스도의 부활입니다(행 17:31)

이 세상에서 가장 확실한 불문율이 있다면 그것은 '죽음'일 것입니다. 모든 존재가 죽음의 권세 앞에 부복하고 말았습니다. 이것이 이 세상을 지배해 오던 가치요 힘이었습니다. 그러나 이러한 불문율을 깨뜨리신 분이 바로 예수 그리스도이십니다. 예수 그리스도께서 장사한 지 사흘 만에 무덤 문을 박차시고 다시 살아나신 것입니다.

예수 그리스도의 부활 사건을 기점으로 사탄(Satan)의 사망 권세는 무너지고, 그리스도의 은혜와 생명 권세가 이 세상을 지배하기 시작한 것입니다(롬 5:17~18). 이제 누구든지 그리스도의 죽으심과 부활을 믿으면 그리스도처럼 영원한 생명과 부활의 은혜를 입을 수 있게 된 것입니다. 하나님으로부터 정죄와 심판 대신 은혜와 사랑을 입고 사는 존재가 될 수 있는 것입니다. 할렐루야! 믿으시기 바랍니다. 이와 같은 사실이 기쁜 소식 중 가장 기쁘고 영원한 것이요, 그래서 '복음'이라고 하며 세상에 널리 자랑해야 하는 것입니다.

· 함께 읽어요 : 사도행전 17장 31절

"이는 정하신 사람으로 하여금 천하를 공의로 심판할 날을 작정하시고 이에 저를 죽은 자 가운데서 다시 살리신 것으로 모든 사람에게 믿을만한 증거를 주셨음이니라 하니라."

정리하는 말

사랑하는 성도 여러분! 예수 그리스도의 생애가 그대로 복음이며, 하나님의 권능입니다. 예수 그리스도의 동정녀 탄생, 십자가의 죽으심, 부활, 승천, 재림, 이것은 복음 중의 복음입니다. 허물과 죄로 영원히 죽었던 우리를 살리신 하나님의 영원한 계획과 작품내용이요, 이 복음은 곧 기독교의 생명과 기반이요, 성도들 신앙의 중심 내용입니다. 이 복음으로 하나님과 영원한 화목과 생명을 누리시기를 바랍니다.

평가와 결심

1. 복음의 내용 첫째는 무엇입니까?
   (눅 2:10~12, 그리스도의 성육신)
2. 복음의 내용 둘째는 무엇입니까?
   (롬 3:25~26, 그리스도의 고난)
3. 복음의 내용 셋째는 무엇입니까?
   (행 17:31, 그리스도의 부활)

주간 경건의 시간 <49> · 날마다 말씀과 함께

요일 / 내용	월(Mon)	화(Tue)	수(Wed)	목(Thu)	금(Fri)	토(Sat)
찬송	97/ 92	399/ 546	432/ 382	434/ 384	198/ 264	433/ 383
성경	사 34:	사 35:	사 36:	사 37:	사 38:	사 39:
적용	여호와의 책	약한 손과 무릎	반드시 건지신다	여호와의 사자	치료하시며	예물을 보냄

* 가장 훌륭한 복수 방법은 우리에게 피해를 입힌 자를 닮지 않는 것이다.
<제일 포터, 1776~1850, 영국 소설가>

12단원 복음 자랑의 달

복음을 믿고 자랑하자

찬송 / 340, 344, 343/ 새 542, 545, 544

성경 / 요한복음 11:17-27

요절 / 요한복음 11:25

"예수께서 가라사대 나는 부활이요 생명이니 나를 믿는 자는 죽어도 살겠고."

목표/ 성도로서 복음을 믿고 자랑하는 태도를 기른다.

시작하는 말

예수 그리스도께서 공생애 초두에 외치신 말씀은 "때가 찼고 하나님 나라가 가까웠으니 회개하고 복음을 믿으라"(막 1:15)였습니다. 이 말씀의 뜻이 무엇입니까? 분명한 것은 회개하고 복음을 믿어야 한다는 것입니다. 빌립보 옥사장이 우리가 어떻게 할꼬? 할 때 "주 예수를 믿으라"고 했습니다. 복음의 핵심은 예수 그리스도요, 우리는 복음을 확신하고 믿어야 하는 것입니다. 본과에서는 복음에 대한 자세, 즉 믿고, 전하고, 지켜야 할 자세 중 믿어야 할 부분에 대해 공부하겠습니다.

오늘의 말씀

1. 먼저 선결 문제는 회개해야 합니다(눅 5:31~32)

어떤 건물이라도 들어가려면 문을 찾아야 합니다. 회개는 구원으로 들어가는 문과 같습니다. 회개하지 않으면 절대로 구원받을 수가 없기 때문입니다(고후 7:10). 주님께서는 "내가 의인을 부르러 온 것이 아니요 죄인을 불러 회개시키러 왔노라"(눅 5:32)고 말씀했습니다.

회개란 지적으로 죄에 대하여 새롭게 인식하는 것이요, 정적으로 자신의 추함과 더러움을 애통해야 하고, 의지적으로 다시는 죄를 짓지 않겠다는 의지와 결단이 있어야 진정한 회개인 것입니다.

· 함께 읽어요 : 마태복음 3장 8절
"그러므로 회개에 합당한 열매를 맺고."

2. 예수 그리스도를 믿어야 합니다(요일 4:14~15)

우리가 신앙생활을 한다는 자체는 정신적인 수양을 위해서 좋은 말씀을 듣고, 선을 행하는 것이 아닙니다. 회개는 단순히 우리의 잘못이나 죄를 내어놓는 것으로 다 된 것은 아닙니다. 그리스도를 전제로 이루어지는 것입니다. 먼저 예수 그리스도가 하나님의 아들이심을 믿어야 하는 것입니다. 믿음으로 그리스도를 구주로 영접해야 하는 것입니다(요 3:16, 요일 4:14~15). 그리스도를 믿는다는 것은, 그리스도의 십자가의 대속과 부활을 믿어야 합니다. 그리스도와 함께 십자가에서 죽고, 새 사람으로 부활하여 영생에 참여하는 것입니다. 또한 그리스도의 재림과 심판을 믿는다는 것을 포함하고 있는 것입니다. 예수 그리스도를 믿고 자랑함으로 생활의 현장, 삶의 현장에서 늘 승리하시기를 바랍니다.

· 함께 읽어요 : 요한1서 4장 14~15절
"14 아버지가 아들을 세상의 구주로 보내신 것을 우리가 보았고 또 증거하노니
15 누구든지 예수를 하나님의 아들이라 시인하면 하나님이 저 안에 거하시고 저도 하나님 안에 거하느니라."

3. 사죄 되었다는 확신을 가져야 합니다(행 3:19)

신앙생활을 한다면서도 항상 마음에 평안이 없고, 기쁨이 없는 것은 무엇 때문입니까? 사람들은 이런 때에 신앙이 약하다고 합니다. 그러기도 하겠지만 가장 중요한 문제는 사죄 받은 확신이 없기 때문입니다. 회개했으면 그리스도를 구주로 믿는 자는 그의 죄가 깨끗이 사함 받았음을 확신해야 합니다. 그래서 개혁교회에서는 예배 시 예배순서에 따라 '참회의 기도'를 드리고 사죄선언을 하는 것입니다.

사죄의 확신을 가진 사람은 세 가지 삶이 따라야 합니다. 먼저는 앞서 말씀드린, ① 그리스도 안에서 사죄의 확신을 가져야 합니다. 그리고 ② 그리스도 안에서 의로워졌음을 믿어야 합니다. 죄 사함의 확신을 가짐과 동시에 ③ 그리스도의 의를 전가 받아 의롭게 되어졌음을 믿어야 합니다. 그리스도의 의를 전가 받아 의롭다고 인정을 받은 사람은 반드시 그 은혜 받음에 합당하게 살아가면서, 그리스도의 형상을 이루어가야 하는 것입니다. 이전에는 세상 향락을 더 좋아했지만 이제는 하나님의 말씀을 더 사랑하고 주야로 묵상하며, 전도와 봉사의 아름다운 삶으로 이웃과 하나님께 기쁨을 주도록 그리스도의 향기를 발하며 멋진 삶을 살아가야 하는 것입니다.

성도 여러분! 여러분 안에 그리스도의 형상이 이루어져 하나님과 화목하고, 하나님을 기쁘시게 하고, 이웃들에게 그리스도의 향기를 나타내셔서 복되고 영광된 삶을 살아가시기를 바랍니다.

· 함께 읽어요 : 시도행전 3장 19절

"그러므로 너희가 회개하고 돌이켜 너희 죄 없이 함을 받으라 이같이 하면 유쾌하게 되는 날이 주 앞으로부터 이를 것이요"

정리하는 말

사랑하는 성도 여러분! 믿음의 생활을 한다는 것은 행복된 삶인 것입니다. 복음을 믿는다는 것은 회개를 통해 사죄의 은혜를 확신하고, 하나님의 주권적인 사랑과 은혜로 거저주시는 영적 역사를 체험하는 것입니다. 실제적으로 성령을 통해 이 은혜를 적용 받아 화목하게 하는 복음을 믿고 자랑하는 축복된 삶을 살아가시기를 바랍니다.

평가와 결심

1. 복음을 믿고 자랑하려면 해야 될 첫째 단계는 무엇입니까?
   (눅 5:31~32, 회개하여야 함)
2. 복음을 믿고 자랑하려면 해야 될 둘째 단계는 무엇입니까?
   (요일 4:14~15, 예수 그리스도를 믿어야 함)
3. 복음을 믿고 자랑하려면 해야 될 셋째 단계는 무엇입니까?
   (행 3:19, 사죄의 확신을 가져야 함)

주간 경건의 시간 <51> · 날마다 말씀과 함께

요일 / 내용	월(Mon)	화(Tue)	수(Wed)	목(Thu)	금(Fri)	토(Sat)
찬송	399/ 546	182/ 250	513/ 458	391/ 353	493/ 436	507/ 455
성경	요일 2:	요일 3:	요일 4:	요일 5:	요이 1:	요삼 1:
적용	하나님의 뜻을	하나님의 씨	하나님은 사랑	하나님의 아들	계명을 행하라	진리 안에서 행하라

* 세상에서 가장 강한 것은 인간의 양심이다. 양심이 약해지면 인간은 죽음을 당하게 된다. <에필테투스(60? ~ 120?), 로마 스토아 철학자>

12단원 복음 자랑의 달

제51과

복음을 자랑하며 전하자

찬송 / 257, 259, 268/ 새 520, 502, 505

성경 / 로마서 10:13-27

요절 / 디모데후서 4:2

"너는 말씀을 전파하라 때를 얻든지 못 얻든지 항상 힘쓰라 범사에 오래 참음과 가르침으로 경책하며 경계하며 권하라."

목표/ 성도의 의무인 복음을 자랑하고 전하는 태도를 기른다.

시작하는 말

유명한 선교사 한 분이 인도에 갔을 때 요가를 통해 자신의 육체에 못을 박으며 고행하는 어느 구도자에게 전도를 했답니다. "그렇게 몸을 괴롭힐 필요가 없습니다. 그리스도의 대속의 은혜를 믿으면 영원한 천국을 얻을 수 있습니다"라고 복음 진리를 전한 것입니다. 그 말을 다 듣고는 그 고행자는 "지금 당신이 전한 내용을 당신은 확신합니까? 만일 그 복음이 사실이라면 나 같으면 온 세상에 못이 깔려 있을지라도 나는 사람들에게 전도하러 다니겠습니다"라고 했답니다. 복음을 믿고 구원받은 성도라면 복음을 자랑하고 전해야 할 것입니다.

오늘의 말씀

1. 복음을 확신하기에 자랑하고 전해야 합니다(롬 1:16~17)

빌링즈라는 신학자는 "누구나 어떤 종교를 믿든지 그 종교가 진리라고 믿는다면 타인에게 전해야 할 것이다"라고 했습니다. 그렇습니다. 전도는 목사나 전도사나 선교사만이 하는 것이 아닙니다. 이는 모든 신자가 해야 될 사명입니다. 복음은 그 내용을 순종하고 믿는 자를 능히 구원할 수 있습니다. 우리는 이 사실을 확신하기에 그것을 전해야 하는 것입니다. 복음을 자랑하는 여러분이 되시기를 바랍니다.

· 함께 읽어요 : 로마서 1장 16~17절

"16 내가 복음을 부끄러워하지 아니하노니 이 복음은 모든 믿는 자에게 구원을 주시는 하나님의 능력이 됨이라 첫째는 유대인에게요 또한 헬라인에게로다
17 복음에는 하나님의 의가 나타나서 믿음으로 믿음에 이르게 하나니 기록된바 오직 의인은 믿음으로 말미암아 살리라 함과 같으니라."

2. 영혼을 사랑하기에 자랑하고 전해야 합니다(엡 3:6)

인간은 사랑하는 대상을 위해 모든 것을 바치고 희생합니다. 오늘날 물질적으로는 풍요로운 듯하나 부익부, 빈익빈 현상이 나타나고 있어 삶에 의욕을 떨어드릴 때가 많습니다. 그러나 인생은 물질이 전부가 아닙니다. 정신과 영혼의 깊은 내면의 문제가 더 중요합니다. 그러므로 전도에 있어서도 급한 불을 먼저 꺼야하는 법입니다.

첫째, 무지와 위기에 처한 자들을 구원해야 합니다. 복음 진리를 모르고 사망의 골짜기에서 헤매는 영혼들을 위해 전해야 합니다.

둘째, 복음전파야말로 이웃 사랑의 첩경이기에 전해야 합니다.

전도에서 가장 중요한 것은 한 사람의 영혼을 사랑하는 마음으로 전해야 하는 것입니다.

예수께서는 상한 심령을 위로하시고, 절망한 영혼에게 소망을 주셨습니다. 인간의 몸을 입고 오셔서 인간의 아픔을 체휼하셨으며, 치유해 주시기를 원하셨습니다. 우리 인간의 허물로 인하여 찔리시고, 죄악을 인하여 상하시며, 평화를 누리시게 하기 위해 징계를 받으셨습

니다(사 53:5). 사랑하는 성도 여러분! 지금 사망의 음침한 골짜기에서 들려오는 영혼들의 울부짖음이 들려오지 않습니까? 복음의 나팔을 크게 불어 복음을 자랑하고 전하시기를 바랍니다.

· 함께 읽어요 : 요나 4장 10~11절

"10 여호와께서 가라사대 네가 수고도 아니하였고 배양도 아니하였고 하룻밤에 났다가 하룻밤에 망한 이 박 넝쿨을 네가 아꼈거든 11 하물며 이 큰 성읍, 니느웨에는 좌우를 분변치 못하는 자가 십 이만 여명이요 육축도 많이 있나니 내가 아끼는 것이 어찌 합당치 아니하냐."

3. 하나님의 나라에 대한 충성심으로 전해야 합니다(행 20:24)

세상 나라에도 충성을 요구합니다. 그래서 나라를 위해 충성을 다하기 위해 목숨을 바친 숭고한 충정들이 있습니다. 성도들이 하나님 나라 백성으로서 예배, 기도, 봉사, 구제, 선행 등 해야 될 충성된 종으로서의 삶이 많습니다. 그러나 진실로 바쳐야 될 충성은 결국 전도로 나타나야 합니다. 이웃 사랑의 실천은 전도로 그들을 하나님의 백성으로 만들어야 한다는 것입니다. 뿐만 아니라 그리스도의 제자가 되도록 가르치고 양육해야 한다는 것입니다. 전도는 가장 값진 신앙의 열매입니다. 전도는 하나님 나라의 완성을 돕는 최선의 길인 것입니다. 복음을 자랑하며 전도하면서 하나님 나라를 세워 가시기를 바랍니다. 할렐루야!

· 함께 읽어요 : 사도행전 20장 24절

"나의 달려갈 길과 주 예수께 받은 사명 곧 하나님의 은혜의 복음 증거하는 일을 마치려 함에는 나의 생명을 조금도 귀한 것으로 여기지 아니하노라."

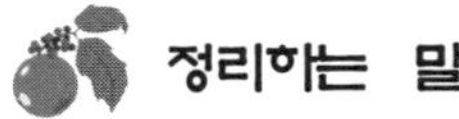

정리하는 말

사랑하는 성도 여러분! 전도는 복음에 대한 확신이 우선입니다. 그리고 영혼을 사랑하는 마음으로 접근해야 합니다. 전도야말로 하나님께 충성하는 최선의 방법입니다. 이 사실을 명심하고 하나님을 경외하는 마음으로 뭇 영혼을 뜨겁게 사랑하고, 복음의 빚진자로서 사명을 감당해야 할 것입니다. 여러분, 여러분도 주님의 발자취를 따라 믿고 확신한 복음을 자랑스럽게 전파하시기 바랍니다.

평가와 결심

1. 복음 전도자의 자세 첫째는 무엇입니까?
   (롬 1:16~17, 복음을 확신하고 전해야 함)
2. 복음 전도자의 자세 둘째는 무엇입니까?
   (엡 3:6, 영혼을 사랑하는 마음으로 전해야 함)
3. 복음 전도자의 자세 셋째는 무엇입니까?
   (행 20:24, 하나님께 대한 충성심으로 자랑하고 전해야 함)

주간 경건의 시간 <51> · 날마다 말씀과 함께

요일 / 내용	월(Mon)	화(Tue)	수(Wed)	목(Thu)	금(Fri)	토(Sat)
찬송	163/ 176	352/ 313	424/ 380	457/ 401	506/ 453	458/ 405
성경	행 16:	행 17:	행 18:	행 19:	행 20:	행 21:
적용	우리를 도우라	날마다 성경을	두려워말고 전하라	말씀이 흥왕함	겸손과 눈물	죽을 것도 각오

* 십자가에 못 박힌 그리스도를 전파하려는 자는 자신도 반드시 십자가에 못 박힌 사람이 되어야 한다. <찰스 엘 꾸틸>

제52과

복음을 지키며 자랑하자

찬송 / 399, 509, 510/ 새 546, 456, 457

성경 / 요한계시록 1:1-3

요절 / 요한계시록 1:3

"이 예언의 말씀을 읽는 자와 듣는 자들과 그 가운데 기록한 것을 지키는 자들이 복이 있나니 때가 가까움이라"

목표/ 성도들은 복음을 지키며 자랑하는 태도를 기른다.

시작하는 말

성경은 진리 말씀을 듣고 새길 때 잘 박힌 못에 비유합니다. 성도들에게 있어서 복음을 알고 받아들이고 순종하는 것만이 중요한 일이 아닙니다. 예수께서 복음을 전파하시고 선포하신 후에도 복음을 변질시키려는 사탄의 행패가 계속되고 있습니다. 이미 사도 시대에도 그런 시도가 많았습니다. 때문에 사도들은 복음의 변질을 막기 위하여 그리스도의 복음진리를 무너뜨리려는 이단세력에 주의하라고 편지를 써서 보냈던 것입니다. 오늘은 복음을 지키는 문제를 다루어 보고자 합니다.

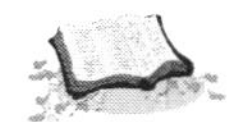

오늘의 말씀

1. 복음은 계시로 말미암은 복음입니다(갈 1:11~12)

사도들 중에서 복음을 체계적으로 교리화한 사도 바울의 노력은 칭찬할만합니다. 그래서 어떤 학자는 바울의 복음이라고 말하기도 합니다. 바울은 분명히 “형제들아 내가 너희에게 알게 하노니 내가 전한 복음이 사람의 뜻을 따라 된 것이 아니라 이는 내가 사람에게서 받은 것도 아니요 배운 것도 아니요”(갈 1:11)라고 말합니다. 사도 베드로도 이것을 인정해서, “우리 주 예수 그리스도의 능력과 강림하심을 너희에게 알게 한 것이 공교히 만든 이야기를 좇은 것이 아니요”(벧후 1:16)라고 했습니다. 바울은 “오직 예수 그리스도의 계시로 말미암은 것이라”(갈 1:12)고 말씀했습니다. 복음의 본질을 명심하시기 바랍니다.

· 함께 읽어요 : 갈라디아서 1장 11~12절

“11 형제들아 내가 너희에게 알게 하노니 내가 전한 복음이 사람의 뜻을 따라 된 것이 아니라 12 이는 내가 사람에게서 받은 것도 아니요 배운 것도 아니요 오직 예수 그리스도의 계시로 말미암은 것이라.”

2. 복음을 굳게 지켜 믿어야 합니다(고전 15:1~2)

바울은 디모데에게 진리의 말씀을 옳게 분변해야 한다고 권면했습니다(딤후 2:15). 보십시오. 오늘날 이단자들의 열심은 가히 칭찬 할 만합니다. 그러나 근본이 잘못돼 있는 것은 진리의 짐을 지고 불 속으로 뛰어 들어가는 어리석음과 같습니다. 복음이란 사실 믿기 어려운 요소가 많습니다. 2천년 전 예수 그리스도의 십자가가 우리의 모든 죄를 대속한다는 논리가 그렇게 쉽게 가슴에 와 닿는 것은 아닙니다. 그러나 이론과 논리로 복음을 다 이해한다는 것은 애초부터 불가능합니다. 그래서 믿어야 한다고 했습니다. 그것도 확실히, 굳게 믿어야 한다고 말입니다. 누가 뭐라 해도 복음만을 굳게 지켜 믿으시기 바랍니다.

· 함께 읽어요 : 고린도전서 15장 1~2절

“1 형제들아 내가 너희에게 전한 복음을 너희로 알게 하노니 이는 너희가 받은 것이요 또 그 가운데 선 것이라 2 너희가 만일 나의 전한 그 말을 굳게 지키고 헛되이 믿지 아니하였으면 이로 말미암아 구원을 얻으리라."

3. 복음의 이단자들을 멀리해야 합니다(갈 1:8~9)

바울은 디모데에게 이런 충고를 합니다. "저희 중에 남의 집에 가만히 들어가 어리석은 여자를 유인하는 자들이 있으니"(딤후 3:6). 성도들 중에는 은사를 받았다느니, 신령하다느니, 새르운 것을 권한다느니 하는 사람을 자기 집에 초청하여 얘기를 들어 브려는 어리석은 사람들이 있습니다. 이런 어리석은 사람에게 죄를 중히 지게하고 영혼까지 망치게 하는 자들이 간혹 교회에 들어오곤 합니다.

교회는 기독교가 아무리 사랑의 종교라고 하지만 이런 이단자들을 용납해서는 안 됩니다. 교리가 무너지고, 교리가 무너지면 교회는 자연적으로 무너지게 되는 것입니다. 그러므로 우리 믿음의 선조들은 시대마다 교회를 무너뜨리려는 세력들과 생명을 걸고 싸워 교회를 지켜왔던 것입니다. 바울은 말하기를 "네 원수가 주리거든 먹이고 목마르거든 마시우라"(롬 12:20)고 했지만 복음을 변질시키려는 자들에게는 "그러나 우리나 혹 하늘로부터 온 천사라도 우리가 너희에게 전한 복음 외에 다른 복음의 진리를 전하면 저주를 받을지어다"(갈 2:14)라고 했습니다. 여러분! 사도들이 전하여 준 복음을 변질시키려는 어떠한 이론이나 행위도 절대로 용납하지 마시기를 바랍니다.

· 함께 읽어요 : 히브리서 10장 35~36절

"8 그러나 우리나 혹 하늘로부터 온 천사라도 우리가 너희에게 전한 복음 외에 다른 복음을 전하면 저주를 받을지어다 9 우리가 전에 말하였거니와 내가 지금 다시 말하노니 만일 누구든지 너희의 받은 것 외에 다른 복음을 전하면 저주를 받을지어다."

정리하는 말

사랑하는 성도 여러분! 하나님께서는 우리 주님을 세상에 복음의 전령사로 보낼 만큼 철저했습니다. 복음은 그저 우리가 성경을 묵상하고 마음 속 깊이 묻어둔다고 해서 지켜지는 것은 아닙니다. 우리는 복음이 주님의 계시임을 바로 이해하고 생동력 있는 말씀 그대로 온전히 지켜야 합니다. 나아가 이단자들을 옳게 분변하여 그들을 철저히 단죄하여 교회의 정통진리를 굳건히 세우고 자랑하시기를 기원합니다.

평가와 결심

1. 복음을 지켜야할 이유 첫째는 무엇입니까?
   (갈 1:11~12, 계시로 말미암은 복음이기 때문)
2. 복음을 지키는 방법은 무엇입니까?
   (고전 15:1~2, 굳게 지키고 믿어야 함)
3. 교회가 복음을 유지하는 방법은 무엇입니까?
   (갈 1:8~9, 이단자를 철저히 단죄해야 함)

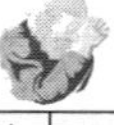

주간 경건의 시간 <52> · 날마다 말씀과 함께

요일 / 내용	월(Mon)	화(Tue)	수(Wed)	목(Thu)	금(Fri)	토(Sat)
찬송	432/ 382	210/ 421	325/ 535	197/ 263	202/ 268	363/ 337
성경	계 8:	계 9:	계 10:	계 11:	계 12:	계 13:
적용	성도의 기도	죽기를 구하여도	작은 책	세세토록 왕 노릇	어린양의 피	인내와 믿음

* 정의 행복은 모든 야심의 궁극적 목표로서 모든 모험과 노동, 모든 욕망이 이것을 추구한다. <사무엘 존슨, 1709~1784, 저술가>

고난주간

십자가로 고난을 극복하자

찬송 / 136, 135, 138/ 새 147, 150, 151

성경 / 요한복음 19:5-13

요절 / 히브리서 12:2절 상반절

"믿음의 주요 또 오전케 하시는 이인 예수를 바라보자."

목표/ 주님의 십자가 고난 극복을 통해 승리의 비결을 배운다.

시작하는 말

세상에서 전쟁에 이기려면 풍부한 지원물자, 우수한 전투력, 각강한 전투장비, 그리고 지도자의 탁월한 지도력과 전술이 전쟁 승리의 기본 요건일 것입니다. 여기서 지도자의 역량과 전투원의 뛰어난 전투력은 결정적인 승리요인이 됩니다. 사탄과 불의의 권세에 대한 예수 그리스도의 승리가 바로 그런 의미입니다. 그리스도는 십자가로 이미 사탄의 죄와 사망의 권세에 치명타를 입혔습니다. 이제는 만왕의 왕의 권세를 가지고 교회를 통해 사탄의 잔존세력을 철저하게 소탕하고 계십니다. 성도가 고난을 극복하는 비결과 방법은 무엇입니까?

오늘의 말씀

1. 십자가는 죄악의 권세를 이기는 능력입니다(골 2:14~15)

에베소서 3장 16절에 "또 십자가로 이 둘을 한 몸으로 하나님과 화목하게 하려하심이라 원수된 것을 십자가로 소멸하시고"라고 말씀했습니다. 예수께서는 마가의 다락방에서 최후의 만찬을 마치시고 겟세마네 동산으로 기도하러 가셨습니다. 겟세마네 동산의 기도는 십자가를 피하기 위한 기도가 아니라 궁극적으로 십자가를 지시기 위해 영·육간에 준비를 하는 마지막 결단의 기도였습니다. 기도 후에 "일어나 함께 가자 보라 나를 파는 자가 가까이 왔느니라"(마 26:46)고 하시며 결연한 태도로 십자가를 향하여 나아가신 것만 보아도 그 진의를 알 수 있습니다. 사랑하는 성도 여러분! 그리스도처럼 고난의 십자가를 각오하고, 하나님의 뜻을 이루기 위해 지속적인 기도와 주님의 십자가로 죄악의 권세를 이기시기를 바랍니다.

· 함께 읽어요 : 마태복음 26장 42~46절

"42 다시 두 번째 나아가 기도하여 가라사대 내 아버지여 만일 내가 마시지 않고는 이 잔이 내게서 지나갈 수 없거든 아버지의 원대로 되기를 원하나이다 하시고 43 다시 오사 보신즉 저희가 자니 이는 저희 눈이 피곤함 일러라 44 또 저희를 두시고 나아가 세 번째 동일한 말씀으로 기도하신 후 45 이에 제자들에게 오사 이르시되 이제는 자고 쉬라 보라 때가 가까웠으니 인자가 죄인의 손에 팔리우느니라 46 일어나라 함께 가자 보라 나를 파는 자가 가까이 왔느니라."

2. 그리스도의 부활은 사망권세를 이기는 능력입니다(행 2:23~24)

사망권세를 이기신 그리스도의 부활은 사탄에 치명타를 입힌 그 십자가 승리의 결정적 계기라는 의미를 지녔습니다. 사탄이 쥐고 있었던 사망권세는 바로 사탄의 옥새(玉璽: 옥으로 만든 국새)요 마지막 카드입니다. 그러나 그리스도께서 사망권세에 매여 있지 않으시고, 죽은 자 가운데서 부활하심으로 그분이 진정 하나님의 아들이요, 또 그분이 실행한 십자가 대속 사역이 참되고 실효가 있다는 것을 확연히 보여주신 것입니다(롬 1:4).

그리스도는 십자가 대속으로 사탄의 반역죄의 권세를 누르시고 또 부활하심으로 인해 사탄의 마지막 보루인 사망의 권세마저 폐하신 것입니다(딤후 1:10). 할렐루야! 주님의 승리를 찬양하시기 바랍니다.

· 함께 읽어요 : 로마서 5장 10절

"곧 우리가 원수 되었을 때에 그 아들의 죽으심으로 말미암아 하나님으로 더불어 화목 되었은즉 화목 된 자로서는 더욱 그의 살으심을 인하여 구원을 얻을 것이니라."

3. 재림으로 완전한 승리가 임할 것입니다(고전 15:23~25)

전쟁에 승리하고 당당히 성에 입성하여 백성들에게 환영받으면서 그곳을 다스린다는 것처럼 흐뭇함이 없을 것입니다. 그리스도께서는 구름을 타시고 영광스럽게 재림하실 것입니다. 그리고 승리의 보좌요, 심판대 앞에 서셔서 충성된 성도들에게는 상급을 주시고, 반면에 사탄과 적그리스도의 세력들과 끝까지 하나님께 돌아오지 않은 자들을 영원한 불 못에 던지실 것입니다.

죄악 된 세상에서도 끝까지 믿음을 지키며 충성을 다한 성도들에게는 주님께서 재림하시는 날 주님과 함께 온전하고 영원한 승리를 누리게 될 것입니다. 우리 주님, 예수 그리스도께서는 우리들에게 이렇게 용기와 힘을 주십니다. "세상에서는 너희가 환난을 당하나 담대하라. 내가 세상을 이기었노라."(요 16:33)고 말입니다. 성도 여러분! 여러분들은 세상에 살면서 죄악과 유혹에 지지 말고, 사탄의 계략과 책동에 동화되지 않고, 자신의 믿음과 정절을 깨끗하게 지켜 하나님과 화목하여 안전하고 행복한 삶을 살아가시기를 바랍니다.

· 함께 읽어요 : 고린도전서 15장 23~25절

"23 그러나 각각 자기 차례대로 되리니 먼저는 첫 열매인 그리스도요 다음에는 그리스도 강림하실 때에 그에게 붙은 자요 24 그 후에는 나중이니 저가 모든 정사와 모든 권세와 능력을 멸하시고 나라를 아버지 하나님께 바칠 때라 25 저가 모든 원수를 그 발아래 둘 때까지 불가불 왕 노릇 하시리니 26 맨 나중에 멸망 받을 원수는 사망이니라."

정리하는 말

고난주간은 그리스도를 믿고 따르는 우리 그리스도인들에게 겟세마네 동산에서의 기도, 골고다를 향한 행진, 십자가 지심, 무덤에 묻히심을 통해 그리스도의 낮아지심(비하)을 보여줍니다. 주님의 부활, 승천, 재림은 그리스도의 영광(승귀)을 실감케 합니다. 이는 여러분이 현재의 삶에서 십자가로 고난을 극복하고 승리해야 할 것을 가르쳐 주십니다. 고난의 쓴 나물을 잘 먹음으로 광야의 고난을 잘 이기시어 승리의 그리스도께 영광 돌리고, 영원한 사역에 동참하시기 바랍니다.

평가와 결심

1. 그리스도께서 승리하신 첫째 비결이 무엇입니까?
   (골 2:14~15, 십자가로 승리하심)
2. 그리스도께서 승리하신 둘째 방법이 무엇입니까?
   (행 2:23~14, 부활하심으로 승리하심)
3. 그리스도께서 완전히 승리하신 셋째 방법은 무엇입니까?
   (고전 15:23~25, 재림으로 완전히 승리하심)

주간 경건의 시간 <54> · 날마다 말씀과 함께

요일 / 내용	월(Mon)	화(Tue)	수(Wed)	목(Thu)	금(Fri)	토(Sat)
찬송	338/ 280	410/ 310	456/ 430	347/ 212	491/ 434	361/ 327
성경	요 18:	요 19:	요 20:	요 21:	요 1:	요 2:
적용	진리에 대하여	피와 물이 나오더라	사랑하신 제자	그물을 배오른편에	태초에 말씀이	항아리에 물을 채우라

* 복음 서신들이 부활을 설명하는 게 아니다, 부활이 복음 서신들을 설명한다.<존 S. 웨일>

부 활 절

부활로 승리하신 그리스도

찬송 / 155, 159, 157/ 새 165, 161, 167

성경 / 고린도전서 15:54-58

요절 / 고린도전서 15:57

"우리 주 예수 그리스도로 말미암아 우리에게 이김을 주시는 하나님께 감사하노니."

목표/ 그리스도의 부활을 통해 부활신앙을 가지도록 한다.

시작하는 말

현대의 막강한 의학과 과학이 아직도 극복하지 못한 것이 있는데, 그것은 인간의 죽음 문제입니다. 그러기에 세계의 성인들 중에도 무덤과 제사의식을 자랑하는 이슬람교나 유교가 있습니다. 한 종교의 교주, 성인군자, 어떠한 사람이라 하더라도 모두 죽었습니다. 석가는 마지막에 '나는 죽는다'라고 말하면서 죽었습니다. 기독교의 자랑과 특징은 무덤이 없고, 생명의 구심점인 예수님의 부활하심을 전한다는 것입니다. 기쁨으로 그리스도의 부활을 전하는 성도가 되시기 바랍니다.

오늘의 말씀

1. 그리스도는 부활의 첫 열매가 되셨습니다(고전 15:20)

인류 역사에 예수 그리스도의 부활 사건은 최대의 빅뉴스였습니다. 예수님 자신이 죽음 권세를 이기시고 부활하신 것입니다. 바울은 고린도전서 15장 부활장에서 이렇게 확실하게 증거합니다. "내가 받은 것을 먼저 너희에게 전하였노니 이는 성경대로 그리스도께서 우리 죄를 위하여 죽으시고, 장사 지낸 바 되었다가 성경대로 사흘 만에 다시 살아나사"(고전 15:3~4)라고 말씀했습니다. 나무는 열매로 그 나무를 압니다. 또한 처음 열리는 열매를 보아서 어떤 열매이며, 진짜 열매가 열리나 안 열리나 하는 것을 보여주는 것입니다. 그리스도께서 부활하심으로 모든 믿는 자들의 부활의 첫 열매가 되셨다는 것입니다.

· 함께 읽어요 : 고린도전서 15장 20~22절
"20 그러나 이제 그리스도께서 죽은 자 가운데서 다시 살아 잠자는 자들의 첫 열매가 되셨도다 21 사망이 사람으로 말미암았으니 죽은 자의 부활도 사람으로 말미암는도다 22 아담 안에서 모든 사람이 죽은 것 같이 그리스도 안에서 모든 사람이 삶을 얻으리라."

2. 그리스도의 부활은 사망권세를 멸했습니다(요일 3:8~9)

예수님의 부활사건은 우리가 생각하는 것 이상의 가치가 있습니다. 사람들이 마귀에게 종노릇하는 것은 그가 사망의 권세를 잡고 있기 때문입니다. 그러므로 사람마다 무서워하고 사탄에게 코를 꿰어 이리저리 끌려 다녔습니다. 그러나 사도 요한은 예수 그리스도께서 '마귀의 일을 멸하러 오셨다'고 증언하고 있습니다. 성도 여러분! 우리는 예수 그리스도께서 오셔서 하신 일들을 보아 마귀의 일을 멸하러 오신 것을 확신합니다. 십자가 위에서 '다 이루었다'고 말씀했습니다. 그러므로 마귀의 권세 깨뜨리시고, 부활했습니다. 우리의 사망권세를 멸하시사 승리하신 것입니다.

· 함께 읽어요 : 요한일서 3장 8~9절
"8 죄를 짓는 자는 마귀에게 속하나니 마귀는 처음부터 범죄함이니라 하나님의 아들이 나타나신 것은 마귀의 일을 멸하려 하심이니라 9 하나님께로서 난 자마다 죄를 짓지 아니하나니 이는 하나님의 씨가 그의 속에 거함이요 저도 범죄치 못하는 것은 하나님께로서 났음이라."

3. 성도들의 부활을 약속했습니다(살전 4:16~17)

분명히 알 것은 그리스도는 성경대로 죽으시고, 부활했습니다. 그리고 다시 오실(재림) 것입니다. 성경의 모든 약속은 인간이 임의로 만들어 낸 것이 아닙니다. 하나님께서 말씀 하셨으니 반드시 이루어질 것입니다. 이는 신실하시고 미쁘신 하나님의 약속이기 때문입니다. 주님께서 말씀하신 약속도 꼭 이루어지실 것입니다. 주님의 재림과 부활 등 하나님께서 주신 약속의 확실성은 우리에게 하루하루가 얼마나 중요한가를 확증 해 줍니다.

하루는 우리 모두에게 일생처럼 중요합니다. 하루가 모여서 일생이 됩니다. 주님의 부활을 믿고 재림을 바라보는 성도들에게 하루는 정말 소중한 것입니다. 알찬 하루가 있으므로 훌륭한 인생을 장식할 수 있는 것입니다. 하루가 생명으로 이어지면 영원한 생명을 보장받을 것입니다. 하루를 허무하게 보낸다면 의미 없는 인생으로 전락할 것입니다. "그러나 이제 그리스도께서 죽은 자 가운데서 다시 살아 잠자는 자들의 첫 열매가 되셨도다"(고전 15:20)라고 말씀합니다. 예수님이 이러한 방법으로 부활하신 것은 '우리들도 주님과 같이 부활할 수 있다'는 것을 미리 보여주신 것이며, 첫 열매 즉, 모본으로 부활하신 것이라는 말씀입니다. 부활의 주님과 함께 하나님과 화목을 이루고, 이웃과 화목을 이뤄 영광의 하늘나라의 주인공들이 되시기를 바랍니다.

· 함께 읽어요 : 데살로니가전서 4장 16-17절

"16 주께서 호령과 천사장의 소리와 하나님의 나팔로 친히 하늘로 좇아 강림하시리니 그리스도 안에서 죽은 자들이 먼저 일어나고 17 그 후에 우리 살아남은 자도 저희와 함께 구름 속으로 끌어 올려 공중에서 주를 영접하게 하시리니 그리하여 우리가 항상 주와 함께 있으리라."

정리하는 말

부활로 사망 권세를 이기신 그리스도의 승리는 우리 성도들에게 견고한 소망과 담대함을 갖게 합니다. 우리 주 예수 그리스도는 부활했습니다. 더 이상 마귀를 두려워하지 맙시다. 더 이상 죽음의 공포가 우리를 짓누르지 못할 것입니다. 이제 '부활신앙'이 여러분들의 인생에 활력소가 되고, 하나님과 화목을 이루고, 이웃과 화목을 이뤄 복음 전도의 메아리가 힘차게 삶의 현장에서 울려 퍼지기를 간절히 소원합니다.

평가와 결심

1. 부활의 첫 열매가 되신 분은 누구이십니까?
   (고전 15:20, 우리 주 예수 그리스도)
2. 예수 그리스도께서 이루신 가장 큰 업적은 무엇입니까?
   (요일 3:8-9, 부활하심으로 마귀의 일 멸하심, 사망권세 이기심)
3. 주님의 부활사건이 우리에게 주신 약속은 무엇입니까?
   (살전 4:16-17, 우리 성도들도 부활하신다는 약속)

주간 경건의 시간 <54> · 날마다 말씀과 함께

요일 / 내용	월(Mon)	화(Tue)	수(Wed)	목(Thu)	금(Fri)	토(Sat)
찬송	154/ 164	155/ 165	157/ 167	159/ 161	158/ 168	149/ 159
성경	눅 21:	눅 22:	눅 22:	눅 23:	눅 23:	눅 24:
적용	구름을 타고	피로 세운 새 언약	아버지의 원대로	너희와 너희 자녀	의로운 요셉	살아나셨느니라

* 작은 일에 참지 못하는 사람은 큰일에 낭패하고 만다. <미상>

감 사 절

제55과

감사로 영광을 돌리자

찬송 / 307, 309, 310/ 새 588, 590, 591

성경 / 레위기 23:39-41

요절 / 출애굽기 12:14

"너희는 이 날에 기념하여 여호와의 절기를 삼아 영원한 규례로 대대에 지킬지니라."

목표/ 성도의 삶속에서 범사에 감사하는 태도를 가지도록 한다.

시작하는 말

사랑하는 성도 여러분! 요즘처럼 살기가 어려운 세상에 무슨 감사냐? 감사는커녕 불평불만하기도 바쁘다고 말할 수 있습니다. 그러나 생각해 보세요. 불평불만을 해서 일이 잘 해결될 수만 있다면 해야지요, 그런데 그렇게 해결되는 것 아닙니다. 불평보다는 매사를 긍정적으로 보고 모두 화목해야 행복한 것입니다. 세상 사람들의 대부분 성공전략을 살펴봐도 화목하고 감사해야 더 큰 감사의 조건이 생깁니다. 감사절의 의의를 깨닫고, 진정한 감사를 드림으로 하나님께 영광을 돌리는 행복한 삶이 되시기를 바랍니다.

오늘의 말씀

1. 구원의 은혜에 감사드려야 합니다(롬 6:17~18)

구약의 절기들은 신약에 성취될 하나님의 구속의 섭리의 예표요,

전형입니다. 신명기 16장 12절에 "너는 애굽에서 종 되었던 것을 기억하고 이 규례를 행하라"고 했습니다. 오순절이나 장막절 모두 애굽에서 구원받아 약속의 땅에서 얻은 열매를 통하여 감사드리는 의미가 있는 것입니다. 노르웨이의 속담에 "감사하는 마음에는 사탄이 슬픔의 씨를 뿌릴 수 없다"는 속담이 있습니다. 정말 그렇습니다. 이 속담이 나온 노르웨이 민화가 있습니다. 사탄이 하필 노르웨이에 창고를 지었다고 합니다. 여기에는 '미움, 슬픔, 눈물'의 씨들이 저장되었습니다. 그리고 미움과 시기와 질투의 씨앗을 뿌려 쏠쏠한 재미를 보았습니다. 그런데 사탄이 놀란 것은 한 동네만은 어떤 씨를 뿌려도 효력이 없었다는 것입니다. 그 이유는 이 동네는 온 마을 사람들이 일마다 감사하는 '감사의 마을'이었기 때문입니다. 그렇습니다. 감사야말로 사탄의 유혹이 많은 세상을 살아가는 지혜입니다. 사랑하는 성도 여러분! 하나님의 구속의 섭리의 예표인 추수감사절에 구속의 은혜에 감사하면서 여러분이 속한 구역, 속회, 단체에서 감사와 화목을 이루시기를 바랍니다.

· 함께 읽어요 : 로마서 6장 17~18절

"17 하나님께 감사하리로다 너희가 본래 죄의 종이더니 너희에게 전하여 준바 교훈의 본을 마음으로 순종하여 18 죄에게서 해방되어 의에게 종이 되었느니라."

2. 수확을 얻게 하심에 진정으로 감사해야 합니다(롬 7:14)

추수감사절의 일차적인 의미는 '수확물'에 대한 감사입니다. 바울은 하나님께서 주신 물질에 대해서 심는 자에게 씨와 먹을 양식을 주시는 이가 풍성하게 하시고 더하게 하신다고 했습니다(고후 9:10). 직장이나 사업을 통해 소득을 얻게 하신 하나님께 감사해야 하는 것입니다. 그리고 추수감사절에 성도가 잊지 말아야 할 것은 성도 자신이 맺은 '의의 열매'에 대한 감사입니다. 진리의 말씀을 순종하고 성령께서 도와 주셔서 그리스도를 닮아가는 '의의 열매'를 맺게 하셨으니 어찌 감사치 않을 수 있겠습니까? 우리 성도들은 이처럼 하나님께서 그리스도 예수를 닮게 하사 거룩한 '의의 열매'를 맺게 해주신 은혜에 더욱 감사를 드려야 할 것입니다. 행복한 사람들의 공통점은 항상 감사가 풍성하다는 것입니다. 하나님이 베풀어주신 영·육간에 은혜와 범사에 베풀어주신 은덕에 감사하며 화목하게 살아가시기를 바랍니다.

· 함께 읽어요 : 로마서 7장 4절

"그러므로 내 형제들아 너희도 그리스도의 몸으로 말미암아 율법에 대하여 죽임을 당하였으니 이는 다른 이 곧 죽은 자 가운데서 살아나신 이에게 가서 우리로 하나님을 위하여 열매를 맺히게 하려 함이니라."

3. 우리를 알곡으로 취급해 주심을 감사해야 합니다(요 4:36)

여러분! '감사'는 주신 것에 대한 인간의 수용입니다. 가을에 농촌에서 추곡 수매를 할 때에 일등급으로 도장 찍히려고 얼마나 노력합니까? 최상급의 알곡만을 골라 건조시키고, 포장도 멋지게 합니다. 그런데 아무 것도 아닌 우리들을 하나님의 천국창고에 들이실 때에 최상등급의 알곡으로 취급해 주신다니 얼마나 감사합니까? 그뿐입니까? 천국창고에 들여진다는 가슴 벅찬 감회가 우리에게 현실로 다가옵니다. 영원한 천국에 들어간다는 말씀입니다. 눈물, 근심, 걱정 없는 영원한 천국에서 주님을 만나 뵙고 감격의 찬양을 드릴 것입니다. 우리에게 씌워주신 면류관을 주님께 벗어드리며, 단절되었던 하나님과의 화목이 이루어져 영광의 찬양을 드릴 것이니, 그 사랑에 감사하시기를 바랍니다.

· 함께 읽어요 : 요한복음 4장 36절

"거두는 자가 이미 삯도 받고 영생에 이르는 열매를 모으나니 이는 뿌리는 자와 거두는 자가 함께 즐거워하게 하려 함이니라."

정리하는 말

가을의 알곡처럼 성숙한 성도의 신앙생활의 특징은 주신 은혜에 대한 '감사함'입니다. 성도는 범사에 감사해야 합니다. 감사절을 지키며, 감사에 충만하면 하나님께서 논과 밭에, 그리고 우리들의 직장과 사업에 축복하셔서 차고 넘치게 할 것입니다. '행복은 감사의 문으로 들어와서 불평의 문으로 나간다'고 했습니다. 예수 그리스도의 은혜로 구속받은 성도들에게는 모든 것이 감사할 따름입니다. 사랑하는 성도 여러분! 일이 잘되든지 못되든지, 기쁘나 슬프나, 성공이나 실패나 무슨 일을 당하든지 감사는 하나님의 뜻이니 항상 '감사'하시기 바랍니다.

평가와 결심

1. 성도들이 감사해야할 이유 첫째가 무엇입니까?
(롬 6:17~18, 구원의 은혜감사)
2. 성도들이 감사해야할 이유 둘째가 무엇입니까?
(롬 7:4, 수확을 얻게 하심에 감사)
3. 성도들이 감사해야할 이유 셋째가 무엇입니까?
(요 4:36, 알곡으로 분류해 주심 감사)

주간 경건의 시간 <55> · 날마다 말씀과 함께

요일 / 내용	월(Mon)	화(Tue)	수(Wed)	목(Thu)	금(Fri)	토(Sat)
찬송	306/ 587	307/ 588	309/ 590	308/ 589	310/ 591	311/ 592
성경	롬 4:	롬 5:	롬 6:	롬 7:	롬 8:	롬 9:
적용	아브라함이 믿으매	화평을 누리자	의의 병기로	누가 나를 건지랴	성령이 간구하심	남은 자만 구원

* 자연은 격렬하게 자기 위치로 돌아가지만 자기 위치를 조용하게 지킨다.
<프랜시스 베이컨, 1561~1626, 영국 법률가, 과학자, 저술가, 철학자>

성 탄 절

감격적인 그리스도의 탄생

찬송 / 113, 123, 122

성경 / 누가복음 1:26-33

요절 / 누가복음 2:14

"지극히 높은 곳에서는 하나님께 영광이요 땅에서는 기뻐하심을 입은 사람들 중에 평화로다 하니라."

목표/ 기독교의 생명인 메시아의 탄생을 자랑하도록 한다.

시작하는 말

예수 그리스도의 탄생은 만백성들에게 형용할 수 없는 큰 선물이요, 좋은 소식입니다. 일본의 신학자인 우찌무라 간조(內村鑑三)는 그리스도의 예수 탄생에 관해 "성탄절은 우주적인 대축제일이다. 하늘과 땅과 그 가운데 있는 모든 존재가 함께 해방과 자유와 완성을 축하하는 날이다"라고 했습니다. 그리스도께서 인간의 몸을 입으시고 이 땅에 탄생하신 것은, 인간이 경험한 최고의 이적이요, 가장 은혜롭고 축복된 사건이라 할 것입니다. 그리스도의 탄생이 어떻게 이루어졌으며, 우리 인생에게 어떤 의미가 있는지 다같이 은혜를 나누고자 합니다.

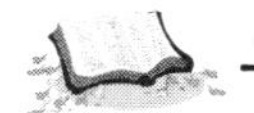

오늘의 말씀

1. 메시아는 예언대로 탄생했습니다(사 7:14)

이사야가 살고 있었던 시대는 국가적으로 매우 어려운 상태에 놓여 있었습니다. 시대적으로 어둡고 힘든 때에 선지자는 메시아의 탄생을 예언했습니다. 이사야 7장 14절에 "보라 처녀가 잉태하여 아들을 낳을 것이요, 그 이름을 임마누엘이라 하리라"고 말입니다. 예수 그리스도의 동정녀 탄생을 무려 700~800년 전에 정확히 예언한 것은 참으로 신비로운 말씀임에 틀림없습니다. 이는 하나님의 영원한 계획이며 약속이었습니다. 여호와 하나님의 예언의 성취였습니다.

· 함께 읽어요 : 마태복음 1장 22~23절

"22 이 모든 일의 된 것은 주께서 선지자로 하신 말씀을 이루려 하심이니 가라사대 23 보라 처녀가 잉태하여 아들을 낳을 것이요 그 이름은 임마누엘이라 하리라."

2. 메시아는 동정녀의 몸에서 탄생했습니다(사 7:14)

마태는 메시아의 탄생을 기록하면서 선지자 이사야의 예언이 성취되었음을 설명하고 있습니다. 위에서 언급한 '이 모든 일의 된 것은 주께서 선지자로 하신 말씀을 이루려 하심이니'라고 말입니다. 이는 바로 이사야 선지자의 예언 성취를 말하고 있는 것입니다. 하나님께서는 이사야 선지자를 통해 "보라 처녀가 잉태하여 아들을 낳을 것이요, 그 이름을 임마누엘이라 하리라"(14절)고 예언했습니다. 메시아의 탄생을 '원시 복음'(元始福音)은 "내가 너로 여자와 원수가 되게 하고 너의 후손도 여자의 후손과 원수가 되게 하리니 여자의 후손은 네 머리를 상하게 할 것이요, 너는 그의 발꿈치를 상하게 할 것이니라"(창 3:15)고 했습니다. 이 예언대로 메시아는 여자의 후손, 동정녀의 몸에서 탄생하신 것입니다. 이는 죄와 무관하도록, 말하자면 원죄(原罪)와 무관하게 순결한 영혼과 인격으로 오셔서 우리 죄를 대속하시도록 하기 위함입니다.

· 함께 읽어요 : 이사야 7장 14절, 갈라디아서 4장 4절

"보라 처녀가 잉태하여 아들을 낳을 것이요, 그 이름을 임마누엘이라 하리라."

"때가 차매 하나님이 그 아들을 보내사 여자에게서 나게 하시고 율법 아래 나게 하신 것은"

3. 메시야는 인류를 위해 감격적으로 탄생했습니다(마 1:21)

구약시대의 선지자 이사야의 예언(사 7:14)은 정확하게 마태복음 1장 21절에서 성취됩니다. 하나님께서 선지자를 통해 예언하시고 탄생케 하심은 하나님의 아들 메시아가 동정녀의 몸을 입고 탄생하게 하심으로 인간을 체휼하시기 위함입니다. 친히 인간의 몸을 입고 인간의 세상에 임하신 이유는 바로 죄로 인해 절망하고 탄식하던 인간을 깊이 사랑하셨기 때문이요, 그들의 삶에 철저히 동참하시기 위해서였습니다. 인간을 깊이 이해하시고 인간을 완전히 체휼하시기 위해 완전한 인간의 몸을 입고 이 땅에 오셨던 것입니다.

하나님의 아들 예수 그리스도께서 인간의 몸을 입고 이 땅에 오신 궁극적인 목적은 죄악과 부패로 인해 죽음의 권세 아래 신음하고 있던 인간을 위함이었습니다. 당신의 몸을 대속의 제물로 내어주시기 위해서입니다. 주 예수께서는 당신의 사역을 설명하면서 "인자의 온 것은 섬김을 받으려 함이 아니라 도리어 섬기려 하고 자기 목숨을 많은 사람의 대속물로 주려 함이니라"(막 10:45)고 했습니다. 메시야가 우리를 위해 탄생하셨음을 기뻐하시기 바랍니다.

· 함께 읽어요 : 마태복음 1장 21절

"아들을 낳으리니 이름을 예수라 하라 이는 그가 자기 백성을 저희 죄에서 구원할 자이심이라 하니라."

정리하는 말

예수 그리스도의 탄생은 죄악으로 인해 죽었던 인간들에게 가장 복된 사건입니다. 하나님이신 그리스도께서 인간의 몸을 입으시고 이 땅에 오심은, 십자가로 하나님과 화목케 하시고 대속하시기 위함입니다. 우리를 대신해 십자가를 지시고 죽으셨기 때문에 우리가 참된 생명을 얻은 것입니다. 여러분! 성탄을 맞을 때마다 죄악으로 멀어졌던 하나님과 화목했으니, 온 마음과 뜻과 정성을 다해 그리스도의 한없는 아가페(ἀγάπη)의 사랑에 감사와 찬양과 영광을 돌리시기 바랍니다.

평가와 결심

1. 메시야는 언제 어떻게 탄생하셨습니까?
   (사 7:13-14, 이사야의 예언 7~800년 후 예언대로 탄생하심)
2. 이사야 선지자의 예언은 어떻게 이루어졌습니까?
   (마 1:21-23, 그리스도의 동정녀에게 탄생을 통하여)
3. 메시야는 누구를 위해 탄생하셨습니까?
   (마 1:21, 죄를 범한 인류를 대속하기 위해)

주간 경건의 시간 <56> · 날마다 말씀과 함께

요일 / 내용	월(Mon)	화(Tue)	수(Wed)	목(Thu)	금(Fri)	토(Sat)
찬송	112/ 112	113/ 108	109/ 109	111/ 111	117/ 117	118/ 118
성경	눅 2:	눅 3:	눅 4:	눅 5:	눅 6:	눅 7:
적용	땅에는 평화로다	사랑하는 아들	기름을 부으시고	한적한 곳 기도	밤이 맞도록	말씀만 하사

* 고통이 없는 사랑에는 삶이 없다. <토마스 아 켐피스(1380~1471) 독일>

화목하는구역

구역부흥은 교회부흥

제 1 학기 출석부

번호	성 명	1월					2월					3월					계	
		1	2	3	4	5	1	2	3	4	5	1	2	3	4	5		
1																		
2																		
3																		
4																		
5																		
6																		
7																		
8																		
9																		
10																		
11																		
12																		
13																		
14																		
15																		
16																		
17																		
18																		
19																		
20																		

제 2 학기 출석부

번호	성 명	4월					5월					6월					계	
		1	2	3	4	5	1	2	3	4	5	1	2	3	4	5		
1																		
2																		
3																		
4																		
5																		
6																		
7																		
8																		
9																		
10																		
11																		
12																		
13																		
14																		
15																		
16																		
17																		
18																		
19																		
20																		

제 3 학기 출석부

번호	성 명	7월					8월					9월					계	
		1	2	3	4	5	1	2	3	4	5	1	2	3	4	5		
1																		
2																		
3																		
4																		
5																		
6																		
7																		
8																		
9																		
10																		
11																		
12																		
13																		
14																		
15																		
16																		
17																		
18																		
19																		
20																		

제 4 학기 출석부

번호	성 명	10월					11월					12월					계	
		1	2	3	4	5	1	2	3	4	5	1	2	3	4	5		
1																		
2																		
3																		
4																		
5																		
6																		
7																		
8																		
9																		
10																		
11																		
12																		
13																		
14																		
15																		
16																		
17																		
18																		
19																		
20																		

창세기 출애굽기

"이 예언의 말씀을 읽는 자와 듣는 자들과…지키는 자들이 복이 있나니"
계 1:3

Contents of Bible 김종석(C.S.Kim),1978 신소섭(S.S.Shin),1978 성경 목록가

• 설문지 : 독자 앙케이트 •

구역공과를 다루고서

〈각 교회에서 설문지를 그대로 보내주셔도 좋겠고, 통계치만 보내셔도 됩니다〉

1. 구역공과를 다루고 나서 어떤 방법이 가장 좋았는가?
   ( ) 1 기존의 방법대로 구역장이 혼자 가르치는 것이 좋겠다.
   ( ) 2 문답지를 나누어주고 미리 풀어 오도록 하여 토론하는 것이 좋겠다.
   ( ) 3 성경 문제지를 나누어주고 그날 함께 풀어 가는 방법이 좋겠다.
   ( ) 4 문답지를 나누어주고 구역장이 설명해 가는 방법이 좋겠다.
2. 성경 공부 문제지를 다루는데 그 정도가 어떠했는가?
   ( ) 1 문제가 어려워서 손대기가 어려웠다.
   ( ) 2 문제지는 그런대로 쉬웠으나 묵상과 적용이 잘 안되었다.
   ( ) 3 문제지도 어려웠고 묵상과 적용도 어려웠다.
   ( ) 4 문제지는 보통이고 묵상과 적용도 할만했다.
3. 성경 공부 문제의 양이 어떠했는가?
   ( ) 1 문제가 너무 많았다.
   ( ) 2 문제가 너무 적었다.
   ( ) 3 문제가 적당했다.
4. 성경공부 진행 및 내용의 배열은 어떻게 하는 것이 좋겠는가?
   ( ) 1 시작하는 말, 말씀의 전개, 정리하는 말, 평가와 적용의 순서대로가 좋겠다.
   ( ) 2 말씀의 전개, 정리하는 말, 평가와 적용으로 줄였으면 좋겠다.
   ( ) 3 성경본문을 읽고 각자가 느낀 점을 이야기하고 적용하는 방식이 좋겠다.
   ( ) 4 성경 본문만 읽고 중보(합심)기도를 길게 하는 것이 좋겠다.
5. 구역 모임시간에 대하여 어떻게 했으면 좋겠는가?
   ( ) 1 찬송을 많이 불렀으면 좋겠다.
   ( ) 2 성경 공부에 중점을 두었으면 좋겠다.
   ( ) 3 합심기도에 시간을 많이 할애했으면 좋겠다.
   ( ) 4 구역원들 간에 이야기하는 시간을 많이 두어야 좋겠다.
6. 성도의 교제 시간 운영 방안에 좋은 방법은 무엇인가?
   ( ) 1 민속놀이를 했으면 좋겠다(윷놀이 등).
   ( ) 2 음식 나누어 먹기가 좋겠다.
   ( ) 3 가정을 위해 특별기도를 해주는 것이 좋겠다.
   ( ) 4 성경 퀴즈를 했으면 좋겠다.
   * 보기에 없으면 적으시오( )
7. 구역공과교재나 교재출판위원회에 하고 싶은 이야기를 적으시오.

절 취 선

〈보내주시는 교회 선물을 받으실 분〉 (우편번호) 주소는 정확하게, 담임목회자 명	〈보내 주실 곳〉 156-094 서울 동작구 사당4동 254-9 도서출판 아가페문화사 교재편찬위원회 앞

세상을 변화시키는 52주 구역공과

화목하는 구역

2006. 11. 25 초판 인쇄

2006. 11. 30 초판 펴냄

지은이 교재편찬위원회

발행인 김영무

발행처 도서출판 아가페문화사

156-094 서울 동작구 사당4동 254-9

전화 3472-7252, 7253 팩스 523-7254

등록 제3-133호(1987. 12. 11)

보급처 : 아가페문화사

156-094 서울 동작구 사당4동 254-9

전화 3472-7252, 7253 팩스 523-7254

우 체 국 011791 - 02 -004204 (김영무)

값 4,000원

ISBN 89-8424-091-5 03230